KB235146

논증과 논쟁

생활 속의 논리

논증과 논쟁

이정일 지음

이담
Books

들어가는 말

수학과 논리는 그 타당성 때문에 우리를 강제한다. 수학은 정답이 있고 우리는 그 답을 풀도록 강제 당한다. 우리가 풀었기 때문에 타당한 것이 아니라 타당하기 때문에 우리가 풀도록 강제 당한다. 이렇게 본다면 논리와 수학은 해답을 풀도록 강제 당하는 것을 말한다. 이것은 마음을 강제하지만 마음에 의존하는 것이 절대 아니다. 따라서 수학과 논리학은 심리학과 철저히 구별되어야만 한다.

사고법칙의 형식적 타당성을 다루는 논리학은 내용을 다루는 개별과학과 확연히 구별된다. 어떤 경우에도 논리학은 모순을 어겨서는 안 된다. 모순은 이 점에서 진리의 부정적 기준이다. 논리의 사고법칙은 타당하기 때문에 우리가 따르는 것이지 우리가 따르기 때문에 타당한 것이 아니다. 논리의 사고법칙은 타당하기 때문에 시간과 공간 그리고 사람에 의존하지 않고 성립한다. 우리는 사고법칙이 타당하기 때문에 그것을 배우도록 그렇게 강제 당한다. 논리학은 이 점에서 논증의 타당성을 훈련하는 것이다.

이 책은 사실상 논증(argument)과 논쟁(discourse, disputation) 두 부분으로 되어 있다. 요즈음 사법시험이나 공직자 적성 시험에서는 논리훈련, 언어훈련, 논쟁이 혼합되어 출제되는 경향이 지배적이다. 이 책은 이런 것에 대해 나름대로 개괄적으로 서술하고 있다.

논쟁은 엄격히 말해서 사태에 대한 권리주장이기 때문에 논리법칙과 구별되어야만 한다. 논쟁 당사자들은 논쟁이 벌어지는 구체적이고 개별적인 문맥을 떠나서는 논쟁을 의미 있게 진행시킬 수가 없다. 논쟁은 규칙을 따르는 강제가 아니다. 논쟁은 어떤 특정한 테마들에 대해 서로 의견을 달리하는 자들이 사태의 권리에 대해 서로 대화하는 것을 말한다. 물론 이 대화는 상대방을 설득하거나 논박하는 것을 의미하기 때문에 일상적 담화하고는 구별된다.

의견이 완전히 같으면 논쟁할 필요가 없다. 의견이 완전히 다르면 논쟁이 성립하지가 않는다. 우리는 논쟁을 하는 것이 서로 다른 의견을 지녔다는 것을 인정할 때만 가능하다는 것을 안다. 다르다는 것은 틀렸다는 것이 절대 아니다. 이 둘은 범주적 오류추리의 대상이 되어서는 안 된다. 틀렸다는 것은 정답의 반대다. 수학과 논리학은 맞는 답을 전제하기에 틀린 답도 있을 수 있다. 하지만 논쟁에서 틀린 의견은 없다. 다만 다른 의견은 있을 수 있다. 하지만 의견이 다름을 확인만 하는 것이 논쟁이 하는 일이 아니다. 다름을 전제로 해서 왜 다른지에 대한 설득을 벌이는 것이 논쟁이 추구하는 것이다.

이 책은 정언적 명제의 논리와 삼단논법 그리고 밀의 귀납법에 대해서는 다루지 않았다. 기존에 나와 있는 논리학 서적들이 워낙 이런 것들에 대해 잘 설명하고 있기 때문에 필자는 이 테마들을 여기서 언급하지 않았다. 하지만 강의 도중 이것에 대해 언급할 때는 보강해서 설명할 필요가 있음을 고백하지 않을 수 없다. 필자가 이 책에서 강조하고 싶은 것은 논쟁과 논증을 잘 구별하는 것이 일차적 목적이고 그런 다음에 논쟁을 효과적이고 생산적으로 하는 데 그 중점을 두었다.

우리는 살아가면서 선입관과 편견을 의식적으로 검증하며 살고 있지 않다. 하지만 중요한 것은 우리가 우리 자신도 모르는 사이에 선입관과 편견의 노예가 되어서 스스로를 망칠 수도 있다. 이런 위험을 극복하기 위해서는 진리를 독점했다는 사이비 절대화를 항상 경계해야 한다. 자기 삶에 대해 의식적인 주인이 되고자 한다면 우리는 선입관과 편견을 검증하며 사는 것이 필요하다. 논쟁은 이런 의견과 편견 그리고 선입관이 공적으로 대화를 통해 검증되는 장소다. 대화와 토론을 통해 억압과 폭력을 극복해 가는 것이 진정한 의미에서 우리가 문화인으로 성장해 가는 과정이다. 여기에는 나와 다름을 인정하는 관용과 개방이 필요하다. 간디는 토론과 대화를 중요시하는 영국인에게 저항했기에 역사에 이름을 남길 수 있었지만 만약 그 저항의 상대자가 독일인이나 일본인이었다면 독가스 실험실이나 생체 실험실에서 죽었을 것이다. 의견이 다르다는 것은 인정될 필요는 있지만 굳이 존중될 필요까지는 없다. 차이의 인정과 차이의 존중은 서로 다른 것이다.

논증은 추론의 타당성과 부당성을 검증하는 것을 말한다. 이것은 분명히 논리학의 고유한 대상이다. 우리는 언어를 그릇되게 사용함으로써 혼란에 빠지게 된다. 이런 사고의 마법으로부터 벗어나는 것은 언어를 적합하고 정확하게 사용할 때만 가능하다. 언어훈련은 그렇기 때문에 매우 중요하다.

논쟁은 사태에 대해 서로 의견을 달리하는 자들이 왜 다를 수밖에 없는가를 타인에게 설득하는 것이다. 그런데 논쟁의 과정에서 반드시 설득이 성공한다는 보장은 없다. 논쟁에서 이기는 어떤 필연성도 없다. 하지만 논쟁은 설득이 반드시 된다는 보장을 할 수 없지만 설득을 목적으로 하고 있는 것임에는 변함이 없다. 열린 개방성과 이해 그리고 관용은 필요한 미덕이다. 맞고 틀리고의 그릇된 이분법, 다름을 틀렸다고 매도하는 억압, 논쟁을 독점했다고 하는 사이비 절대주의를 우리는 논쟁에서 항상 경계해야 한다. 중요한 것은 이기고 지는 승부게임이 아니라 설득력 있는 주장을 통해 상대방을 변화시키는 것이다.

이 책은 교양 강좌에 필요한 최소한의 내용을 담고 있다. 어느 정도는 논쟁과 논증을 절충적(ecclesiastic)으로 있다고 보아도 무방하다. 논쟁은 구체적인 문맥 안에서 매우 구체적인 방식으로 진행된다. 여기서 모아둔 이런 글들은 논쟁의 여지가 있다고 여기는 것을 필자가 다양한 책들로부터 수집한 것이다. 물론 이것 이외에도 좋은 테마들이 너무 많다. 발표와 토론을 유도하기 위해 필자가 나름의 기준에서 선별한 테마들에 불과하다. 논쟁은 규칙을 습득하는 것이 아니라 논쟁을 통해 스스로 개방적인 사고를 해 나가는 것을 스스로 익히는 것이다. 여하튼 필자의 이런 의도가 학생들에게 조금이나마 도움이 되었으면 하는 바람이다.

제1부 논 증

양화논리 • 176

과학적 발견의 다양성 • 184

제2부 논쟁적 글쓰기 자료모음

논쟁의 사례들 • 191

제1부 논 증

논리적 사고의 일반적 안내

1. 논증

논리학은 추론의 타당성과 부당성을 분별하는 것을 배운다. 논리학이 다루는 것은 논증의 타당성과 부당성을 검증하는 데 있다. 논리학의 탐구대상이 논증이라는 것은 주지의 사실이다. 논증이란 추론의 타당성 검증, 즉 전제와 결론 사이의 객관적 관계를 밝혀내는 것을 말한다. 논증이 성립하려면 최소한 전제와 결론이 있어야 하고 이 관계가 객관적이고 타당해야만 된다. 논증은 전제가 진리인가 허위인가를 검증하는 것이 아니고 전제와 결론 사이의 관계가 타당한 것인가 그렇지 않은가를 다룬다. 주장의 진위 여부를 검증하는 것은 개별 자연과학에서 한다. 논리학은 명제의 진리검승이 아니라 추론의 타당성과 부당성을 검토한다. 추론의 필연성이란 전제가 참이면 그것으로부터 결론도 필연적으로 참이 이끌어지는 것을 말한다. 또한 전제가 거짓이면 결론 역시 거짓으로 드러나지 않으면 안 된다. 논리학에서의 논증은 그렇기 때문에 전제가 결론을 보장하는가 보장하지 못하는가를 결정할 수 있는 것을 말한다. 논증이 논리적으로 타당한가 아니면 타당하지 못한가를 구별하는 것은 전제의 진리 검증과 전혀 관계가 없다. 왜냐하면 전제로부터 결론을 이끌어 낼 때 이 관계가 객관적이고 타당한 것인가를 밝혀내는 것이 논증이 하는 일이기 때문이다. 논리학은 바로 이 논증을 다룬다.

논리학은 내용을 다루는 것이 아니라 사고형식의 형식적 타당성만을 검토할 뿐이다. 논리학은 올바른 추론과 올바르지 못한 추론을 구별하기 위해 사용되는 방법들과 사고법칙들의 타당성만을 다룰 뿐이다. 논리학은 우리가 추론하는 방법을 알려 주는 게 아니라 우리가 어떤 추론을 받아들여야만 하는가를 알려 준다. 논리학은 경험과학과 같이 발견을 다루지 않는다. 논리학은 추리를 하는 규칙을 만들어 내는 것이 아니다. 이런 작업은 발견이라는 실제적인 요구에 따르는 것이다. 이에 반해 논리학은 추리하는 방법을 알려 주는 것이 아니라 우리가 어떤 추론을 인정할 수 있는가만을 형식적으로 검토할 뿐이다.

논리에 있어서는 사고법칙이 타당하기 때문에 우리가 그것을 따르는 것이다. 하지만 우리가 따르기 때문에 타당하게 되는 것이 아니다. 반대로 타당하기 때문에 우리가 논리의 사고형식을 따르지 않을 수 없는 것이다. 이 점에서 논리학은 심리학과 확연히 구별된다. 논리의 타당성 기초는 마음에 의존하는 것이 아니라 마음을 강제한다. 논리규칙이 타당하기 때문에 우리는 그것을 따르도록 강제된다. 이 점에서 논리는 수학과 같이 필연적 강제를 집행한다. 과학 연구에 있어서 발견은 주관적이고 심리적인 동기에 의해서 진행될 수 있지만 논리학은 발견의 주관적 동기에 대한 연구가 아니다. 논리학은 단지 논증의 정당화 조건만을 다룰 뿐이다.

사고법칙의 타당성은 시간과 공간 그리고 사람에 제약받지 않는다는 점에서 무제약적으로 타당하다. 논리학은 논증의 필연성을 밝혀내는 것이고 이 구조는 전제로부터 결론으로의 추론을 강제하는 것이다. 이것은 규칙의 강제로 인해 우리 모두가 무조건 지키지 않으면 안 된다. 논리적 사고에서는 규칙을 지키는 자와 지키지 않는 자로 양분된다. 규칙을 지키지 않는 자는 지키지 않았다는 이유 때문에 규칙으로부터 제재를 받게 된다. 논리적 사고 법칙은 누구에게도 예외를 허용하지 않기 때문에 어느 누구도 자기모순을 범하지 않고서는 이 법칙의 타당성을 위반할 수 없다.

모순의 법칙(law of contradiction)은 진리의 부정적 기준(*conditio sine qua non*)으로 작용한다. 어느 누구도 모순을 어기고서 사고할 수는 없다. 모순은 실제로는 불가능하고 논리적으로는 항상 거짓이다. 논리학은 내용을 특정한 지평에서 다루는 학문이 아니라 모든 사람을 강제하는 사고법칙의 타당성을 강제하는 형식 학문이다. 논리 사고형식은 구속력 때문에 우리는 사고법칙을 따르도록 그렇게 훈련하지 않을 수 없다. 논리학의 사고 대상은 논증의 타당성과 객관성을 검증하는 학문이다. 논리학은 내용에 대한 접근이 아니라 모든 사람들이 반드시 지키지 않으면 안 되는 사고법칙의 타당성만을 다루는 형식적 학문에 지나지 않는다. 모순은 대립하는 두 사건이 동시에 발생하는 것이 불가능하기 때문에 우리가 그것을 어길 수 없는 것이다.

필연이란 항상 그런 것이고 그것과 다른 것은 불가능한 방식을 말한다. 어떤 것이 필연적이라는 것은 그것이 항상 그렇고 그것과 다르게 있다는 것이 불가능한 것을 말한다. 부정적으로 말해서 필연이란 모든 대안들의 거부 내지 부정을 말한다. 대안이 불가능하거나 성립할 수 없기 때문에 우리는 본래의 것을 그렇다고 말하지 않으면 안 된다. 논리학은 이 점에서 사고법칙의 필연성을 따르는 것이다.

연역 논증은 전제로부터 결론으로의 이행이 필연에 의해 진행되는 것을 말한다. 그렇기 때문에 논리학에서 다루는 연역 논증의 필연성은 수학의 필연성 증명과 같이 강제하는 성격을 지닌다. 추론은 우리 인간이 수행하지만 인간의 추론은 규칙의 강제성에 따라 진행된다. 그렇기 때문에 논리학에서의 규칙 따르기는 어느 누구도 예외를 인정하지 않는다. 추론의 강제는 규칙을 통한 강제이기 때문에 우리 모두는 이것을 지키도록 강제당할 뿐이다. 논리학에서의 필연이란 추론의 강제인 것이다.

2. 합리적 사고

인간의 행위는 목적 지향적이다. 우리는 우리가 완성하고자 하는 목적을 설정하고 이 목적을 완수하기 위해서 요구된 것을 수행한다. 목적의 설정과 이것을 수행하기 위해 요구된 것을 우리는 목적 - 수단 - 합리성 관계로 규정한다. 합리적 사고는 인간의 행위가 목적을 완성하는 데 가장 효과적이고 합리적으로 규정되는 것을 말한다. 아리스토텔레스는 이론적 삼단논법에 비교되는 의미에서 실천적 삼단논법을 제시하고 있다. 이 두 추론의 차이는 다음과 같이 분명하게 설명될 수 있다.

이 추론은 시간과 장소 그리고 사람에 제약을 받지 않고 항상 성립하게 된다. 우리는 전제의 참으로부터 결론의 참을 필연적으로 이끌어 내지 않을 수 없다. 어느 누가 추론을 하더라도 결론은 항상 그렇게밖에 도출될 수가 없다. 이것 이외에 다른 추론은 부당하거나 잘못된 것이다. 전제와 결론 사이에는 강제성이 성립하기 때문에 우리 모두는 그렇게 결론을 이끌어 내지 않을 수 없다. 이론적 삼단논법은 강제하는 필연이다.

이에 반해 실천적 삼단논법은 대전제가 결론을 필연적으로 함축하는 것이 아니라 단지 조건적으로만 함축한다. 실천적 삼단논법에 있어서 대전제는 항상 우리가 행위를 통해 완성하고자 하는 궁극목적을 의미한다. 여기서 중요한 것은 '행위자가 행위의 궁극목적을 완성하고자 한다면'이라는 전제가 선행될 때에 한해서만 전제가 결론을 조건적으로 포함하게 된다는 것이다. 목저을 실현하는 것은 자동으로 되는 것이 아니라 결론에서 실제로 행위가 충족되는 것에 의존하지 않을 수 없다. 반대로 결론에서의 행위는 궁극목적과 독립된 것이 아니라 궁극목적을 완성하는 것에 따르는 한에서만 방향을 지닌다.

대전제 : 궁극목적 (～하기 위하여)

소전제 : 궁극목적을 실현하기 위해 요구되는 것들

결론 : 요구된 것을 수행한다.

　예를 들어보자. 어떤 사람이 자기 인생의 궁극목적이 물리학 교수가 되는 것이라고 하자. 물리학교수가 되려면 박사학위가 있어야만 하고 박사학위가 있으려면 자격시험을 통과해야만 한다. 자격시험을 통과하려면 전공과목과 수학을 반드시 공부하지 않으면 안 된다. 물리학 교수가 되기 싫으면 혹은 하기 싫으면 수학과 전공물리를 공부하지 않아도 된다. 수학과 요구된 전공물리를 공부해야만 하는 어떤 강제도 없다. 하지만 굳이 물리교수가 되고자 한다면 박사학위와 자격시험을 통과해야 하고 이것을 수행하기 위해서는 요구된 기초물리와 수학을 공부하지 않을 수 없다. 따라서 물리교수가 된다는 궁극목적은 수학과 기초물리를 공부하도록 하게 만든다. 이론적 삼단논법과 달리 실천적 삼단논법은 대전제가 결론을 필연적으로 함축하는 것이 아니라 단지 조건적으로만 함축한다. 오직 궁극목적을 실현하기를 원한다는 요구 아래서만 대전제는 결론을 함축하게 된다.

　실천적 삼단논법은 행위의 목적성과 연관해서만 의미를 지니는 추론이다. 행위가 궁극적으로 지향하고 완성하고자 하는 궁극목적이 완성되는가 완성되지 않는가로 구별된다. 목적을 성취하기 위해서는 항상 요구되는 것들이 있다. 그렇기 때문에 우리는 요구된 것을 수행할 수도 있고 수행하지 않을 수도 있다. 대전제가 결론을 필연적으로 함축하는 것은 아니지만 오직 행위의 궁극성이 실현되기를 원한다면 오직 그런 경우에 한해서만 궁극목적은 요구된 것을 수행하도록 강제할 수 있다. 자발적으로 지는 짐은 무겁지가 않다. 왜냐하면 그것은 자신이 원하는 행위를 완성하는 데서 충족을 느끼기 때문이다. 합리적 사고는 행위가 궁극적으로 추구하고 완성하고자 하는 것과의 연관을 통해서 설명된다.

3. 비판적 사고

비판(κριτική)이란 어원이 말하는 것처럼 무엇의 한계 내지 경계를 분명히 설정하는 것을 말한다. 비판은 그것이 사용되는 문맥들에 따라 매우 상이한 의미를 지니고 있다. 칸트가 비판철학을 말할 때 그는 범주사용의 정당한 근거를 해명하는 것으로 사용했다. 경험에서 유래하지 않은 것(순수 감성형식과 순수 사고형식)을 갖고서 경험을 가능하게 하는 것으로 사용할 때 이 사용의 객관적 타당성이 어떻게 성립할 수 있는가를 정당화하는 것이 바로 그가 말한 비판의 의미였다.

하지만 이것은 전문 철학적 문제이고 우리가 보통 일상적 문맥에서 사용하는 비판의 의미는 어떤 주장의 한계를 명확히 설정하고 이 한계 너머에 있는 것을 가리킬 때 사용하는 의미에서 그 경세를 말한다. 우리는 경계를 넘고 나서야 경계를 넘었다는 것을 알게 된다. 중세인들은 스스로를 야만과 무지가 지배하는 암흑시대에 살고 있다고 여기지 않았다. 중세를 암흑시대로 규정한 것은 근대의 역사가들이지 중세인들이 아니었다. 이렇게 본다면 중세에 대한 근대의 경계설정은 지나치게 자의적이거나 해석하는 자의 주관을 반영하는 편견의 산물이라고 보아야 할 것이다. 우리는 이 점에서 검증되지 않은 주장과 검증된 주장을 구별할 수 있어야만 한다. 중세가 암흑시대였다는 근대 르네상스 역사가들의 주장은 말 그대로 검증되지 않은 하나의 편견임이 드러났다. 우리는 이 한계를 통해 한계를 뛰어넘도록 요구받고 있다. 주장하는 자는 자기주장에 대한 정당화의 짐을 지게 되는데 이 정당화 충족이 사실은 타당한 것으로 입증될 수 있어야 한다.

개념의 적합한 사용과 적합하지 못한 사용의 경계, 틀린 판단과 맞은 판단의 구별, 타당한 추론과 부당한 추론을 우리는 구별하지 않으면 안 된다. 비판이란 이런 경계를 분명히 설정하는 것을 말한다. 어떤 것의 명백한 한계를 설정할 때 한해서만 우리는 그 한계를 넘어서는 것이 가능하게 된다. 소크라테스도 자신이 모른다는 것을 분명히 알고 있었기 때문에 자기가 모르는 것을 더 이상 안다고 허세를 부리지 않을 수 있었다. 바로 자기의 무지에 대한 자각을 통해 그는 자신이 모르고 있는 것을 알 수 있었고 더 이상 자기의 무지에 시달리지 않아도 되었다. 아는 것은 그에 따르면 한계를 제대로 깨우치는 것을 의미했다. 오직 그런 경우에 한해서만 그 무지에 의해 더 이상 지배되지 않고 무지로부터 해방되는 것이 가능하게 된다. 이것이 앎의 해방적 효과다. 우리는 우리 자신이 참이라고 여기는 것과 실제로 참인 것을 구별함으로써 내가 참이라고 생각한 것이 단지 나에게만 그렇다는 것을 깨우치게 된다. 바로 그런 자각만이 인간을 무지의 지배로부터 벗어나게 해 준다. 모르는 것을 알고 있다는 것은 더 이상 모르는 것에 집착하지 않게 만들기 때문에 앎의 계기들에서 이것은 해방으로 작용하게 된다. 무지의 자각은 참된 앎으로 가는 길에서 중요한 계기로 작용한다. 자기 앎에 대한 철저한 한계의 자각만이 무지로부터 앎으로 넘어가는 것을 가능하게 한다.

비판은 비난(reprimand)과 구별된다. 비판이란 한계를 분명하게 설정함으로써 동시에 한계를 뛰어넘는다는 보충과 확장의 계기를 지닌다. 이에 반해서 비난이란 말 그대로 타인을 욕하거나 근거 없이 비방하는 것을 말한다. 비판을 통해 우리는 더 이상 무지에 사로잡히지 않고 우리가 무지하다는 것을 넘어서는 확장을 경험하게 된다. 비판적 사고는 이 점에서 해방적 사고다. 플라톤에게서 중요한 것은 우리가 당연한 것으로 여기고 있는 독사($\delta o \zeta a$)가 아니라 정당화된 참근거(orthodox)였다. 비판이란 독사와 참된 독사를 구별하는 경계를 말한다. 우리는 우리가 당연한 것으로 여기고 있는 것을 더 이상 고집하지 말고 이것이 참된 것으로 증명될 수 있도록 해야만 한다.

논리적 사고에서 비판이란 규칙을 따르는 자와 규칙을 따르지 않는 자를 구별하는 것을 말한다. 담론적 사고에서 비판이란 주장과 주장의 타당성을 검증하는 것을 말한다. 누가 어떤 주장을 했는가가 중요한 것이 아니라 그 주장이 어떻게 타당할 수 있는가를 검증하는 것이 중요하다. 비판적 사고는 주장을 맹목적으로 받아들이는 것이 아니라 주장의 타당성 검증을 통해 검증된 주장을 받아들이고자 하는 태도를 말한다. 과학적 사고에서 비판이란 가설을 검증함으로써 가설을 유지하거나 폐지하려는 경계를 설정하는 사고를 말한다. 가설의 제기→가설의 공적 검증→폐지 내지 확증의 과정을 거치면서 탐구를 더 개방시켜 가는 역동적 과정이 바로 비판적 사고의 길이다.

논쟁에서는 자기주장과 전제의 불충분함을 밝혀내서 이것을 더 넓은 지평에서 개방하려는 열린 태도가 필요하다. 우리 인간들은 자신들이 잘못 알고 있거나 잘못 알았기 때문에 사태의 참모습으로부터 복수를 당할 수 있는 존재다. 자기 복수를 하지 않으려면 우리는 제대로 사고할 필요가 있다. 무지와 편견으로 인해 우리가 복수를 당할 수 있기 때문에 우리는 이것을 항상 경계하지 않으면 안 된다. 논쟁의 과정에서는 대화를 통한 자기 해방의 적극적인 계기가 있다. 이때 우리가 몰랐던 것은 그냥 무지의 확인이 아니라 그것을 통해 더 발전된 방향으로 우리를 안내하는 한해서 해방과 개방으로 이르는 무지였다는 것이 드러난다. 참된 지에 이르는 계기로서의 무지를 자각하는 것 자체가 이미 해방이다.

4. 논증과 논쟁의 차이

논증(argument)과 논쟁(disputation, discourse)은 확연히 다르다. 모든 논증은 전제와 결론으로 구성되어 있다. 전제가 결론을 근거(ground) 짓거나, 필연적으로 보증(guarantee)하거나, 필연적으로 함축(implication)할 때 우리는 이런 관계를 논증했다고 한다. 논증은 추론의 필연성을 밝히는 것이다. 아리스토텔레스는 이것을 분석론의 고유한 테마로 다루고 있다. 논증은 타당한 논증(valid argument)과 부당한 논증(invalid argument)으로 구별된다. 타당성과 부당성의 구별은 전제와 결론의 연결이 객관적이고 필연적인가를 밝혀내는가 그렇지 못한가에 따라 분류된다.

이에 반해 논쟁이란 사태에 대한 권리싸움을 말한다. 논쟁은 논증을 분석하는 것이 아니라 설득을 목적으로 한다. 분석론과 구별되는 의미에서 아리스토텔레스는 이것을 변증론(dialectic)의 테마로 분류한다. 논증은 논쟁이 추구하는 설득력과 구별된다. 변증론은 필연성을 다루는 것이 아니라 설득을 목적으로 하기에 사태에 대한 권리투쟁을 말한다. 어느 누군가는 자기주장에 대해 그것을 정당화할 수 있는 토대를 제공해야만 정당화 짐(burden of justification)을 충족했다고 할 수 있다. 우리 인간들은 항상 어떤 특정한 테마들에 대해서 서로 의견을 달리하는 자들과 함께 자기주장의 타당성을 정당화하고자 한다. 논쟁은 서로 의견을 달리하는 자들이 어떤 특정한 테마들에 대해 자기주장을 상대방에게 관철하려는 것을 목적으로 한다. 논증은 모두에게 구속력이 있지만 논쟁은 어떤 누구를 설득했다고 해서 다른 누구에게도 설득했다는 필연성이 반드시 성립하는 것이 아니다. 이 점에서 논증의 강제하는 구속력과 구별되는 의미에서 논쟁은 설득하는 정도에 따라 그 성공 여부가 결정될 따름이다.

논증에서는 규칙을 따른 자와 따르지 않은 자로 구별된다. 논증에서는 타당한 추론이 있거나 부당한 추론이 있을 뿐이다. 하지만 논쟁에서는 그렇지 않다. 논쟁이 성립하려면 역설적이지만 서로 의견들이 달라야 한다는 것이 전제되어야만 한다. 논증에서는 맞거나 틀리거나 딱 둘 중의 어느 하나다. 하지만 논쟁에서 틀린 논쟁은 없다. 다만 서로 견해를 달리하는 의견만이 있을 뿐이다. 논쟁은 설득의 정도에 따라 좋은 논쟁과 나쁜 논쟁이 판가름 난다. 여기서는 맞고 틀리고의 정답과 오답이 문제가 아니라 누가 더 설득력이 있는

가에 대한 정도 충족만이 문제가 된다. 논쟁이 성립하려면 최소한 다음과 같은 과정이 필요하다.

> (1) 쟁점이 되고 있는 논쟁 테마들(about FTA, 안락사, 동성애, 계약결혼, 유전자 복제, 창조와 진화에 대한 갈등, 군 가산점 문제 등등)
> (2) pro↔contra(찬성하는 자와 반대하는 자)
> (3) 설득(persuasion)
> (4) 설득의 성공과 실패(success or insuccess)

차이(difference)는 논쟁이 성립할 수 있는 조건이다. 수학에서 정적분$y = \int_{1}^{3} x^2 = \frac{26}{3}$이 되어야만 한다. 이것은 누가 풀어도 동일한 결과가 나오지 않으면 안 된다. 이렇게 문제를 풀지 않은 자들은 모두 0점을 받게 된다. 반대로 이렇게 문제를 푼 자는 100점을 받는다. 여기서 다르다는 것은 아무 의미가 없다. 이것은 문제를 푸는 강제성에 관한 것이지 내가 어떻게 생각하고 있는가는 전혀 중요하지 않다. 논리학이나 수학은 심리학이 절대 아니다. 이런 학문들에서는 내가 어떻게 생각하고 있는가가 중요하지 않다. 여기서 중요한 것은 우리 모두가 문제를 그렇게 풀도록 강제당한다는 것이다. 규칙을 따를 것인가 따르지 않을 것인가 바로 그것이 문제다.

논쟁에서는 주장하는 자가 어떤 근거에서 그런 주장을 하게 되었는지가 중요하다. 그들은 자기가 주장하는 근거의 타당성을 상대방에게 설득하고자 한다. 서로 다른 입장들을 지니게 되었다는 것이 서로를 대화하도록 내몰고 있다. 그렇기 때문에 대화를 통해 서로 의견을 달리하는 자들이 자기주장의 타당성을 검증하는 것이 가능하게 된다. 틀린 논쟁은 없다. 다만 다른 논쟁만이 있을 뿐이다. 도덕 지향적인 칸트와 공자는 감성 지향적인 샤론스톤과 논쟁할 수 있지만 논쟁을 강제할 수는 없다. 서로가 인생의 중요한 가치를 설정함에 있어서 어느 누구는 도덕을 상정하고 어떤 다른 자는 감성적 풍요로움을 설정할 수 있다. 하지만 그렇다고 해서 이 둘 중 어느 누가 틀린 것은 아니다. 다만 생각이 서로 다를 뿐이다. 그리고 이렇게 견해를 달리하는 자들이 삶의 가치에 대해 논쟁해 볼 수 있다.

논쟁의 목적은 타자에 대해 자기 견해의 타당성을 가능한 한에서 설득하는 데 있다. 하지만 논쟁이 반드시 설득에 성공한다는 보증은 없다. 대화하면 할수록 그리고 논쟁하면 할수록 더 차이를 확인하게 되는 경우도 있다. 그렇기 때문에 논쟁에서는 합의나 설득이 반드시 성공한다는 어떤 보장도 없다. 논쟁에서 합의가 도달된다는 어떤 보증이 없기 때문에 우리는 논쟁을 합의에 종속시켜서는 안 된다. 대화를 통해서 합의가 달성될 수도 있지만 경우에 따라서는 대화하면 할수록 그만큼 차이가 더 많이 발견되는 것도 가능하다. 하버마스가 제시한 이상적인 담론상황 아래서 대화가 진행되었다고 하더라도(사실 현실에서는 이것도 아주 드물거나 예외적인 상황에서만 전개되는데) 위의 경우에서처럼 칸트 혹은 공자가 샤론스톤하고 혼인에 성공한다고 장담할 수는 없다.

적어도 성숙한 민주주의 사회는 차이와 관용을 인정할 줄 아는 사회다. 토론과 대화를 통해 폭력과 야만을 극복해 가는 것이 성숙한 민주사회의 조건이다. 민주사회란 서로 견해를 달리하는 자들이 자기주장의 타당성을 대화와 토론을 통해 상대방에게 설득하는 것을 목적으로 하는 사회다. 싹쓸이와 그릇된 헤게모니를 자제하면서 상대방과 열린 대화를 개방하는 것이 필요하다. 어디서 상대방과

나는 전제를 같이 공유할 수 없는가? 어떤 차이로 인해서 우리는 서로 토론할 수밖에 없는가를 따지고 이해하는 것이 필요하다. 나와 다른 의견을 지니고 있다고 해서 상대방을 죽이는 것은 가장 야만적인 전제군주시대의 잔재다. 관용은 차이를 인정하는 데서 발생한다. 우리는 차이를 인정할 필요는 있지만 그렇다고 굳이 존중할 필요까지는 없다. 차이의 인정과 차이의 존중은 다르다. 우리는 차이의 인정 아래 차이를 해소하는 대화를 시도할 수 있다. 하지만 차이를 말소할 수는 없다. 異端은 제거되거나 말살될 것이 아니라 단지 관용으로서 인정될 필요가 있다. 논쟁과 다원주의 그리고 성숙한 민주사회는 다 같이 간다. 논쟁에서는 싸우되 화해할 필요도 있다. 논쟁에서는 같다고 해서 그 같음이 획일화를 뜻하는 것은 아니다. 논쟁의 맥락 안에서는 같음 안에서도 차이가 얼마든지 인정될 수 있다.

5. 추론과 인과율의 차이

과학은 실제로 존재하는 대상을 탐구(research)한다. 논리는 대상을 다루는 것이 절대 아니다. 그것은 단지 사고법칙의 타당성을 형식적인 차원에서 다룰 뿐이다. 논리학은 과학과 같이 내용을 특정한 방법에 따라 대상화하면서 전문적으로 다루는 것이 아니라 사고법칙의 형식적 타당성만을 다룬다. 어느 누구도 모순을 위반하고서 사고할 수는 없다. 하지만 논리적 모순을 범하지 않았다고 해서 사고가 충분히 완성되었다고 말할 수 없다. 모순율은 단지 진리의 부정적 기준에 불과하다. 논리학의 사고형식은 안 지키면 안 되지만 지켰다고 해서 사고가 확장되거나 경험이 넓어지는 것은 아니다.

논리학은 추론을 다룬다. 하지만 과학은 추론이 아니라 인과율을 탐구대상으로 한다. 추론과 인과율은 서로 구별된다. 인과율이란 선행하는 사건과 후행하는 사건이 있을 때 어떤 근거에서 전자가 후자에 대해 원인일 수 있는가를 해명하는 것이다. 추론이 전제로부터 결론을 근거 짓거나 도출하는 필연성에 관한 것이라면 인과율은 선행사건과 후행사건을 결합하는 설명을 말한다.

> (1) 인과율에서는 실제로 발생한 사건들이 있어야 한다. 그리고 이 사건들은 시간의 순서에 따라서가 아니라 근거에 따라서 연결되어야 한다.
> (2) 선행하는 사건(원인의 계열)과 후행하는 사건(결과의 계열)은 서로 다르다.
> (3) 이 두 사건들은 시간을 통해서 진행된다. 사건의 진행 순서는 항상 비가역적이다.
> (4) 비가역적인 두 사건들은 그 결합방식에 있어서 항상 선행사건 때문에 후행사건이 발생하게 되었다는 구조로 정식화된다.
> (5) 원인과 결과 사이에는 규칙성이 발견된다. 이 발견은 항상 선행하는 원인 때문에 후행하는 결과가 발생한다는 구조로 결합된다.

인과율에서는 어느 시점에 발생한 선행사건(event₁ time point1)과 다른 시점에 발생한 후행사건(event2 time point2)이 서로 시간적인 간격이나 차이를 두고 발생할 수밖에 없기에 이 둘을 같은 것으로 여겨서는 안 된다. 인과율의 사건 계열은 시간상 선후관계를 전제로 하기 때문에 이 두 사건은 비가역적이고 그렇기에 동시적인 것이 될 수 없다. 실제로 발생했다는 것을 전제로 한 이 두 사건들의 결합은 항상 원인이었기 때문에 결과가 발생하게 되었다는 것으로 결합되지 않으면 안 된다. 이 결합은 사건과 사건을 실제로 결합하

는 인과 설명이지 논리적 추론이 아니다. 추론을 통해 우리는 논리
규칙의 강제성을 확인만 하면 되지만 인과율을 통해 우리는 실제로
발생한 사건들을 규칙성에 따라 결합하지 않을 수 없다.

> (1) 추론에서 말하는 전제(premise)와 결론(conclusion)은 실제로 발생한
>   사건들이 아니라 논리적 진술들에 지나지 않는다.
> (2) 전제는 결론을 필연적으로 함축하고 있다. 혹은 결론은 이미 전제 안
>   에 포함되어 있었다. 전제에 없는 것은 절대로 결론에 새롭게 나타날
>   수가 없다. 반대로 결론의 내용들은 이미 전제에 있었던 것을 다시 한
>   번 확인한 것에 지나지 않는다.
> (3) 전제와 결론은 시간을 매개로 하는 것이 아니라 규칙을 매개로 해서
>   만 그 관계가 성립한다. 이것은 인과율과 같이 선후 관계가 아니라 동
>   시적인 관계에 있다.
> (4) 전제와 결론의 관계는 논리적으로 항상 필연적인 관계에 있다. 이것은
>   규칙성을 법칙화하는 것이 아니라 논리적 필연을 따른다.

　　논리학에서 말하는 필연과 자연과학에서 말하는 법칙은 구별되
어야만 한다. 필연은 어떤 경우에도 예외를 허용하지 않는다. 하지
만 자연과학에서의 법칙은 예외를 허용하지 않는 법칙(예를 들면
모든 물질은 중력의 영향을 받는다)과 예외를 허용하는 법칙(예를
들어 아나콘다는 알을 통해 부화하는 것이 아니라 직접 새끼를 낳
는다)으로 구별된다. 법칙이 있다고 해서 반드시 예외가 있을 필요
는 없다. 하지만 예외가 있다는 것은 필연적으로 법칙으로부터의
일탈을 전제한다. 그렇기 때문에 자연과학의 모든 법칙이 예외를
허용하지 않는 필연적 강제라고 말할 수는 없다. 논리학은 추론의
필연성을 다루지만 자연과학은 인과율의 사건을 그 인과적 결합에
서 다룬다. 논리규칙의 필연성은 자연과학의 법칙과 같은 의미가

 새롭게 풀어 보는 **논증과 논쟁**

아니다. 내일 태양이 뜨거나 뜨지 않는 것은 태양이라는 내부폭발 사건을 통해서 설명되는 것이지 논리적 강제에 따라 진행되는 것이 아니다. 열대성 저기압이 발생하면 그 결과로서 태풍이 발생하게 된다. 열대성 저기압은 태풍이 발생하는 것을 가능하게 하는 원인 이다. 원인과 결과 사이에는 놀랍게도 규칙성이 발견된다. 우리는 이것을 원인 때문에 결과가 발생했다고 설명한다.

또 한 가지 간과하지 말아야 할 것은 다음과 같다. 논리적 규칙에 서는 어떤 경우에도 규칙이 변하는 경우가 없다. 하지만 자연과학 에서 인과율은 고정불변의 의미가 아니다. 20세기 양자론의 이론적 결과에 따르면 거시 영역에서 적용되는 인과율과 미시영역에서 적 용되는 인과율은 절대로 같은 의미가 아니라는 사실이다. 거시 영 역에서 인과율은 결정론적 의미(초기 조건들의 분석으로부터 후기 조건들이 엄격하게 인과율적으로 결정되는 것)를 지니지만 미시영 역에서 인과율은 확률적 통계(위치와 속도를 동시에 측정하는 것이 불가능하기 때문에)의 의미를 지니게 된다. 우리가 거시 영역에서 적용되는 인과율을 미시 영역에 적용하면 우리는 인과율의 적용에 있어서 쓰디쓴 좌절을 경험하게 된다는 것을 목격하게 된다. 인과 율은 그 적용범위에 따라 의미와 타당성이 서로 다르다. 하지만 논 리적 규칙에서는 이런 일이 발생하지 않는다. 논리적 규칙에서 규 칙이 변화할 수 있다는 것은 불가능하다. 이에 반해 자연과학에서 는 패러다임이 얼마든지 변할 수가 있다. 논리학의 규칙은 현상을 설명하는 사건법칙이 아니기 때문에 규칙의 변화 가능성은 없다. 반면에 자연과학에서 말하는 패러다임은 패러다임이 설명할 수 없 는 현상들이 나타날 때 패러다임은 현상을 설명하기 위해 그 의미와 타당성이 얼마든지 변경될 수 있다. 인과율은 사건들의 규칙성을 설명하는 데 도움이 되는 것에 반해 논리적 규칙은 규칙의 강제성을 집행하는 것에만 따른다. 패러다임은 적용의 타당성 범위가 제한되고 현상을 설명하는 유효기간이 있지만 논리적 규칙은 적용의 제약을 받지 않고 유통기간도 없다. 따라서 변화도 불가능하다. 패러다임이 새로 제기된 현상을 설명할 수 없을 때 패러다임은 그 타당성이 정지되고 현상을 설명하는 더 나은 패러다임에 의해 대체(replacement)되어 간다. 무거운 물체가 가벼운 물체보다 더 빨리 낙하한다는 아리스토텔레스의 자연설명은 경험적 부적합성 때문에 갈릴레이와 뉴턴을 통해 새로운 중력이론으로 대체되어 버렸다. 그리고 뉴턴의 중력 이론은 아인슈타인에 의해 더 정교한 것으로 포괄되었거나 혹은 세련되게 변형되었다. 우리가 중력을 알기 위해 역사적으로 아리스토텔레스를 참고할 필요는 없다. 현상을 설명할 수 없는 이론은 현상을 설명하지 못하는 무능력 때문에 사라지지 않으면 안 된다. 법칙과 현상의 충돌이 불가피하게 발생할 경우 우리는 현상을 설명하지 못하는 법칙의 무능과 부적합성을 포기하도록 요구받고 있다. 새 술은 새 부대에 담아야 되듯이 현상을 설명하는 패러다임만이 타당성을 유지할 수 있을 뿐이다. 패러다임과 역사성은 한 사태의 상이한 측면이다.

6. 증명(demonstration)과 증거(support)의 차이

필연을 다루는 학문은 엄격하게 말하면 수학과 논리학뿐이다. 논리학은 전제로부터 결론이 필연적으로 도출되는 의미에서의 추론의 필연성을 밝힌다. 수학은 공리의 자명성으로부터 정리를 도출하고 이 도출이 필연적이라는 것을 보여주는 것이다. 논증의 필연성은 전제와 결론의 객관적 관계를 설명하는 데 적합하다. 증명의 필연성은 공리로부터 정리를 이끌어 내고 이 도출이 필연적이라는 것을 드러내는 것이다. 공리로부터 이끌어 낸 정리는 증명의 대상이 된다. 증명이란 이 도출이 필연적이라는 것을 드러내 보이는 것을 말한다.

공리는 가장 확실하다. 이것은 모든 것의 출발을 형성한다. 공리는 대개 직관에 의해서 확실하거나 정의에 의해서 가장 확실한 출발이 되는 것을 말한다. 수학에서 출발이 되는 공리(ἀξίωμα)는 근거에 있어서 다른 것들에 의존하지 않는다. 공리는 다른 것에 의존하지 않으면서도 다른 것을 가능하게 한다는 의미에서 증명의 출발을 형성한다. 원리의 독립성은 원리로부터 파생된 것을 가능하게 한다는 의미에서 증명의 출발을 이룬다. 하지만 공리로부터 파생된 것들은 모두 공리의 자명성에 의존해서만 설명된다. 직관에 바탕을 두고 있는 공리는 증명이 불가능한 것이 아니라 증명이 불필요하다. 왜냐하면 공리보다 더 확실하거나 타당한 것은 없기 때문이다.

공리는 그 자체로서 가장 확실하기 때문에 근거의 계열에서 가장 앞서가는 제일 출발점으로 작용한다. 공리로부터 파생된 것은 그 파생근거가 공리로부터 설명될 수 있어야만 한다. 정리는 공리의 자명성에 의존하지만 공리는 정리에 의존하지 않는다. 근거의 계열에서 근거로서 작용하는 제일 출발점은 그것으로부터 파생되는 것을 가능하게 하는 출발을 형성한다. 하지만 이 관계는 항상 비대칭적이거나 불가역적이다. 공리는 자명하기 때문에 더 이상 증명을 필요로 하지 않는다. 그렇기 때문에 공리로부터 파생된 모든 정리들은 공리의 자명성에 입각해서 모두가 다 증명의 대상이 되지 않으면 안 된다.

임마누엘 칸트는 수학을 선험적 종합판단으로 규정하는데 사실 그는 수학이 분석적 필연성이라는 것을 잘못 이해했다. 모든 수학적 증명은 다 공리로부터 정리를 필연적으로 이끌어 내거나 보여주는 증명에 기초한다. 공리는 다른 것에 의존하지 않으면서(독립성 유지) 다른 모든 것을 가능하게 한다(make order possible). 큰 것은 작은 것보다 항상 크다는 것은 더 이상 증명이 필요 없다. 왜냐하면 이것은 어떤 다른 것을 거치지 않고도 직관에 있어서 그 자체가 가장 확실하기 때문이다. 삼각형에서 한 외각의 크기는 이웃하지 않는 두 내각의 합과 같다는 주장은 반드시 왜 그런가에 대한 증명이 필요하다. 이 주장의 진리는 삼각형의 내각의 합이 180°라는 것으로부터 증명될 수 있을 뿐이다.

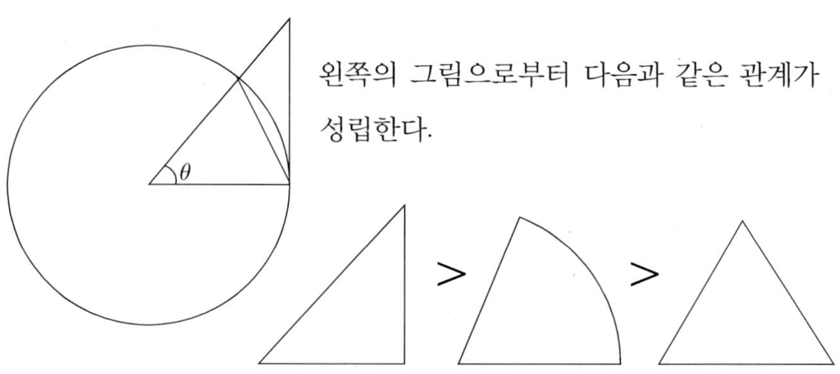

왼쪽의 그림으로부터 다음과 같은 관계가 성립한다.

삼각함수 미분에 있어서 $\lim_{\theta \to 0} \frac{\sin\theta}{\theta} = 1$이 성립하는 것을 보여주기 위해서 우리는 출발점이 되는 것으로서 $\frac{1}{2}r^2\sin\theta < \frac{1}{2}r2\theta < \frac{1}{2}r2\tan\theta$이 성립한다는 것을 그 근거로 제시할 수 있다. 하지만 이것이 왜 출발점이 되는가라고 요구하면 우리는 이것을 공리의 자명성을 통해 그 타당한 근거를 제시할 수 있다. 하지만 출발이 되는 직관 자체는 다른 것에 의존하는 것이 아니라 그 자체가 가장 확실한 것으로서 드러나고 있다. 명증(evidence)이란 그것보다 더 확실한 것이 없기 때문에 증명이 불가능한 것이 아니라 증명을 할 필요가 없는 것을 말한다. 그것보다 더 확실한 것이 없기 때문에 가장 확실한 출발은 무한소급을 필요로 하지 않는다. 그렇다면 명증은 그 자체가 가장 확실한 것으로서 모든 출발을 가능하게 하는 것으로서 작용하지 않을 수 없다. 이것은 출발을 형성할 뿐 다른 것에 의존해서 설명될 수가 없다. 원리와 원리로부터 파생된 것은 증명의 순서에 있어서 근거 짓게 하는 것과 근거 지워지는 관계에 있다. 질서란 어떤 것들이 서로 대등하지 않을 때 이 둘 사이에 서열이 형성되는 것을 말한다. 원리는 원리로부터 파생되는 것을 가능하게 하고, 근거는 근거로부터 파생되는 것을 가능하게 한다. 이 관계는 비가역적으로서만 작용한다. 원리는 무의존적인 출발(independent starting point)로서 그 자체가 타당하거나 정의에 의해서 참인 것을 말한다. 하지만 이것으로부터 파생된 것들은 모두 원리의 불변성에 입각해서 증명되어야만 한다. 증명은 파생이 필연적이라는 것을 보여주는 것(ἀπόδειξις)을 말한다. 증명의 대상이 되는 정리는 필연적으로 공리의 자명성에 기초해서만 그 타당성이 설명될 수 있다. 이 관계가 필

연적이라는 것을 보여주는 것이 바로 증명이 하는 일이다.

증거(support)는 주로 귀납추정에서 지금까지 관찰을 통해 발견된 것들이 결론의 신빙성을 높여주기 위해 동원되는 지지사례들에 불과하다. 증거는 많으면 많을수록 결론을 믿게 하는 데 도움이 된다. 하지만 지지사례들이 많다고 해서 결론이 필연적으로 참이 되는 것은 아니다. 결론의 신빙성은 축적된 증거들을 토대로 해서 그 신빙성이 점점 높아질 수 있을 뿐이다. 결론을 확증하는 데 있어서 증거자료들은 신뢰할 만한 지지를 보태준다. 증명이 필연성을 밝히거나 드러내는 것이라면 증거는 결론의 신뢰를 높여주기 위해서 동원되는 지지사례들의 신빙성에 불과하다. 지지사례들이 아무리 많아도 결론이 필연적으로 그렇다는 것은 보장되지 않는다. 증거는 기껏해야 補充하고 完成하는 데 있어서 필요한 支持를 수행할 뿐이다. 충분한 증거 내지 불충분한 증거는 증거사례들이 요구된 결론을 지지하는 정도에 따라 구별되는 것이다. 증명이 필연을 밝히는 것이라면 증거는 정도를 지지하는 신뢰에 관한 것이다.

불충분한 증거를 기반으로 해서 결론으로 함부로 비약할 수 없는 것은 증거가 필연이 아니기 때문이다. 증거 자료들이 많이 제시된다는 것은 그것을 바탕으로 결론의 신빙성이 그만큼 높아진다는 것을 말한다. 증거는 정도의 축적에 비례해서만 결론의 신빙성을 높여 줄 뿐이다. 결론을 성급하게 내리기 전에 결론을 지지하고 받쳐줄 수 있는 증거자료들을 많이 확보하는 것이 필요하다. 증거 없는 수사는 폭력적인 수사에 불과하다. 증거 불충분한 구속은 증거가 박약하거나 불충분하다는 이유 때문에 기각되지 않으면 안 된다. 과학수사는 증거보강을 통해 범인을 잡아내는 것을 목적으로 한다.

마치 꿀벌들이 여러 꽃들로부터 당분을 모아서 벌집을 만들듯이 증거는 많이 축적되어서 추정된 결론의 신빙성을 보강할 뿐이다. 증명이 연역적 필연과 연관된 것이라면 증거는 귀납에서의 보강과 정도의 신뢰에 관계할 뿐이다.

7. 추론(inference)과 추정(permutation)의 차이

연역추론과 귀납추정은 하늘과 땅만큼이나 차이가 있다. 연역추론은 전제로부터 결론을 필연적으로 도출해 내는 것을 말한다. 추론은 물론 사람이 한다. 사고란 의식의 지향적 행위의 한 종류다. 하지만 사람이 추론을 한다고 해서 그 추론이 자의적으로 진행되어서는 안 된다. 추론과 추리는 모두 사람들이 실제로 수행하고 있는 심리활동을 말한다. 하지만 추리는 규칙에 따른 강제를 말하는 것이 아니라 단지 추리하는 자의 심리적 경과를 반영한다. 물론 이 추리가 의미 있는 것이 되려면 이 추리는 구성에 있어서 견고할 필요가 있다.

하지만 논리학에서 말하는 추론은 심리적 행위를 말하는 것이 아니다. 논리학에서 말하는 추론이란 논리적 규직의 인도를 받아서 전제에 있는 것을 결론에다 옮겨 놓아야만 하는 것을 말한다. 추론은 이렇게 전제에 있는 것을 다시 한 번 결론에다 옮겨 놓는 사유 행위인데 이 사고 행위는 규칙의 지배나 강제를 받는다. 따라서 연역의 경우 자의적인 추론은 애초부터 배제되거나 불가능하다. 추론은 행위이지만 논리적 규칙에 의해 지배받는다. 누가 어떤 추론을 하든지 관계없이 추론에서는 전제의 내용을 다시 한 번 결론에다 옮겨 놓지 않으면 안 된다는 의미에서 이 과정이 일어나야만 한다. 전제에 있는 내용들을 결론으로 옮겨 놓는 과정에서 추론의 이행은 반드시 그래야만 하는 규칙의 지배를 받게 된다. 하지만 추리나 추정은 규칙의 지배를 받는 것이 아니다.

연역추론이 논리적 규칙과 강제에 관한 것이라면 귀납은 엄밀한 의미에서 논리적 규칙에 관한 것이 아니다. 연역이 논리적 규칙과 관계한다면 귀납은 경험적 일반화 가능성과 관계한다. 이런 의미에서만 귀납추정은 전제와 결론 같은 그런 엄격한 표현들을 사용할 수가 없다. 귀납추정은 발견된 사례를 축적해서 그것을 요구된 것을 일반화하는 데 기여하는 방식으로 진행시킨다. 지금까지 지지된 사례들을 통해 이것을 개연적으로 결론의 신빙성을 높여 주는 방식으로 일반화가 진행될 때 우리는 추정을 한다고 말한다.

모든 생명체는 죽는다. 공룡은 생명체에 속한다. 그러므로 공룡은 죽는다고 우리는 추론하지 않을 수 없다. 비록 어떤 인간이 이런 추론을 한다고 해도 우리는 이 추론이 자의적이 아니라 강제로 그런 결론을 이끌어 내도록 요구받고 있다는 것을 안다. 누가 추론을 하더라도 연역추론에서의 결론은 항상 같을 수밖에 없게 된다. 추론은 행위이지만 규칙의 강제를 받는다는 의미에서 결론은 항상 같을 수밖에 없다. 추론은 사람을 통해 일어나는 심리적 과정을 거치지만 규칙에 따른 강제 때문에 모두를 구속한다. 즉 우리 모두는 추론의 과정에서 전제의 내용들을 결론으로 옮기도록 그렇게 강제를 받고 있는 것이다.

전제가 참이면 결론도 필연적으로 참이다. 전제가 거짓이면 결론도 필연적으로 거짓이 된다. 연역추론에 있어서 결론은 항상 전제로부터만 그 타당성이 결정된다. 연역에서는 그렇기 때문에 결론이 전제를 다시 한 번 더 확인하는 것 이상의 것을 할 수가 없다. 연역추론은 진리 확인 내지는 진리 보전적인 것에 지나지 않는다. 결론에 있어서 예외나 새로움의 발생은 애초부터 배제되었다.

귀납은 전제가 참이라고 해서 결론이 필연적으로 참이 되는 것이 아니다. 다만 전제가 참이라면 그것으로부터 결론이 참이 될 가능성이 더 높을 뿐이다. 즉 개연적으로만 참이 될 확률이 높다는 것이다. 결론은 전제에 없는 것들이 새로 발견될 가능성을 배제할 수 없다. 그렇기 때문에 귀납에서는 필연이 배제되지 않을 수 없다. 연역이 예외나 새로움을 배제한다면 귀납은 필연을 거부한다. 연역이 논리적 추론의 강제라면 귀납은 경험적 추정과 관계한다.

귀납에서 우리는 발견된 사례를 갖고서 이것을 일반화하는 데 사용한다. 그렇기 때문에 추정은 신뢰도를 높이는 데 기여한다. 우리가 경험적으로 관찰하는 범위 안에서 뱀들은 거의 다가 알을 통해 새끼를 낳는다. 그런데 아나콘다는 아주 예외다. 아나콘다는 알을 부화하는 과정을 거치는 것이 아니라 지금까지의 관찰 결과와는 다르게 직접 새끼를 낳는다. 관찰 결과는 경험적 발견의 사례에 속한다. 우리는 경험적 관찰의 문제를 논리적 강제하고 혼동해서는 안 된다. 추론은 논리적 강제에 관한 것이고 추정은 사례를 경험적으로 축적해서 일반화하는 데 사용하는 것을 목적으로 한다. 연역추론이 규칙과 관계한다면 귀납추정은 경험적 발견 결과와 관련된다.

연역추론에서는 전제와 결론의 관계가 논리적인 타당성에 기초한다. 이에 반해 귀납추정에서는 지금까지의 관찰결과들과 이것을 통해 이루어지는 일반화된 경향성 사이에는 논리적 관계가 아니라 경험적 관계를 통해 결정된다.

　추리하는 일은 심리적인 활동에 속한다. 추리는 증거로부터 결론을 지지하는 것을 말한다. 우리는 추리할 때 의견이나 확신을 토대로 해서 다른 의견이나 확신에 도달할 수 있다. 하지만 논리학에서 말하는 추론은 심리적인 활동으로서의 추리가 절대 아니다. 추리는 의견이나 확신을 입증된 것으로 만들기 위해 수행하는 행위에 불과하다. 귀납추리는 지금까지 관찰된 것들로부터 결론의 신빙성을 높이기 위한 신뢰추정을 목적으로 한다.

　귀납추정은 지금까지 관찰된 사례를 갖고서 이것을 일반화하는 데 기여하는 방향으로 이루어진다. 축적된 사례들이 많으면 일반화의 등급이 높을 것이고 축적된 사례들이 적으면 일반화의 등급이 낮을 것이다. 개미들이 먹이를 모아서 겨울 준비를 하듯이 귀납추정은 사례를 축적해서 이것을 바탕으로 일반화를 목적으로 한다. 우리는 추리소설을 쓸 수는 있어도 추론소설을 쓴다고 말하지는 않는다. 추리소설은 작가가 상상력을 동원해서 줄거리를 흥미진진하게 진행시키는 것을 말한다. 경제학자들은 현재 드러난 경제지표들을 활용하면서 조심스럽게 경기예측을 추정할 수는 있다. 물론 예측이 경험적 현실을 설명하지 못하고 빗나가더라도 우리는 예측을 예언과 구별해야만 한다. 예측은 분석에 기초하지만 예언은 그렇지 않다. 추정은 경험적으로 발견되거나 축적된 사례를 갖고서 조심스럽게 예측하는 행위를 말한다. 귀납에 있어서 추정은 미래 예측이 아니라 경험적 일반화를 시도하는 것을 말한다.

　추론이 필연성과 관계한다면 추정은 일반화와 연관되어 있다. 일반화는 정도나 등급에 관한 것이다. 추론은 필연에 관한 것이기 때문에 논리적 강제가 있다. 귀납은 강제가 아니라 신뢰에 관한 것이다. 귀납에서 전제가 설령 모두 참이라고 해도 결론이 참이 될 확률 혹은 개연성이 높을 따름이지 반드시 참이 된다는 보장은 없다. 왜냐하면 전제 속에 포함되어 있지 않는 것들이 결과 속에 얼마든지 새롭게 나타날 수가 있기 때문이다. 이 점에서 귀납은 실패한 연역으로 이해된다.

연역 논증은 전제로부터 결론을 도출할 때 이 도출이 필연적이라는 것을 보인다. 전제가 결론을 필연적으로 보증하거나 결론이 전제로부터 필연적으로 도출될 때 혹은 전제가 결론을 필연적으로 함축할 때 논증이 타당하게 성립한다. 결론의 내용은 이미 전제에 있었던 내용을 다시 한 번 확인하는 것에 지나지 않는다. 그렇기 때문에 연역 논증은 어떤 경우에도 전제에 없는 것이 결론에 나타날 수가 없다. 새로움이나 예외가 절대로 성립할 수 없다는 점에서 연역 논증은 필연적으로 결론이 전제의 타당성을 다시 한 번 확인하는 것에 지나지 않게 된다. 귀납추정이 진리확장적인 성격을 지니는 것에 비해서 연역 논증은 진리를 단지 확인하는 것에 지나지 않게 된다.

연역논증에서는 전제가 결론을 필연적으로 보장할 수 있을 때 한해서 그 추론이 타당하다고 말한다. 반대로 전제가 결론을 보증하지 못할 때 우리는 그 추론이 부당하다고 한다. 타당한 추론(valid inference)은 전제가 결론의 참됨을 필연적으로 보장할 때뿐이다. 하지만 귀납추정에서는 타당하다/부당하다를 적용할 수가 없다. 왜냐하면 귀납추정은 전제와 결론으로 구성된 것이 아니기 때문에 여기에다가 이런 연역의 논증규칙을 적용할 수 없기 때문이다. 증거가 요구된 것을 받쳐 주는 정도에 따라서만 귀납은 평가된다. 즉 여기서는 증거가 요구된 것을 뒷받침해 주는 정도에 따라 더 좋은, 중간의, 더 나쁜 논증으로 비교 평가될 수 있을 뿐이다. 증거로 제시된 것들이 요구된 것을 받쳐 주는 개연성의 정도가 높으면 높을수록 귀납은 좋은 논증이 된다. 귀납추정은 그렇기 때문에 개연성의 강도에 따라 좋고 나쁨이 결정될 뿐이다.

8. 발견(discovery)과 정당화(justification)

발견이 이루어지는 맥락은 매우 다양하고 발견을 하는 자의 다양한 체험들에 의존한다. "당신은 어떻게 해서 그런 발견을 하게 되었습니까?" 분명 이 문제는 발견의 맥락(the context of discovery)에 속한다. 하지만 발견한 것을 공적인 검증을 통해 그 진위를 결정하는 것은 정당화의 문맥(the context of justification)에 속한다. 발견을 공적으로 검증함으로써 발견의 결과를 타당성 있게 검토하는 것은 반드시 필요하다. 발견의 맥락이 발견한 자의 심리적이고 주관적인 맥락을 강조하는 것이라면 정당화 요구는 이 발견의 공적 검증을 요구한다. 오직 정당화를 통해 공적인 검증을 통과하는 것만이 진리로 받아들여진다.

아인슈타인은 아버지가 다섯 살 때 사준 자석을 가지고 놀다가 상대성 이론을 발견하게 되었다고 회고했다. 어린애의 호기심이 그런 발견에까지 이르게 한 것이다. 사과나무에서 사과가 떨어지는 것은 우리가 경험하는 일상이다. 하지만 모든 사람들이 아니라 뉴턴만이 이 현상에 의문을 제기했고 이것이 왜 그런 것인가에 대해 만족할 만한 해명을 했다. 모두가 관찰하는 현상이지만 모두가 다 의문을 푸는 것은 아니다. 뉴턴은 이 의문을 풀기 위해 노력한 끝에 만유인력의 법칙을 발견하게 되었던 것이다. 과학에서 호기심은 때로 발견하는 데 크게 이바지한다. 호기심은 탐구의 출발이다. 호기심은 발견의 계기를 형성해 준다.

이론이나 학설은 그것이 공적인 검증을 통해 인정받기 전에는 그 이론을 제기한 자의 주관적인 학설로 남는다. 하지만 공적인 검증을 통해 타당한 것으로 인정될 때 한해서 이론은 검증된 사실이 된다. 주관적 학설과 공적으로 검증된 이론은 현저한 차이가 있다. 발견이 주관적 호기심에 속한다면 정당화는 발견을 공적으로 검증함으로써 그것을 타당한 것으로 확증하려는 데 있다.

자식들이 부모들을 닮는다는 것을 토대로 해서 멘델은 유전학의 법칙을 발견할 수 있었다. 태양의 폭발로부터 우리는 핵융합을 발견할 수 있었다. 주전자에서 물이 끓는 것을 통해 우리는 증기기관을 발명할 수가 있었다. 어떤 현상에 의문을 품고 있다가 이것이 왜 그럴끼를 고민하는 초기심 충족 과정에서 과학적인 발견이 이루어진다. 이것은 발견의 주관적 체험과 동기에 해당한다. 정당화 요구 충족은 이 발견을 공적으로 검증함으로써 호기심을 확증된 것으로 완성하려는 것이다.

논리의 사고법칙은 그 형식적 타당성 때문에 불변한다. 하지만 과학에서의 패러다임은 변화한다. 물론 이 변화를 설명하는 과정에서 칼 포퍼와 토마스 쿤의 설명이 다른 것은 사실이다. 하지만 이런

해석의 차이에도 불구하고 패러다임이 변하고 있다는 사실 자체만
은 부인할 수 없다.

<u>더 검토해야 할 문제들</u>

논리학과 수학의 공통성과 차이

논리와 과학의 차이

논리학과 철학의 관계

진리함수와 퍼지함수의 차이

정 의

비트겐슈타인에 따르면 언어를 제대로 이해하고 있다는 것은 사실 언어를 제대로 使用할 줄 안다는 것을 의미한다. 言語話用論에 따르면 언어는 장식하기 위해서가 아니라 적합하게 사용하기 위해 있는 것이다. 언어를 실제로 잘 사용할 수 있다는 것은 언어의 의미를 제대로 이해하고 있다는 것을 의미한다. 사용은 이해를 전제하고 완성하는 것이다. 언어를 이해한다는 것은 언어가 실제로 사용되고 활용되고 있는 삶의 문맥들을 같이 공유한다는 것을 뜻한다. 비트겐슈타인은 언어 사용이 항상 언어가 입각한 삶의 특정한 문맥을 잘 이해하는 것으로 파악한다. 논리는 언어의 모든 의미를 독점하고 있는 것이 아니라 특정한 삶의 영역을 대표하고 있을 뿐이다. 그것은 正確性의 영역이다.

혼란과 무질서를 피하려면 언어사용이 정확해야 한다. 언어사용의 정확성 요구는 체계적으로 오해를 불러일으키는 표현들을 미리 제거함으로써 사유를 분명하게 하려는 데 그 의미가 있다. 비트겐슈타인에 따르면 언어의 그릇된 사용을 통해 야기된 혼란으로부터 해방되는 것 자체가 언어사용의 치유다. 우리가 일상적으로 사용하는 언어들은 상호주관적인 공동 재산이다. 우리는 어느 누가 언어를 독점할 수도 없고 혼자서 그 의미를 전횡할 수도 없다는 것을 알고 있다. 언어사용의 정확성 요구는 언어공동체의 객관적 검증을 통해 여과된다. 그릇된 언어 사용은 반드시 제재를 받지 않으면 안 된다. 언어 사용의 공적인 검증을 통해서 언어 사용의 의미가 자의적으로 변질되는 것을 막을 수 있다. 이 점에서 우리는 사적 언어는 성립할 수 없다는 것을 알게 된다. 그리고 언어 사용의 공적 검증을 통해 언어 사용이 다양한 문맥 안에서 다양한 방식으로 전개되는 것을 인정해야만 한다.

언어를 이해한다는 것은 언어 속에 감추어진 삶의 양식을 공유한다는 것을 뜻한다. 우리의 일상 언어는 매우 다의적이어서 우리는 일상언어 속에 함축된 삶의 복잡성과 다양성을 동시에 드러내지 않으면 안 된다. 이 경우 우리 언어 사용은 정확성의 요구 이외에도 다양한 다른 삶의 방식을 경험하지 않을 수 없다. 정확성 요구는 일상 언어의 한 측면이지 정확성이 일상 언어를 대체할 수 있는 것은 아니다. 언어사용과 언어사용의 삶의 게임들은 밀접하게 연관되어 있어서 우리는 이 복잡한 연관을 그 충만함과 깊이에 있어서 동시에 이해하지 않으면 안 된다. 초기의 비트겐슈타인은 언어사용의 정확성 요구에 몰두했다. 하지만 그는 후기에 언어게임들이 지니는 삶의 양식들과의 복잡한 구조를 해명하는 쪽에 더 많은 관심을 두었다. 옥스퍼드의 일상 언어학파는 바로 여기에 기초하고 있다.

논리기호는 기호해석에 있어서 日常 言語(ordinary language)의 풍부함에 의존해 있다. 수학이나 논리학에서의 정확한 기호 요구는 일상 언어를 통해 이해된 것을 반영한다. 언어 사용은 어느 한 개인이 독점할 수 없다는 점에서 이미 언어공동체 구성원들의 규칙 따르기(following the rule)를 전제로 한다. 발견은 어느 누가 창의적으로 할 수 있을지 몰라도 검증은 항상 공적인 문맥 안에서 상호주관적으로 수행된다.

미분은 변화를 측정하는 데 유용하다. 변화가 없는 곳에서 미분은 아무 의미가 없다. 우리는 시간이 변함에 따라(difference time) 인구도 변화한다는 것(difference population)을 미분기호를 통해 $\frac{dp}{dt}$ 로 표시한다. 이 표현은 그 의미를 알고 있는 사람들에게는 항상 같은 의미로 이해된다. 수학과 자연과학의 언어는 그 기호사용에 대한 의미를 이해하고 있는 경우 인류 전체가 공유할 수 있는 공통성을 지니게 된다. 하지만 수학과 자연과학의 용어가 아닌 일상 언어들은 그 언어사용자들의 이해와 체험 그리고 심층적 해석을 담고 있기에 우리는 그 언어를 이해하기 위해서는 언어가 반영하고 있는 삶의 일정한 양식들을 함께 공유하지 않을 수 없다. 학문적으로 요구되는 언어의 정확성 요구는 일상 언어의 한 방식이지 그것이 모든 언어를 대표하는 것은 아니다.

언어와 삶의 형식들이 서로 긴밀히 연결되어 있기에 우리는 언어 이해를 단순 번역으로서가 아니라 삶의 양식들을 함께 공유하는 것으로 확장하지 않을 수 없다. 언어가 뿌리내리고 있는 삶의 양식은 언어가 역사적으로 형성되어 왔다는 것을 보여주고 있다. 이런 점에서 우리는 철학할 수 있는 유일한 언어가 그리스어와 독일어라는 하이데거의 주장이 얼마나 언어쇼비니즘적인 폐쇄성에 기초하고 있는가를 비판하지 않을 수 없다. 비트겐슈타인은 말놀이 게임의 다양성을 통해서 언어의 본질이 유희(Sprachespiel) 내지는 삶의 양식에 뿌리내리고 있는 활동이라는 것을 아주 명백히 밝혀내고 있다.

논리학은 일상 언어가 지니는 다양한 게임들을 다루는 것이 아니라 일상 언어를 규제화하는 것만 다룬다. 그렇기 때문에 언어사용의 정확성 요구가 논리학에서 특정한 방식으로 취급하지 않으면 안 되는 내용을 형성한다. 논리는 대상을 다루는 것이 아니라 사고의 형식만을 취급할 뿐이다. 그렇기에 논리학에서 다루는 언어 역시 정확성을 따르지 않을 수 없다. 애매한 다의적인 표현을 일의적인 정확성으로 대체하고 기준의 부재로부터 야기되는 혼란을 피하기 위해 우리는 기준을 명확하게 제시하지 않으면 안 된다. 의미론이 언어와 세계와의 규정 연관 관계를 밝히는 것이라면 언어사용의 정확성 요구는 애매모호함을 피하는 한에서 형식적 정확성을 목적으로 한다.

애매(ambiguous)하다는 것은 단어가 적어도 둘 이상의 대상을 지칭하기 때문에 우리는 이 단어가 정확하게 어떤 대상을 가리키고 있는지를 결정할 수가 없다. 모호(vague)하다는 것은 정확히 말해서 기준이 부재한 것을 말한다. 말과 대상의 정확한 지시 관계를 확정하기 위해서는 말이 가리키는 대상이 분명하게 정해져야만 한다. 애매한 표현들은 말이 가리킬 수 있는 다양한 지시대상들 때문에 우리가 대상을 확정할 수 없다는 어려움에 빠지게 한다. 이런 혼란을 제거하려면 우리는 비결정성을 정확한 것으로 한정해야만 한다. 모호한 표현들은 기준들을 명백하게 설정함으로써 기준 부재로부터 발생하는 혼란을 피해야만 한다.

1. 내포와 외연

우리는 추상과정을 통해 개념을 형성한다. 이 세계에서 실제로 존재하고 있는 것들은 금강산, 속리산, 히말라야, 칸첸중가, 킬리만자로, 맥킨리, 백두산 등등이다. 우리는 이렇게 개별적으로 존재하는 산으로부터 가장 공통인 성질을 끄집어낸다. 이것을 우리는 추상한다고 말한다. 금강산과 백두산은 하나하나의 속성을 분석하면 매우 다르다. 백두산과 안나푸르나를 비교해도 마찬가지다. 존재하고 있는 것은 오직 하나하나의 산뿐이다. 하지만 우리는 모든 산에 공통인 일반속성을 이 하나하나의 산으로부터 끄집어내야만 한다. 즉 높이가 있거나, 골짜기가 있다는 것은 모든 산들이 공통으로 지니고 있는 일반 규정이다.

내포(intension, connotation)란 어떤 개념이 지니고 있는 이런 일반속성을 말한다. 내포란 어떠어떠하다는 규정(so and so)을 말한다. 삼각형의 내포는 모든 삼각형이 지니고 있는 일반규정, 즉 세 각의 합이 180°이고 두 변의 크기가 나머지 한 변의 길이보다 더 커야만 하는 것을 말한다. 예각삼각형, 둔각삼각형, 직각삼각형 모두는 세 변과 세 각이라는 공통규정을 지니고 있다. 개념들이 공통으로 지니고 있는 이런 일반적인 규정이 바로 개념의 내포다.

외연(extension, denotation)이란 개념이 가리킬 수 있는 지시대상들의 집합 전체를 말한다. 페가수스는 이 용어가 가리키고 있는 지시대상이 실제로 없다. 우리는 이런 개념을 허구적인 것이라고 한다. 여기서 허구적이라는 것은 외연이 없다는 것과 같다. 하지만 산은 그 개념이 가리키고 있는 외연이 실제로 있다. 즉 금강산, 속리

산, 북한산, 지리산, 설악산, K2, 킬리만자로, 안데스, 맥킨리 등등

내포란 규정들(so and so)을 말하고 외연이란 지시대상의 집합 전체(Σreference)를 말한다. 금강산에는 단풍이 들지만 에베레스트에는 단풍이 들지 않는다. 금강산과 에베레스트는 하나하나의 세부 규정들에 있어서 너무 차이가 많다. 규정들이 많아지면 규정들을 충족시키는 대상의 범위는 분명히 줄어든다. 반대로 규정이 적어지면 그 규정을 충족시키는 대상의 범위가 많아지게 된다. 서울대학교와 하버드 대학교가 세부적인 학칙규정에 있어서 차이가 있는 것과 같이 금강산과 에베레스트 역시 세부 규정에 있어서는 차이가 난다.

내포의 증가는 외연의 감소로 이어진다. 그 반대 역시 타당하다. 내포의 감소는 외연의 증가로 이어진다. 내포와 외연은 필연적으로 반비례한다. 규정들의 증가는 규정들을 충족하는 대상들의 범위가 줄어든다는 것을 뜻한다. 규정들의 감소는 그 규정들을 충족하는 대상의 범위가 늘어난다는 것을 뜻한다. 내포와 외연은 필연적으로 반비례 관계에 있다.

여기서 조심해야 할 것은 내포가 외연을 결정할 수 있어도 그 반대는 아니라는 것이다. 180°를 충족시키는 도형들은 삼각형과 반원이 있다. 삼각형과 반원은 외연이 같다. 하지만 그 내포적 규정들은 확연히 다르다. 외연이 같다고 해서 내포가 같다고 하면 안 된다. 금성(venus)은 외연은 같지만 그 내포는 다르다(morning star, evening star). 마찬가지로 등변삼각형과 등각삼각형은 외연이 같지만 그 내포적 규정은 확연히 다르다. 세 변이 같은 등변삼각형의 규정과 세 각이 같은 등각삼각형의 규정은 확연히 차이가 난다.

외연의 범위를 제한하고 한정시키는 것은 분명히 내포가 한다. 직각삼각형, 둔각삼각형, 예각삼각형은 모두 세 각이 180°, 두 변의 길이가 나머지 한 변의 길이보다 큰 것으로 되어 있다는 점에서 공통된 내포를 갖는다. 하지만 이 세 삼각형들을 차이가 나게 하는 것은 또 다른 내포적 규정이다. 즉 $a^2 + b^2 = c^2$(직각삼각형), $a^2 + b^2 < c^2$(둔각삼각형), $a^2 + b^2 > c^2$(예각삼각형). 외연에서는 차이가 없어도 내포적 규정 때문에 직각삼각형, 둔각삼각형, 예각삼각형 등은 차이가 난다. 결국 대상의 외연을 차별화해 주거나 결정하는 것은 내포적 규정 때문에 가능하다. 내포는 외연에 의해 결정되지 않는다. 하지만 외연의 범위는 내포적 규정에 의해 결정된다.

외연이 다른 것들이 동일한 내포를 갖는다는 것은 불가능하다. 하지만 동일한 외연을 가지면서도 서로 상이한 내포를 지닌다는 것은 가능하다. 직각, 둔각, 예각삼각형들은 외연에 있어서는 같지만 내포에 있어서는 다르다. 즉 내포가 많아질수록 그 내포가 가리키는 대상의 외연은 줄어들게 된다. 반대로 외연이 많아질수록 그 외연의 규정을 충족하는 내포의 규정들은 줄어들게 된다. 내포와 외연은 필연적으로 반비례 관계에 있다.

1.1. 범주의 오류적용

개념이란 항상 그 개념들이 적용되는 범위의 한계를 지닌다. 모든 개념들은 그 개념들을 적용할 때 적용되는 대상들과 적용될 수 없는 대상들의 경계를 지닌다. 범주의 오류 적용이란 개념을 적용할 곳에 사용하지 않고 적용할 수 없는 곳에 사용할 때 발생한다.

의사가 다음과 같이 처방을 내렸다: place a R(=right)-ear. 그런데 간호사가 이것을 잘못 읽어서 place a Rear라고 이해했다고 하자. 그 결과 간호사는 오른쪽 귀에 주사를 놓아야 하는 것 대신에 항문에다가 주사를 놓았다면 이것은 명백히 잘못 수행한 것이다. 간호사는 의사의 처방을 잘못 이해했기에 잘못 처방한 것이다. 중국 음식점에 가서 피자를 시킬 수 없듯이 우리는 양식집에 가서 뼈다귀 해장국을 주문할 수는 없다. 이 모든 것들은 개념을 적용할 곳에 적용하지 않고 다른 곳에 적용한 데서 발생한 오류들이다.

1.2. 개념과 판단의 차이

개념은 적합한 사용(adequate use)과 부적합한 사용(inadequate use)으로 구별된다. 황금산은 분명히 황금과 산의 복합개념이다. 하지만 이 황금산이 가리키는 지시대상은 실제로 없다. 황금산은 어떤 경우에도 지시대상이 부재한다(no reference). 개념은 잘못 적용하거나 적합하게 적용할 수 있는 것에 의해 그 사용이 판가름 난다. 황금산이 틀린 것은 아니다. 다만 허구적인 개념에 불과하다.

저 산이 황금으로 되어 있다. 이것은 분명히 판단이다. 모든 판단은 양가적인 진릿값을 지닌다. 즉 참이거나 거짓이다. 저 산이 황금이라는 주장은 거짓이다. 즉 틀린 판단이다. 황금산은 그 단어 내지 복합개념이 가리키는 지시대상이 실제로 없는 것을 말한다. 저 산이 황금이라는 판단은 대상에 대한 규정적 판단이 틀린 것을 말한다. 개념 사용의 적합성은 지시 대상이 있는 것과 없는 것을 통해 구별되지만 판단은 참과 거짓이라는 것을 통해 그 진릿값이 결정된다. 틀린 판단은 있어도 틀린 개념사용은 없다. 개념사용은 맞고 틀리고의 진리검증과 구별된다. 다만 개념사용이 그것에 일치하는 대상을 지니고 있는가 그렇지 않은가를 통해 그 적합성 여부를 결정할 수 있을 뿐이다.

2. 정의(definition)

定義란 영어는 아니지만 한국어나 중국어의 경우에 애매한 표현으로 구성되어 있다. 왜냐하면 한국어 定義는 경우에 따라 正義라는 의미도 포함하기 때문이다. 우리는 이럴 경우 어떤 것이 요구된 정확성을 반영하는지를 문맥을 통해 제한시켜서 결정하지 않을 수 없다. 더구나 중국어 한자 표현에 의하면 이것은 적어도 征衣, 淨衣, 情義, 精義, 正依, 定擬, 定議, 正意, 廷議, 庭儀, 情誼, 情意, 定意 등등 매우 다양하다. 중국어의 경우 동음이의어를 뜻하는 정의를 결정하는 데 있어서는 한글보다 더 어려울 것이다. 영어에서는 正義(justice)와 定義(definition)가 확연히 구별되기 때문에 우리 한국어나 중국어와 같이 애매성의 오류에 빠질 위험이 없다. 우리가 어떤 용어를 사용할 때 이 사용이 정확하지 않으면 얼마나 많은 애매함에 노출되는지는 이 단어 하나만을 보아도 분명하다. 이런 애매모호함을 피하기 위해서라도 우리는 용어사용의 엄밀한 정의를 충족시키지 않으면 안 된다.

정의한다는 것은 뜻을 명백하게 한정해서 사용한다는 것을 의미한다. 라틴어 definitio는 그리스어 ὁρισμός(한계)를 번역한 것이다.

어떤 것을 정의한다는 것은 말 그대로 그것을 명백하게 제한시킨다는 것을 뜻한다.

아리스토텔레스에 따르면 정의는 최고유와 종차로 구성된다고 한다. 유와 종차에 의한 정의(definition by genus and difference)는 내포적 정의의 한 방식에 속한다. 그에 따르면 인간은 이성을 지닌 생명체로 정의된다. 인간은 생명체라는 유에 포섭되고 인간을 인간이 아닌 것들로부터 구별해 주는 종차, 즉 이성적인 규정에 의해서만 정의된다. 유와 종차에 의한 정의는 주로 그 용도가 생물학에서 종을 정의하는 데 자주 사용된다. 고릴라는 사람과 닮은 유인원(類人猿)이다.

정의항(definiens)은 피정의항(definiendum)을 정확하고 한계가 뚜렷한 것으로 확정 짓는 것을 말한다. 피정의항은 정의되는 기호를 말한다. 피정의항은 정의를 통해 한정된 규정으로 확정되는 것을 말한다. 정의항은 피정의항의 의미를 확정하는 데 사용되는 기호나 기호의 집합을 의미한다. 정의는 항상 한정된 의미에서 적합하게 사용되어야만 한다(definition in use).

어떤 개념 사용에 있어서 정의는 그 개념 사용의 정확한 뜻을 명백하게 확정하지 않으면 안 된다. 삼각형을 정의한다는 것은 모든 삼각형에 해당하는 가장 공통적인 규정을 확정하는 것을 말한다. 우리는 세 변과 세 각으로 구성되어 있고 두 변의 길이의 합이 나머지 한 변의 길이보다 항상 크지 않으면 안 되는 것을 삼각형의 정의로 확정한다. 이런 규정들은 삼각형을 다른 일반 도형들로부터 구별해 주고 해당된 모든 삼각형을 충족시켜 주는 규정이 된다.

2.1. 약정적 정의(stipulative definition)

새로운 기호나 개념을 사용하는 자들은 그 기호나 개념에 대해 사용의 의미를 명확하게 확정해야 한다. 언어사용의 의미를 정확하게 확정함으로써 그 용어사용이 구속성을 지니는 정의를 약정적 정의라고 한다. 이것은 용어를 처음 창조하거나 이미 사용 중인 언어에 대해 의미를 명확하게 확정할 때 가능하다.

수학에서 미분이란 변화를 측정하는 방식이다. 우리는 시간이 변하는 것(difference time = dt)과 그에 비례해서 인구가 변하는 것 (difference population = dp)을 $\frac{dp}{dt}$ 로 간략하게 표시할 수 있다. 변화가 있다는 것(difference = d)으로 약정하고 변화의 내용이 되는 것들, 즉 예를 들면 각의 변화를 dΘ로 표시하는 것이다. 중력가속도(gravitation)를 측정하는 값은 g = 9.8m/s로 약정해서 사용하면 매우 편리하다. 물리교수는 학생들에게 중력 가속도를 설명할 때 이런 기호를 약정적으로 사용하면 매우 편리하고 간편하게 자신이 전달하고자 하는 것을 성취할 수 있다. 천체물리학자들은 블랙홀을 중력이 완전히 소멸된 행성으로 정의해서 사용한다. 언어사용자들은 이 용어를 사용함으로써 이 정의를 통해 확정된 내용들을 구속력이 있는 것으로 알게 된다.

수학과 자연과학과는 달리 철학에도 약정적 정의가 사용된다. 하지만 이 용어의 의미확정과 구속은 사용하는 자의 의도에 따라 결정될 때가 많이 있다. 예를 들어 감각자료(sense data)를 사용할 때 우리는 순간마다 변화하는 자료들이 그것을 수용하는 자에 의해 받아들여지는 것으로 이해한다. 하지만 감각자료들이 변화하는 것과 그것이 수용자의 양태에 따라 각기 다르게 수용된다는 것 때문에 우리는 이 의미를 이렇게 이해하지만 그 의미는 결정되어 있지 않을 수도 있다. 이 용어는 이 용어를 이렇게 사용하는 자의 의미 확정이 있기 전까지는 서로가 합의한 바도 없다. 그렇기 때문에 다른 사람들은 이 용어를 사용할 때 이 용어를 처음 제안한 자의 의미 확정을 얼마든지 재검토하고 검증할 수 있다. 용어를 사용하고 고안하는 자는 용어의 의미를 지시적으로 확정한다. 하지만 수용자는 그것을 반드시 받아들여야 할 내용적 구속이나 합의를 보장하지는 못한다. 누가 어떤 의도에서 언어 사용의 의미를 지시적으로 확정하고자 할 때 그것을 받아들이는 자는 그 지시적 의미를 받아들일 수도 있고 받아들이지 않을 수도 있기에 우리는 이 용어 사용을 강제할 수 없다. 하지만 언어 사용의 의미가 의미를 확정하는 것이 목적이기 때문에 우리는 가능한 한에서 감정을 배제하고 뜻이 명확하게 전달될 수 있도록 그렇게 엄밀하게 사용하지 않을 수 없다.

2.2. 사전적 정의(lexical definition)

약정적 정의는 의미를 새롭게 부여하거나 이미 형성된 의미를 새롭게 강조하고자 할 때 사용하는 것이다. 하지만 사전적 정의는 새롭게 의미를 확정하거나 재정의하는 것이 아니라 내용을 확정적으로 고정시키는 것이다. 사전적 정의로 옥스퍼드 영어사전에서 전쟁이라는 용어는 어떠어떠한 규정을 지닌 것이라고 소개한다. 이것은 언어 사용자가 이미 확정된 규정 내용을 다시 한 번 반복해서 사용하는 것을 뜻한다. 사전적 정의는 언어를 사용하는 자에게 언어 규정의 의미를 이미 확정해 주고 있다.

2.3. 개량적 정의(precising definition)

약정적 정의와 사전적 정의는 개념이 지닌 애매성을 감소시키는 데 도움이 된다. 또한 약정적 정의는 개념의 모호함을 감소하는 데 도움이 된다. 이미 말한 바와 같이 애매함의 위험은 다의적인 비결정성에 있다. 모호함은 언어사용의 기준이 확정되지 않은 위험을 말한다. 마력이나 미터는 그 사용기준이 엄격하지 않기에 모호함을 지니고 있다. 우리는 이런 모호함을 제거하기 위해 아니면 언어 의미를 확정하기 위해 그 용어를 정확하게 재정의할 필요가 있다. 즉 미터란 빛이 299,792분의 1초에 이동한 거리로 확정하는 것이다. 또한 마력이란 말이 끄는 힘으로서가 아니라 1리터를 연소했을 때 그 에너지가 할 수 있는 일의 양으로 정확하게 정의하는 것이 그것이다.

뉴턴의 물리학 이론 안에서 질량은 변하지 않는 고정 상수였다. 하지만 아인슈타인의 상대성 이론에서 질량은 불변하는 고정값이 아니라 빛의 속도에 비례해서 움직이는 상대적인 양으로 측정된다. 우리는 뉴턴의 이론에서 사용되는 질량의 정의가 모호하기 때문에 아인슈타인의 상대성 이론 안에서 그 의미를 재정의하고 의미를 확정할 수 있다. 아인슈타인은 뉴턴 이론의 모호한 규정을 확정적으로 고정시키고 있다. 즉 빛의 속도에 비해 그 운동 속도가 거의 제로에 가까운 영역에서 질량은 불변하는 것으로 측정되지만 그 운동 속도가 빛에 접근하는 영역에서 질량은 에너지로 변환되는 것이다. 그렇기에 질량은 정지에너지와 운동에너지에서 서로 다른 의미를 지니게 되는데 이런 의미구별을 우리는 아인슈타인의 용어사용을 통해 재정의하지 않을 수 없는 것이다. 아인슈타인은 뉴턴의 정의를 수정해서 그 의미사용을 개량하고 있는 것이다.

또한 실생활에서 개량적 정의는 법률이나 행정의 영역에서 많이 발생한다. 법규정의 의미는 그 용어가 사용되는 특정한 문맥을 반영한다. 하지만 문맥적 조건들이 변할 때 그 용어에 대한 정의를 새롭게 확정할 때가 있다. 이럴 경우 우리는 의미 변경의 의미를 새롭게 정의하지 않을 수 없다. 주차위반이나 경범죄에 대한 정의가 이런 것에 해당한다.

2.4. 이론적 정의(theoretical definition)

개념은 항상 개념이 적용되는 외연을 지니고 있다. 이론적 정의는 개념이 적용되는 외연의 대상을 적합하고 유용하게 정의하는 것을 말한다. 옛날 물리학에서 열에 대한 정의는 측정하기 힘든 미세한 움직임으로 정의되었다. 하지만 현대물리학은 열을 물체를 구성하는 분자들의 불규칙한 충돌로 인해 발생하는 에너지로 정의하고 있다. 이론적 정의는 기존의 잘못 사용된 정의를 개정하는 것도 포함하지만 더 중요한 것은 그 용어 사용을 용어가 사용되는 대상에 적용해서 대상의 의미를 확정하는 데 기여한다.

2.5. 조작적 정의(operational definition)

조작적 정의라는 표현은 노벨상을 탄 물리학자 P. W. 브리지맨이 『근대 물리학의 논리』에서 처음 사용했다. 오늘날 과학자들은 조작적 정의를 사용해서 그 용어의 의미가 항상 특정한 결과를 산출하는 데 이바지하는 방식으로 그 용어를 사용한다. 아인슈타인의 상대성 이론은 뉴턴 물리학으로 설명할 수 없는 여러 현상들을 더 잘 설명하고 있다. 길이수축, 시간팽창, 질량의 에너지로의 변이 등은 잘 알려진 현상이다. 그런데 길이, 시간, 질량에 대한 정의는 이제 뉴턴이 한 방식대로 사용할 수 없게 되었다. 뉴턴 물리학은 아인슈타인이 말하는 이론 틀의 특이한 경우다. 그렇기 때문에 우리는 이런 용어들에 대해 정의를 다시 내리지 않으면 안 된다. 재정의가 필요한 것은 이 용어들이 적용될 수 없는 영역 때문에 그렇다. 그렇기에 우리는 이 용어를 사용함으로써 용어들이 적용되는 대상의 범위를 확정할 뿐만 아니라 그 용어사용의 특정한 결과를 확정하지 않을 수 없게 되었다.

조작적 정의란 언어 사용에 있어서 일정한 조작을 수행했을 때 그 조작이 특정한 결과를 산출하는 데 적합할 때만 의미가 있다. 오직 그런 조작이 수행된 결과 그 용어의 정의가 확정적으로 적용될 수 있을 때 조작적 정의는 효과가 있게 된다. 조작적 정의에서는 공적이고 반복 가능한 사용을 통해 용어의 조작적 의미가 객관적으로 검증이 된다. 실제로 아인슈타인의 상대성 이론 안에서 시간팽창과 길이수축 그리고 질량의 에너지로의 변환이 실험 결과 확인되었다.

2.6. 설득적 정의(persuasive definition)

우리의 언어사용은 전달, 효과, 공감 등 다양한 문맥 안에서 다양한 방식으로 활용되고 있다. 언어사용은 표현적, 차원적, 정보적 차원 모두를 아울러 지니고 있다. 설득적 정의는 언어가 지니는 정서적 차원에 주목한다. 설득적 정의에서는 언어 사용자가 언어를 사용함으로써 수용자에게 자신이 의도한 바를 불러일으키고자 한다.

사회정의에 있어서 正義의 의미는 매우 다양한 방식으로 사용되고 있다. 어떤 사람들은 이것을 강자의 이익이라고 정의하고 다른 사람들은 공정한 합리성 또는 각자에게 속한 것을 각자에게 배분하는 것으로 정의한다. 우리는 교환적 정의, 분배적 정의를 통해 정의의 의미를 세분화할 수가 있다.

일상생활과 정치적 영역에서는 설득적 정의가 말하는 자의 문맥과 의도에 따라 얼마든지 다양하게 시도된다. 그런데 여기서 중요한 것은 언어 사용자가 그 언어를 사용함으로써 상대방에게 항상 어떤 의도된 특정한 목적을 관철시킨다는 것이다. 이 관철이 성공할 수도 있고 실패할 수도 있지만 중요한 것은 성공 여부가 아니라 그 언어사용이 불러일으키는 특정한 목적에 있다.

능력은 있지만 가난한 집안에 태어난 아이들은 능력을 발휘할 기회가 없거나 적다. 능력은 없는데 부잣집에 태어난 아이들은 투자를 많이 할 수 있기에 그 빈약한 능력을 발휘할 기회가 더 많다. 하지만 그런 고액 투자가 반드시 성공을 보장한다는 필연성은 없다. 하지만 유리한 조건이 경쟁에서 이길 수 있는 기회가 된다는 것은 부인할 수가 없다. 그런데 우리 모두가 자유 의지를 갖고 부모를 선택하는 것이 아니라면 인간의 출생은 그야말로 우연이다. 우연한 조건은 인간의 선택 사항이 아니다. 어떤 자들은 능력이 발휘되는 것은 우연이 아니라 그가 지닌 재능에 따라야 한다고 주장할 수 있다. 그래서 그는 우연한 출생의 조건들이 인간을 결정하는 것이 아니라 그가 현재 지니고 있는 능력이 발휘되어야만 사회정의가 보다 공평하게 실현되는 것이라고 주장한다. 그리고 이런 주장은 상대방에게 설득을 얻을 수 있기에 그는 正義라는 용어사용을 감정적으로 사용할 수 있다. 즉 능력이 조건의 우연에 의해서가 아니라 그가 지니고 있는 가능성을 현실화하는 것이라고 말이다. 그렇기에 우리는 능력이 발휘될 수 있도록 사회의 모든 재원들이 공정하게 분배되어야만 한다. 즉 능력이 있는 자에게 능력이 발휘될 수 있는 조건들이 더 많이 배정되는 것이 바로 사회정의라는 것이다.

미켈란젤로는 빈약한 집안에서 태어났지만 그 탁월한 능력 때문에 그리고 피렌체 공화국의 지원 아래 그 능력이 발휘될 수 있었다. 그렇기에 미켈란젤로는 자신뿐만이 아니라 그가 속한 피렌체 공화국의 영광에 기여하는 기쁨을 누리게 하였다. 개인의 능력 실현이 본인에게는 행복이었지만 동시에 그가 속한 공동체 역시 행복이 되었다. 그렇기 때문에 오늘의 우리 사회도 미켈란젤로와 같이 그 능력이 우연의 조건들이 아니라 가능적인 능력이 마음대로 발휘될 수 있도록 사회적 자원을 정의롭게 분배해야 한다.

이런 주장들은 분명히 정의라는 말을 사용함으로써 특정한 감정을 야기하고 있다. 즉 언어 사용의 설득적 정의를 내리고 있다고 보아야 한다. 가난한 마구간 집안의 칸트, 슈베르트, 베토벤 등등 매우 많은 사람들이 그 능력이 발휘될 수 있는 사회정의 때문에 성공할 수 있었다. 우리도 이와 같이 개인들이 지닌 잠재적 능력의 발휘가 우연한 조건들에 의해 지배되도록 해서는 안 되고 능력이 발휘될 수 있게끔 사회적 자원들이 공정하게 분배되도록 해야 한다. 이것이 正義로운 사회의 모습이다. 정의란 개인의 영광뿐만 아니라 공

동체의 이익과 일치한다. 그렇기에 한 인간에 속하는 내적인 가능
성들을 계발시키는 것은 개인의 이익에도 기여하지만 공동체의 전
체 이익에도 부합한다. 그렇기 때문에 우리는 사회적 자원을 분배
함에 있어서 이 분배의 기준이 사회정의에 기여하는 쪽으로 그렇게
합리적으로 분배되어야 한다고 설득적으로 주장할 수 있을 것이다.

진리 함수

1. 동일화와 술어화

존재하는 것은 모두 개별자뿐이다. 우리는 개별자가 있거나 없거나를 실제로 검증할 수 있다. 페가수스는 존재하지 않지만 철학자 아도르노는 실제로 존재했었다. 페가수스는 단지 마음 안에만 있지 실제로 존재하는 것이 아니다. 이것은 분명히 허구적인 개념이다.

어떤 것이 존재하지 않으면 동일화는 불가능하다. 동일화가 가능한 것은 오직 개별적으로 존재하는 것에만 해당한다. 동일화가 가능한 존재는 數的으로 둘이어서는 안 되고 오직 하나이어야만 한다. 있다는 것은 그것이 수적으로 하나이며 동시에 동일화가 가능하다.

동일화(identify)는 무엇이 있다는 것만 알려 주지 그것이 구체적으로 무엇인지에 대해서는 알려 주는 것이 전혀 없다. 존재한다는 것은 절대로 술어가 아니다. 그것은 있든지 없든지 둘 중의 어느 하나다.

이순신은 있다(is) = 이순신은 존재한다(exist).
이순신은 이순신이다(논리적 동어반복).

같은 것을 다시 한 번 사용하는 것은 동어반복에 지나지 않는다. 이런 것은 분명히 사고의 경제성에 좋지 않다. 우리는 동어반복을 통해 같은 것을 다시 한 번 되풀이할 뿐 어떤 구체적인 추가 정보도 알지 못한다. 이순신이 있다는 주장은 검증의 대상이 된다. 동일화는 존재론적 측면에서는 있거나 없거나를 통해 그 실제의 진릿값이 결정된다. 동일성은 의미론적 차원에서 단순히 동어반복에 지나지 않는다. 이것은 규정이나 정보에 있어서 어떤 내용도 우리에게 알려 주는 바가 없다.

술어화(predicate)한다는 것은 어떤 것과 관계하고 관련된 것을 어떠어떠하다고 규정하는 것을 말한다. 동일화가 지시 가능한 개별적인 것을 가리키는 것이라면 술어화는 언급되는 대상을 무엇이라고 규정하는 것을 말한다. 무엇이 어떻다는 것은 그 무엇에 대해 술어화할 때만이 가능하다. 이 점에서 동일화하는 실존확인과 규정하는 술어화는 구별되지 않으면 안 된다. 이와 연관해서 칸트는 "존재는 술어가 아니다."라고 정당하게 주장할 수 있었다.

한때 중국의 여왕은 매우 교활한 소인배였다.

위 문장은 알고 보면 주어가 없다. 지금은 중국도 왕을 폐지한 국가이기 때문에 더 이상 왕은 존재하지 않는다. 하지만 위 문장에서 중요한 것은 중국의 여왕은 문법적인 의미에서 주어로 보일지 몰라도 실제로 분석해 보면 주어가 아니라 술어로 변형될 수 있다는 것이다. 우리는 문법의 구조에 있어서 마치 주어의 위치에 들어선 것을 실제의 존재로 착각하는 위험을 배제할 수가 없다. 위의 문장이 이런 경우에 해당한다.

위 문장에서 언급되는 대상은 실제로 없다. 언급되는 대상인 것처럼 보이는 '한때 중국의 여왕'이라는 것은 주어가 아니라 술어에 지나지 않는다. 더 분석해 보자.

X가 있다. 그런데 X는 중국인이고, 여왕이고, 교활한 소인배다. 그런데 우리는 위 문장에서 이런 세 개의 술어가 귀속되는 그런 X라는 존재를 실제로 있었는지를 확인해 보아야만 한다. 서기 650년경 당나라의 武測天이 여기에 해당한다. 즉 무측천이 있었고 이 무측천을 알려 주는 기능으로서 우리는 그녀가 중국인이고, 중국 최초의 여자 황제(여왕)였으며, 교활한 소인배였다는 것을 술어화하게 한다. 이런 술어화 규정을 통해 우리는 무측천이 어떤 인간이었는가를 알 수 있을 따름이다. 동일화는 어떤 것이 존재하는가 존재하지 않는가로 그 실존 여부가 판가름 난다. 하지만 술어화는 존재하는 것을 확인하는 것이 아니라 그것을 단지 어떻다고 규정할 뿐이다. 그렇기에 우리는 동일화와 술어화를 구별하지 않으면 안 된다.

2. 모 순

모순(contradiction)은 대립하는 것들이 절대로 같이 공존할 수 없는 것을 말한다. 우리는 어떤 명제나 주장이 참이면서 동시에 거짓이 될 수 없다는 것을 인정하지 않을 수 없다. 모순은 논리적으로는 항상 거짓이지만 실제로는(in reality) 항상 불가능하다. 불가능하기 때문에 우리는 이것을 어떤 경우에도 허용할 수가 없다. 허용할 수 없기 때문에 불가능한 것이 아니라 불가능하기 때문에 절대로 허용할 수가 없다. 우리 모두는 사고함에 있어서 어떤 경우에도 모순을 어길 수 없다.

모든 명제는 참(T)이거나 거짓(F)이라는 진릿값을 지닌다. 진리함수 기능에서 연언은 두 명제 모두 참일 때만 전체의 진릿값이 참이된다. 연언의 경우 둘 중 어느 하나가 거짓이면 전체의 진릿값은 필연적으로 거짓이 된다. 모순의 경우는 대립하는 명제들이 연언으로 연결되어 있는데 이 중 어떤 하나가 참이면 동시에 나머지 다른 하나는 거짓이 되기 때문에 전체 진릿값은 항상 거짓이 된다. 그래서 모순은 논리적으로 보았을 때 항상 거짓이다. 어떤 명제가 참이면서 동시에 거짓이라는 것은 필연적으로 거짓이다.

$$P(T) \wedge -P(F) = F$$

모순은 우리가 살아가는 삶에서 실제로는(in reality) 불가능하다. 대립하는 것들이 동시에 같이 공존하는 것은 어떤 경우에도 가능하지 않다. 하나의 주어에 양립 불가능한 술어가 귀속될 수 없다: 인간은 죽으면서 동시에 죽지 않는다. 두 개의 서로 대립하는 주장들은 같이 공존할 수가 없다: 창과 방패의 경우가 여기에 해당된다. 우리는 대립하는 것들이 서로 같이 공존할 수 없기 때문에 이 둘 중 어느 하나는 성립할 수 없는 것으로 제거하지 않으면 안 된다. 모순은 P와 -P가 같이 공존하는 것이 불가능하기 때문에 이 둘 중 어느 하나는 성립할 수 없는 것으로서 제거되지 않으면 안 된다. P와 -P는 서로서로를 밀어내는 상호 배척의 관계에 있다. 대립하는 것들이 서로 공존할 수 없기 때문에 이 둘은 서로가 서로를 배척하는 것으로서만 자신의 타당성을 유지할 수 있다.

P(T)∧−P(F)＝F이거나 혹은 P(F)∧−P(T)＝F이기 때문에 우리는 두 명제 중에서 어느 하나만을 참으로 인정하고 나머지 하나는 거짓으로 제거하지 않으면 안 된다. 모순은 실제로 불가능하기 때문에 어떤 경우에도 허용될 수가 없다. 즉 우리는 불가능하기 때문에 허용될 수 없다고 말하지 않으면 안 된다. 모순은 어느 누구도 어길 수가 없다. 모순은 실제로 불가능하기 때문에 우리는 이것을 어떤 경우에도 허용할 수가 없다. 모순은 어떤 경우에도 반드시 그것을 위반해서는 안 된다. 모순은 철저하게 금지된다. 알리바이가 허용될 수 없는 것은 그것이 모순을 범하고 있기 때문이다. 불가능한 것은 불가능하기 때문에 가능하다고 우겨서는 안 된다. 모순은 **진리의 부정적 기준**(*conditio sine qua non*)이다.

3. 배중률(the excluded middle)

진리함수기능에서 신언은 두 명세 중 어느 하나가 참이라면 전체의 진릿값은 항상 참이 된다.

P(T)∨−P(F)＝T 혹은 P(F)∨−P(T)＝T

두 명제를 선언으로 결합할 때 전체 진릿값은 항상 참이 된다. 모순은 동시성의 성립 불가능성을 강조한다. 배중률은 선언 명제결합의 전체 진릿값이 항상 참이기 때문에 우리에게 별로 쓸모가 없다. "내일은 비가 오거나 비가 오지 않는다."는 진릿값은 항상 참이지만 우리는 내일 비가 오는 것인지 아니면 비가 오지 않는 것인지를 알 수가 없다. 적어도 이 둘 중의 어느 하나가 참인지를 알 수가 없다. 모순은 비가 온다와 비가 오지 않는다가 서로 背反事件이기 때문에 동시에 일어날 수 없다는 것을 알려 준다. 하지만 배중률에서 비가 오거나 혹은 비가 오지 않는다는 주장이 전체적으로 보았을 때 항상 참이 된다. 하지만 이런 포괄적인 진리주장은 우리에게 어떤 선별적인 내용도 알려 주지 못하는 한계가 있다.

배중률에서 전체 진릿값은 항상 참임에도 불구하고 구체적인 개별 정보를 알려 주는 데 있어서는 아무 쓸모가 없다. 어떤 사람이 복권을 샀는데 이 사람은 당첨이 되었거나 당첨이 되지 않았다. 우리는 이 둘 중의 어느 것이 참인지 알고 싶어 한다. 그런데 이런 선택지가 아닌 포괄적인 진리를 우리에게 알려 주면 우리는 이 정보를 정말이지 아무 쓸모가 없다고 여기지 않을 수 없다. 그는 당첨이 되었거나 되지 않았다. 우리가 알고 싶은 것은 그가 복권에 당첨이 되었는가 아니면 당첨이 되지 않았는가에 대한 선택적 판별이다. 하지만 배중률은 이런 선택적 검증에 대해 어떤 것도 알려 주는 바가 없기에 정보적으로는 아무 쓸모가 없다(useless). 따라서 우리는 이런 아무 가치가 없는 포괄적 주장들을 추방시켜도 무방하다. 한국의 축구 국가대표팀은 2010년에 열리는 남아공 월드컵에서 16강에 진출하거나 진출하지 못할 것이다. 하지만 우리가 진정으로 알고 싶은 것은 이 둘 중의 어느 하나이지 전체의 포괄적 주장이 아니다. 한국대표팀은 16강에 진출하거나 진출하지 못했다. 이 포괄적인 명제의 진릿값은 항상 참임에도 불구하고 정보를 선별적으로 알고 싶은 우리들에게 이 주장은 아무것도 말해 주지 못한다. 그렇기에 쓸모가 없다. 우리는 이 쓸모없는 것을 밖으로 내쫓아도 아무 문제가 없다. 따라서 P이거나 −P이거나 둘 중의 어느 하나만 남겨두고 나머지(P∨−P)는 제거해도 된다. 배중률은 전체의 진릿값이 참임에도 불구하고 현실적으로 쓸모가 없기 때문에 추방되거나 배제될 뿐이다.

4. 분석판단

모든 분석판단은 필연과 관계한다. 분석판단은 오직 참이라는 하나의 진릿값(one value)만 지닌다. 분석판단은 정의에 의해서(by definition) 참인 판단을 말한다. 예를 들면 모든 삼각형은 180°다. 아니면 직관에 있어서 항상 참인 것을 말한다. 예를 들면 전체는 부분보다 항상 크다. 분석판단은 정의나 직관에 의해서 항상 참(恒眞命題)인 일가적 진리를 말한다.

분석판단은 부정하면 필연적으로 자기모순에 빠신다. 모순에 빠지지 않으려면 우리는 그것을 부정하면 안 된다. 정의나 직관이 진리검증의 기준이 된다. 삼각형의 정의가 삼각형의 진릿값을 결정하는 기준이다. 그렇기에 분석판단은 그 진릿값을 검증하기 위해서 정의를 분석하면 된다. 분석판단의 진리검증은 경험과의 비교가 불필요하다. 왜냐하면 그 진릿값이 경험에 의존해서 타당한 것이 절대 아니기 때문이다.

5. 종합판단

　종합판단은 사태의 객관성 검증을 통해서 그 진릿값이 결정된다. 종합판단은 경험판단이기 때문에 진리검증에 있어서 반드시 경험과의 비교나 검증이 불가피하다. 종합판단은 참일 수도 있고 거짓일 수도 있다는 점에서 항상 이가적인 진릿값(two values)을 가진다. 모든 종합 명제 혹은 종합 판단은 이가적인 진릿값을 지닌다. 우리는 그중에서 참인지 거짓인지를 결정하기 위해 사태와의 객관적 비교가 불가피하다는 것을 안다.

　비가 온다는 주장은 오직 비가 실제로 올 때 한해서만 그 진릿값이 참으로 확인될 수 있을 뿐이다. 비가 온다는 주장은 참일 수도 있고 거짓일 수도 있다. 하지만 참인지 거짓인지를 결정하는 것은 정의나 직관이 아니라 실제로 발생했던 경험적 사태와의 비교에 의해서만 가능하다. 참이란 명제의 객관적 내용이 실제로 그런 것(really so)을 말하고 거짓이란 충족되지 않은 것(not so)을 말한다. 진리판단과 객관적 실재성과의 비교가 불가피한 상태에서 우리는 객관성 충족을 통해 주장의 진위 여부를 결정할 수 있다. 따라서 진리검증에 있어서 객관적 실재성의 충족/비충족은 필수적인 기준으로 작용한다. 종합판단에 있어서 진리기준은 판단 자체에 있는 것이 아니라 경험적 현실에 있다.

6. 진리함수기능

　모든 복합명제들은 단순(요소) 명제들로 구성되어 있다. 복합명제들의 진릿값 결정은 단순 요소명제들의 진릿값을 통해 결정된다. 단순명제의 진릿값은 사태와의 경험적 비교를 통해 그 진릿값이 판가름 난다. 모든 명제는 참이든지 거짓이든지 어느 하나의 진릿값을 갖지 않으면 안 된다. 복합명제의 진릿값은 단순명제들 간의 결합방식에 의해 결정된다. 이 결합은 연언, 선언, 조건, 양조건의 방식에 따라 이루어진다.

단순 명제와 단순 명제의 결합들은 연언(conjunction), 선언(disjunction), 조건(conditional), 양조건(biconditional) 등을 통해서 이루어진다. 진리함수기능은 명제들의 복합적 구성을 연언, 선언, 조건, 쌍조건의 형식을 통해 검증하는 것을 말한다. 단순명제의 진릿값 결정은 경험적 사태와의 비교를 통해 결정된다. 반대로 복합명제의 진릿값은 단순명제 내지 요소명제의 진릿값에 따라 결정된다. 진리함수 기능은 명제와 명제의 복합적인 연결에 있어서 이 연결을 연언, 선언, 조건, 양조건의 관계에서 그 타당성을 검증하는 것을 말한다. 모든 명제는 참이거나 거짓이라는 두 개의 진릿값 중 어느 하나를 가질 수 있다. 따라서 명제의 진릿값은 항상 이가적으로 판가름 난다. 복합명제는 단순 명제들을 결합하는 방식에 따라 아래와 같이 결정된다.

6.1. 연언

P	Q	P ∧ Q
T	T	T
T	F	F
F	T	F
F	F	F

연언이란 두 명제 모두가 참일 때만 참이 되고 둘 중의 어느 하나가 거짓이라도 포함하고 있으면 전체의 진릿값은 거짓이 된다. 모순은 P∧−P를 말하는데 이것은 논리적으로 항상 거짓이 된다. 실제로 경험적으로는 성립할 수가 없다. 따라서 모순은 어떤 경우에도 허용될 수가 없다.

6.2. 선언

P	Q	P∨Q
T	T	T
T	F	T
F	T	T
F	F	F

선언이란 두 명제 중 어느 하나가 참을 포함하고 있으면 전체의 진릿값은 참이 된다. 선언은 두 명제가 거짓일 때 한해서만 전체 진릿값은 거짓이 될 뿐이다. 선언에 따르면 배중률은 항상 참이 된다.

6.3. 조건언

P	Q	P⊃Q
T	T	T
T	F	F
F	T	T
F	F	T

명제들을 조건언으로 연결할 때의 진릿값은 위와 같다. 전건이

참이 될 때 그리고 후건이 거짓일 경우에만 전체 진릿값은 거짓이 될 뿐이다. 그 나머지 결합방식은 모두 참이다.

6.4. 양조건언

P	Q	P ⊃ Q	Q ⊃ P	P = Q	(P ⊃ Q) ≡ (Q ⊃ P)
T	T	T	T	T	T
T	F	F	T	F	F
F	T	T	F	F	F
F	F	T	T	T	T

7. 논리적 동치(equivalence)

이중부정은 항상 긍정과 같다. 논리적으로 우리는 이것을 동치라고 한다. 즉 똑같은 진릿값을 지닌다고 말한다. 두 개의 명제가 완전히 똑같은 논리적 값을 지닐 때 우리는 이 둘을 논리적으로 동치라고 규정한다.

P	Q	P ∧ Q	-(P ∧ Q)	-P ∨ -Q	-P ∧ -Q
T	T	T	F	F	F
T	F	F	T	T	F
F	T	F	T	T	F
F	F	F	T	T	T

위의 진리함숫값에서 본 바와 같이 -(P∧Q)의 진릿값은 -P∨ -Q의 진릿값 하고 완전히 같다. 우리는 이것을 동치라고 한다. P

∧Q의 진릿값은 −(−P∨−Q)의 진릿값과 완전히 같다. 즉 이 둘은 논리적으로 동치다. 또한 −(P∨Q)의 진릿값은 −P∨−Q의 진릿값과 완전히 같다. 조건에서 P⊃Q의 진릿값은 −Q⊃−P의 진릿값과 완전히 같다.

정언 문장(Categorical sentence)

중세와 근세 초기까지 정언적 진술들은 논리학의 가장 중요한 부분으로 가르쳤다. 논리의 사고법칙은 변하지 않기에 이것은 여전히 타당하다. 다만 오늘날 다루어지는 많은 중요한 논증형식들이 전통적인 이런 형식에 포함되어서 모두 다 다루어지지 않고 있다는 것이 주목되어야만 한다. 현대논리학의 근본 조류를 이루고 있는 양화의 기호화는 전통 논리학보다 훨씬 더 복잡한 형태로 구성되어 있다.

아리스토텔레스와 현대의 벤다이어그램은 정언명제들에 대해 설명하는 방식에 있어서(내용상의 차이가 아님에 주의) 약간의 차이가 있나. 현대의 기호논리학은 상징적 기호를 사용함으로써 문장이나 진술을 양화하는 간결성이 있다. 하지만 이런 간결함의 장점이 내용을 대체하거나 능가하는 것으로 보아서는 안 된다. 이런 시대적 한계와 제약에도 불구하고 정언적 진술들을 다루는 것은 그 자체로서 충분한 의미가 있다고 보아야만 한다.

라틴어 '긍정한다(affirmo)'에서 우리는 모음 A, I를 긍정을 나타내는 것으로 사용한다. 라틴어 '부정한다(nego)'에서 우리는 모음 E,

O를 부정을 표시하는 것으로 사용한다. A와 E는 전칭을 가리키고 I와 O는 특칭을 표시한다. 전칭긍정(A), 전칭부정(E), 특칭긍정(I), 특칭부정(O)을 표현하면 다음과 같다.

> A: 전칭 긍정명제(All S is P)
> 모든 인간은 죽는다.
> E: 전칭 부정명제(No S is P)
> 어떤 인간도 신이 아니다.
> I: 특칭 긍정명제(Some S is P)
> 약간의 한국인들은 개고기를 먹는다.
> O: 특칭 부정명제(Some S is not P)
> 어떤 약간의 한국인들은 김치를 먹지 않는다.

전칭(universal)은 정의에 따르면 해당된 것 모두를 가리킨다. 특칭(particular)은 해당된 것이 제한된 경우를 의미한다. 제한이란 해당된 것과 해당되지 않은 것으로 경계 지어진다. 그렇기 때문에 한정은 다른 것을 필연적으로 배제하지 않을 수 없다. 약간의 경우들에 해당하는 것은 그렇지 않은 경우를 필연적으로 배제한다는 것을 말한다. 이 점에서 특칭은 한계라는 부정과 같은 것이다.

전칭긍정(universal affirmative)은 모든 경우에 해당하는 것을 말하고 전칭부정(universal negative)은 어떤 경우에도 해당하지 않는다는 것을 의미한다. 특칭긍정(particular affirmative)은 해당된 경우가 일정한 것을 말하고 특칭부정(particular negative)은 해당된 부정이 일부를 가리키는 것을 말한다.

모든 한국인은 한국인 전체를 가리킨다. 한국인을 하나도 가리키지 않을 때 우리는 전칭부정의 형식으로 어떤 한국인도 없다고 표현할 수 있다. 어떤 한국인들은 한국인들 중의 일부를 가리킨다. 이런 특칭은 해당되면 특칭긍정이 되고 부정되면 특칭부정이 된다. 예를 들면 '어떤 한국인들은 개고기를 먹는다(특칭긍정).'와 '어떤 한국인들은 개고기를 먹지 않는다(특칭부정).'고 할 때 우리는 해당된 한국인들과 해당되지 않은 한국인을 특정하게 표현할 수 있다. 특칭긍정이 참이면 특칭부정 역시 필연적으로 참이다. 하지만 전칭긍정과 전칭부정은 둘 다 참이 되는 경우가 불가능하다.

전칭, 특칭, 단칭은 집합이나 범위에 있어서 아니면 지시연관에 있어서 모두, 일부, 하나로 분류될 수 있다. 특칭은 제한된 경우를 말한다. 따라서 제한된 것은 제한된 것 밖에서는 아무 연관이나 타당성이 없다는 것을 뜻한다. 긍정은 판단에 일치하는 내용이 있다는 것을 말하고 부정은 판단에 일치하는 내용이 부재하다는 것을 말한다.

① 모순대당

모든 한국인 안에는 어떤 약간의 한국인이 필연적으로 포함되어 있다. 따라서 모든 한국인이 개고기를 먹는다고 하면 이 전칭양화명제는 필연적으로 특칭양화명제(어떤 한국인은 개고기를 먹는다)를 자기 안에 포함하게 된다. 전칭긍정이 참이라면 특칭긍정의 진릿값은 필연적으로 참이 될 수밖에 없다. 물론 그 반대는 아니다.

"어떤 한국인도 개고기를 먹지 않는다."는 전칭부정은 "일부의 한국인들은 개고기를 먹지 않는다."는 특칭부정을 자체 안에 포함하게 된다. 전칭긍정명제는 특칭긍정을 필연적으로 포함하고 또한 전칭부정명제 역시 특칭부정명제를 자체 안에 포함한다. 하지만 그 반대가 성립하는 것은 아니다. '모든'과 '어떤'은 부분과 전체의 관계로 볼 수 있다. 그렇기에 전체가 부분을 자기 안에 포함하듯이 전칭은 특칭을 언제나 포함(implication)하는 관계가 성립한다.

개별적인 것들이 보편적인 것 아래 규정될 때 우리는 개별적인 것이 보편적인 것 밑에 포섭(subsumption)된다고 말한다. 포함과 포섭은 구별된다. 포섭은 개별적인 것과 일반적인 것의 집합 관계에서만 발생한다. 포함한다는 것은 공간적인 비교의 의미이기 때문에 집합의 관계에서 보다 큰 부분이 보다 작은 부분을 자체 안에 간직하고 있다는 것을 말한다. 전칭양화명제와 특칭양화명제는 포섭관계에 있지 않고 포함관계에 있다. 전칭부정명제와 특칭부정명제도 포섭이 아니라 포함의 관계에 있다.

모든 한국인들이 개고기를 먹는다는 명제와 어떤 약간의 한국인들은 개고기를 먹지 않는다는 것은 서로 모순된 주장을 이루게 된다. 어떤 한국인들도 개고기를 먹지 않는다는 명제와 어떤 일부의 한국인들은 개고기를 먹는다는 주장은 서로 모순관계에 있다. 모순은 대립하는 두 주장들이 동시에 성립할 수 없다는 것을 말한다. 따라서 대립하는 두 모순관계들에서 어떤 하나는 필연적으로 유지될 수 없는 것으로 배척되지 않으면 안 된다. 모순된 관계들에 있는 대립항들은 동시에 같이 공존하는 것이 불가능하기 때문에 어느 하나가 다른 하나를 필연적으로 배척하지 않을 수 없다. 이 점에서 전칭긍정명제와 특칭부정명제는 모순관계에 있다. 또한 전칭부정명제와 특칭긍정명제는 서로 모순관계에 있다. 이것은 논리적으로 서로 마주보고 있다고 해서 모순대당관계에 있다고 말해진다.

모든 한국인이 개고기를 먹는다는 것이 참이라면 이것으로부터 어떤 한국인들이 개고기를 먹는다가 필연적으로 도출된다. 하지만 그 반대가 성립할 수는 없다. 어떤 한국인도 개고기를 먹지 않는다가 참이면 일부의 한국인들은 개고기를 먹지 않는다는 주장 역시 필연적으로 참이다. 하지만 그 역은 성립하지 않는다. 이 둘의 관계는 비대칭적이다. 전칭은 특칭을 포함하기 때문에 전칭이 참이면 특칭은 필연적으로 참이 된다. 하지만 특칭이 참이라고 해서 전칭이 필연적으로 성립하지는 않는다. 이런 관계는 전칭부정과 특칭부정에도 그대로 타당하다.

전칭긍정과 전칭부정은 둘 다 옳을 수 없다. 하지만 둘 다 틀릴 수는 있다. 전칭긍정과 특칭부정은 모순관계에 있다. 전칭부정과 특칭긍정 역시 모순관계에 있다. 특칭긍정의 진릿값은 전칭긍정의 진릿값을 따라가지만 그 반대는 아니다. 마찬가지로 특칭부정의 진릿값은 전칭부정의 진릿값에 따라 결정되지만 그 반대는 아니다.

② 대소대당

모든 한국인들이 친절하다가 참이라면 어떤 일부의 한국인들이 친절하다는 것은 필연적으로 참이다. A가 참이라면 I도 참이다. 하지만 그 반대는 성립하지 않는다. 어떤 한국인들이 친절하다고 해서 모든 한국인들이 친절한 것이 필연적으로 참인 것은 아니다. I가 거짓이면 A도 거짓이다. 전칭긍정명제가 참이면 특칭긍정명제도 필연적으로 참이다. 하지만 반대로 특칭긍정명제가 참이라고 해서 전칭긍정명제가 참이라는 보장은 성립하지 않는다. 또한 특칭이 거짓이라면 전칭은 필연적으로 거짓이다. 하지만 전칭이 거짓이라고 해서 특칭이 필연적으로 거짓이라는 것은 성립하지 않는다. E가 참이라면 O도 참이다. 전칭부정이 참이면 특칭부정도 필연적으로 참이다. 하지만 그 반대는 아니다.

전칭(the universal 혹은 class)에 대해 타당하면 그 특칭(the particular 혹은 subclass)에 대해서도 필연적으로 타당하다. 전칭에 관한 것이 참이면 특칭에 관한 것은 필연적으로 참이 된다. 전칭긍정이 특칭긍정에 대해서 그리고 전칭부정이 특칭부정에 대한 관계는 포함관계에 있다. 전칭은 특칭을 포함할 수 있다. 하지만 그 반대는 반드시 성립하지 않는다. 전칭과 특칭의 관계는 이 점에서 비대칭적이다.

집 안에 피아노를 들여놓을 수는 있지만 피아노 안에 집을 들여놓을 수는 없는 것은 전체와 부분을 들여다보면 매우 자명하다. 마찬가지로 전칭긍정과 특칭긍정, 전칭부정과 특칭부정의 관계도 항상 포함과 배제의 관계로 설명될 수 있다. 전칭은 특칭을 포함할 수 있기에 전칭은 특칭의 진릿값을 결정할 수 있다. 하지만 그 반대로 말해서는 안 된다.

③ 반대대당

논리학에서 모순과 반대는 구별된다. 모순은 대립되는 것들이 같이 공존할 수 없다는 것을 말한다. 따라서 둘 중의 하나는 필연적으로 배척되지 않으면 안 된다. 반대는 성질이 대립되는 것일 뿐 어느 하나가 성립하기 위해 나머지 하나가 필연적으로 배제되는 것이 아니다.

A와 E는 반대대당의 관계다. 이 둘이 다 같이 참이 될 수는 없지만 다 같이 거짓이 될 수는 있다. 전칭긍정과 전칭부정이 둘 다 참일 수는 없지만 둘 다 거짓이 되는 것은 가능하다. 반대대당이란 두

명제가 모두 참일 수 없을 때만 성립한다. A가 참이라면 E는 거짓이다. E가 참이라면 A는 거짓이다. 이 두 모순된 주장들이 동시에 참이 되는 경우는 절대 불가능하다. 하지만 둘 다 거짓이 되는 것은 가능하다. 이런 경우 A와 E는 반대대당의 관계에 있다고 한다.

④ 소반대대당

I와 O는 소반대 대당관계에 있다. 이 둘이 다 같이 거짓이 될 수는 없지만 다 같이 참일 수는 있다. 소반대대당이란 특칭긍정과 특칭부정이 둘 다 참일 수 있지만 모두 거짓일 수 없는 관계에 있는 것을 말한다. 특칭에서는 어떤 것이 참이라고 해서 다른 것이 거짓으로 배척되지는 않는다. 특칭긍정이 참이라는 것은 특칭부정이 거짓이라는 것을 필연적으로 함축하지 않는다.

I와 O 중 어느 하나가 필연적으로 거짓이라면 I와 O는 소반대대당을 성립시킬 수가 없다. "어떤 사각형이 원이다." 내지 "어떤 정사각형은 사각형이 아니다."라고 주장한다면 이것은 필연적으로 소반대대당을 지닐 수 없게 된다. 왜냐하면 소반대대당은 둘 다 참일 수 있기 때문이다. 어떤 명제가 필연적으로 거짓이라면 다시 말해 참이 아니라면 이것은 소반대대당을 지닐 수가 없다. 소반대대당에서 둘 다 참일 수는 있어도 둘 다 거짓이 되는 것은 불가능하다.

이상을 종합해서 요약하면 다음과 같은 대당사각형이 만들어질 수 있다.

A
E
반대대당
둘 다 참일 수는 없지만 둘 다 거짓일 수는 있다
함축가능
함축불가능
대소대당
모순
대소대당
함축가능
함축불가능
둘 다 거짓일 수는 없지만 둘 다 참일 수는 있다
I
소반대대당
O

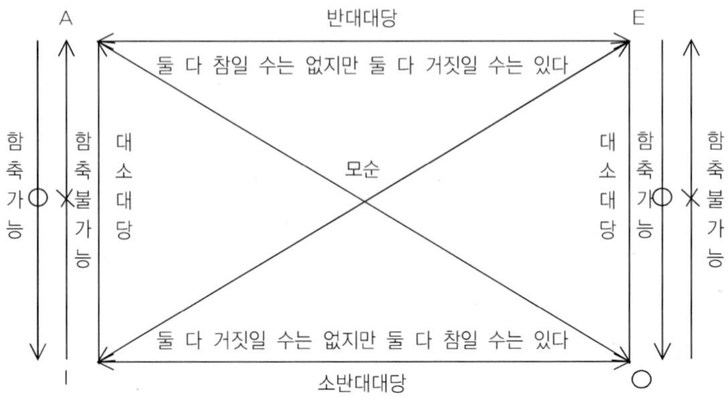

논증의 타당성

논증의 타당성 검토

1. 논 증

논리학은 논증(argument)에 관한 것이다. 논증은 논리적 추론의 강제를 말하기도 하지만 경우에 따라서는 논쟁의 의미로도 사용된다. 이 점에서 논증이라는 표현은 애매하다. 즉 그 의미가 이중적이다. 애매성의 오류란 용어가 적어도 두 가지 이상의 의미를 지니고 있어서 우리는 그 둘 중에 어느 것이 적합하거나 타당한 것인지를 결정할 수 없을 때 발생한다. 이런 오류를 제거하기 위해서는 용어의 의미를 명백하게 정의내리지 않으면 안 된다.

논증과 논쟁은 서로 확연히 다르다. 논증이 성립하려면 최소한 전제와 결론으로 구성되어 있지 않으면 안 된다. 추론한다는 것은 전제와 결론을 필연적으로 연결하는 것인데 이 연결은 규칙의 강제에 따라야만 한다. 이 점에서 논증은 추론의 필연을 다루는 것이다. 이에 반해 논쟁은 제기된 사태에 대해 의견의 정당화 검증을 목적으로 한다. 논쟁의 목적은 논쟁당사자를 설득하는 데 있다. 하지만 논증의 목적은 전제로부터 결론으로의 추론의 타당성을 필연적인 것으로 밝히는 데 있다. 논리학에서 말하는 논증은 추론의 타당성

과 부당성을 검토하는 것과 관계한다. 즉 논증의 의미는 추론의 타
당성 검증으로 그 의미가 제한된다.

판단은 맞거나 틀리거나 둘 중의 하나다. 판단은 진리함수적으로
말할 때 참이거나 거짓이라는 二價的 진릿값을 지닌다. 하지만 추
론은 맞거나 틀린 것이 아니라 연결이 제대로 되었는가 아니면 연
결이 제대로 되지 않았는가를 통해 타당성과 부당성이 결정될 따름
이다. 타당한 논증과 부당한 논증의 구별은 양립 가능한 연결의 일
관성에 있다. 전제와 결론의 연결이 일관성을 상실할 때 이 논증은
부당하다. 반대로 전제와 결론의 연결이 논리적 일관성을 유지할
때 이 논증은 타당하다.

논증이 타당성을 유지하기 위해서 전제가 반드시 참이어야만 한
다는 강제는 없다. 논증의 타당성 요구는 전제가 참이어야만 한다
는 것에 따르는 것이 아니라 전제와 결론의 연결이 일관성을 유지
하도록 하는 데 있다. 타당한 논증은 참인 전제로부터 참인 결론이
필연적으로 도출될 수밖에 없는 추론을 말한다. 또한 타당한 논증
은 거짓인 전제로부터 결론이 필연적으로 거짓으로 도출되지 않으
면 안 된다. 이것은 양립 가능한 논리적 일관성을 유지하기 때문에
타당한 추론이 된다. 그런데 건전한 논증은 전제가 반드시 참인 경
우에만 성립한다. 건전한 논증(sound argument)에서 어떤 경우에도
전제가 거짓일 수는 절대로 없다. 건전한 논증은 타당하지만 동시
에 전제가 참인 것으로 제한된다. 반대로 타당한 논증 모두가 건전
한 논증과 같은 것은 아니다. 왜냐하면 타당한 논증에서는 거짓 전
제도 가능하기 때문이다.

전제와 결론의 연결이 양립 가능한 일관성을 유지할 때 한해서만

논증이 타당하다고 말할 수 있다. 이 타당한 논증 중에서 전제가 오직 참인 경우에만 우리는 이 논증을 건전하다고 말한다. 타당한 논증과 부당한 논증의 구별은 양립 가능한 일관성을 유지하는가 유지하지 못하는가에 따라 결정된다. 논증한다는 것은 전제로부터 결론을 도출할 때 이 이행이 규칙에 따른 필연을 따르지 않을 수 없는 것을 말한다. 물론 인간들이 추론을 하지만 이 추론은 자유로운 심리적 연상이 아니라 규칙의 강제를 통해 이루어지지 않으면 안 된다. 추론은 심리적인 추리하고 절대 같은 것이 아니다. 추리에서는 추리하는 자가 연결을 그럴 듯하게 하는 것이지만 논증에 있어서의 추론은 규칙을 통한 논리적 강제를 따르지 않을 수 없다. 추론이 타당하다는 것은 전제로부터 결론으로의 이행이 타당한 규칙에 의해 적합하고 논리적 일관성을 유지했다는 것을 뜻한다.

1.1. 부당한 논증 사례

논증이 부당하다는 것은 전제와 결론의 연결이 양립 불가능할 때 발생한다. 이 논증은 논리적 일관성을 상실했기 때문에 부당하다.

> 자금성은 서울에 있다.
> <u>서울은 한국의 수도다.</u>
> ∴ 자금성은 중국의 수도에 있다.

이 논증에서 결론은 "자금성은 서울에 있다."라고 추론해야만 하는데도 불구하고 "자금성은 베이징에 있다."라고 추론했기 때문에 논리적 일관성을 유지하지 못했다. 전제와 결론의 연결이 전혀 양립할 수 없다. 그러기에 이 논증은 부당하다. 부당하다는 것은 전제와 결론의 연결이 부적합하다는 것을 뜻한다. 전제가 참인데 결론을 거짓으로 도출하거나 전제가 거짓인데 결론을 참으로 내린다면 이것은 부당하게 추론을 한 것이다.

1.2. 타당한 논증 사례

논증은 전제로부터 결론이 필연적으로 도출되는 것을 말한다. 타당하다는 것은 전제로부터 결론으로의 이행이 논리적 일관성을 유지할 때만 성립한다. 전제가 참이라면 이것으로부터 결론이 필연적으로 참이 되지 않으면 안 된다. 전제가 거짓이라면 이것으로부터 결론도 필연적으로 거짓이 도출되지 않으면 안 된다. 전제와 결론의 관계는 항상 일관성 있게 양립 가능하게 된다.

자금성은 서울에 있다.	자금성은 베이징에 있다.
서울은 한국의 수도다.	베이징은 중국의 수도다.
∴ 자금성은 한국의 수도에 있다.	∴ 자금성은 중국의 수도에 있다.

위의 두 추론은 전제로부터 결론을 필연적으로 양립 가능하게 이끌어 내고 있다. 즉 전제가 참이거나 거짓에 관계없이 참인 전제로부터 참인 결론을 그리고 거짓인 전제로부터는 거짓인 결론을 이끌어 내고 있다. 타당한 논증에서 중요한 것은 전제가 반드시 참일 필요가 없다는 것이다. 타당한 논증에서 관건이 되는 것은 전제와 결론의 연결이 논리적으로 양립 가능한 일관성을 유지하는 데 있다.

1.3. 건전한 논증 사례

위의 사례들에서 자금성이 서울에 있다는 것은 분명 거짓이다.
건전한 논증은 전제가 반드시 참을 충족시켜야만 한다. 그렇기 때
문에 우리는 위의 두 사례들에서 자금성은 베이징에 있다는 주장만
을 건전한 논증으로 인정하지 않으면 안 된다.

> 자금성은 베이징에 있다.
> <u>베이징은 중국의 수도다.</u>
> ∴ 자금성은 중국의 수도에 있다.

전제도 참이면서 전제로부터 참인 결론을 이끌어 낸 이 추론만이
우리는 건전하다고 할 수 있다. 전제가 반드시 참이어야만 한다는
제한된 조건 아래서 결론을 반드시 참으로 이끌어 낼 수 있는 추론
만이 건전한 추론이다. 전제가 거짓인 것은 건전한 논증에서 애초
부터 제외된다. 오직 참인 전제로부터 참인 결론을 도출하는 경우
에 한해서만 우리는 논증이 건전하게 이루어졌다고 말할 수 있을
뿐이다.

2. 논증의 필연성

전제가 결론을 근거 짓거나(ground), 전제가 결론을 함축(implication)
하거나, 결론이 전제로부터 파생(derived from)되어 나오지 않으면
안 될 때 이 논증은 필연적이라고 말할 수 있다. 이때 필연적이라는
것은 이런 것 이외에 어떤 다른 가능성들이나 대안들이 불가능한

것을 말한다.

필연이란 어떤 것이 항상 그런 것이고 그것과 다르게 있을 수 있는 가능성들이나 대안들이 없거나 불가능한 것을 말한다. 전제로부터 결론으로의 이행은 자의성이 배제되고 반드시 그렇지 않으면 안 되는 방식으로 연결되는 것을 우리는 논증의 강제로 규정한다. 이 강제는 규칙에 따르기 때문에 심리적인 강제가 아니라 규칙을 통한 강제다. 즉 어떤 누가 추론하더라도 결과는 항상 그렇게 될 수밖에 없다. 추론은 우리가 규칙을 따랐기 때문에 비로소 타당한 것이 아니라 타당하기 때문에 우리가 따르지 않으면 안 되는 것이다. 즉 우리는 전제에 있는 내용들 모두를 결론에다 옮겨 놓지 않으면 안 되는데 이런 강제는 규칙의 지배를 받는다.

귀납추정과 구별되는 의미에서 연역논증은 결론이 전제의 내용을 다시 한 번 확인하는 것에 지나지 않게 된다. 결론에서 어떤 새로운 것이 추가되거나 발견될 수 없다. 이 점에서 결론은 전제에 있는 내용들을 다시 한 번 추후 확인하는 것에 지나지 않는다. 즉 연역논증은 규칙에 따른 강제를 말함과 동시에 어떤 새로운 것도 추가될 수 없다는 점에서 진리보존적인 성격을 지닌다.

수학은 공리의 자명성으로부터 정리를 이끌어 낸다. 바로 이 이끌어 내진 정리가 필연적으로 그럴 수밖에 없는 것을 보여주는 것이 바로 증명(demonstration)한다는 것의 의미다. 하지만 논리학은 수학과 같이 증명하는 것이 목적이 아니라 전제로부터 결론으로의 도출이 필연적으로 그럴 수밖에 없다는 것을 논증하는 것이다. 수학이 증명의 필연성을 밝혀내는 데 있다면 논증은 추론이 필연적일 수밖에 없다는 것을 드러내지 않으면 안 된다. 즉 논증의 필연성은

전제와 결론의 관계가 항상 그럴 수밖에 없다는 것을 제시하는 데
있다. 이 관계는 다음과 같이 세 가지 경우로 압축된다.

(1) 전제가 결론을 필연적으로 근거 짓는다.
(2) 전제가 결론을 필연적으로 함축한다.
(3) 결론은 필연적으로 전제로부터 파생된다.

딜레마

우리가 흔히 일상적으로 사용하는 딜레마는 갈등상황에 빠진 것을 뜻한다. 연합군 포로를 숨겨 준 독일 신부가 검열하는 독일 병사에 대해서 거짓말을 하자니 양심에 위배되고 진실을 말하자니 포로가 죽게 될 때 우리는 이 독일 신부가 딜레마에 빠졌다고 규정한다.

경제성장을 지속적으로 하자니 지구온난화가 불가피하고 지구온난화를 감축하려면 성장을 제어해야 할 때 우리는 딜레마 상황에 처했다고 말한다. 이것이 일상적 삶에서 우리가 흔히 딜레마라고 부르는 것들이다.

하지만 논리적으로 보았을 때의 딜레마는 이런 뉘앙스하고는 약간 의미가 다르다. 양도논법에서의 딜레마는 결과가 나쁜 상황에 처한 것을 뜻하는 것이 아니라 어떤 특정한 결과에 처할 수밖에 없는 것을 뜻한다.

단순 구성적 양도논법(simple constructive dilemma)

p→r 만약 그가 그녀에게 벤츠를 사 준다면 그는 그녀를 사랑하는 것이다.
q→r 그가 그녀에게 밍크코트를 사 준다면 그는 그녀를 사랑하는 것이다.

p or q 그는 그녀에게 벤츠를 사 주거나 밍크코트를 사 준다.
∴ r 그는 그녀를 사랑하는 것이다.

단순 파괴적 양도논법(simple destructive dilemma)

p→q 길섭이가 졸업을 원한다면 물리학시험을 통과해야 한다.
p→r 길섭이가 졸업을 바란다면 수학시험을 통과해야 한다.
−q or −r 길섭이는 물리학과 수학을 통과하지 못했다.
∴ −p 길섭이는 졸업할 수 없다.

복합 구성적 양도논법(complex constructive dilemma)

p→r 그녀가 의도적으로 쏘았다면 그녀는 살인죄에 해당한다.
q→s 그녀가 비의도적으로 쏘았다면 과실치사죄가 있다.
p or q 그녀는 의도적이거나 비의도적으로 쏘았다.
∴ r or s 그녀에게 살인죄가 성립하거나 과실치사가 인정된다.

복합 파괴적 양도논법(complex destructive dilemma)

p→q 그가 영리하다면 이윤을 낼 것이다.
r→s 그가 정직하다면 세금을 낼 것이다.
−q or −s 그는 이윤을 내지도 못했고 세금을 내지도 못했다.
∴ −p or −r 그는 영리하지도 못하고 정직하지도 않다.

수사학적으로 딜레마는 두 가지 선택 모두가 나쁜 결과로 이어지는데 그럼에도 불구하고 우리가 어떤 하나를 선택하지 않을 때 발생한다.

p이거나 q다.
만약 p라면 s다.
만약 q라면 t다.
그러므로 s이거나 t다.

연변의 자치주는 중국의 영토이거나 중국의 영토가 아니다. 만약 연변자치주가 중국의 영토라면 그들은 만리장성 밖에 있는 연변을 오랑캐라고 규정해 온 이제까지의 자신들의 역사를 수정해야 할 것이다. 만약에 연변자치주가 중국의 영토가 아니라면 그들은 역사왜곡을 더 이상 해서는 안 된다. 즉 연변을 포함한 동북삼성 모두가 지금까지 중국의 역사였었다는 것을 더 이상 고집해서는 안 된다. 연변자치주가 중국의 역사이거나 역사가 아니었다면 그들은 오랑캐라고 규정해 온 자신들의 역사를 수정하거나 동북삼성이 그들의 역사가 아니었다는 것을 인정하지 않으면 안 된다.

> 그러자 예수님께서 그들에게 말씀하셨다. 나도 너희에게 한 가지 물을 터이니 대답해 보아라. 요한의 세례가 하늘에서 온 것이냐, 아니면 사람에게서 온 것이냐? 그들은 저희끼리 서로 의논하였다. 하늘에서 왔다 하면 어찌하여 그를 믿지 아니하였느냐 하고 말할 것이오. 그렇다고 사람에게서 왔다 하면, 온 백성이 요한을 예언자로 확신하고 있으니 그들이 돌을 던져 우리를 죽일 것이오. 그래서 그들은 어디에서 왔는지 모른다고 대답하였다. 그러자 예수님께서 그들에게 말씀하셨다. 나도 무슨 권한으로 이런 일을 하는지 너희에게 말하지 않겠다(루카 20:3 - 9).

우리는 요한의 세례가 하늘로부터 온 것인가(p) 아니면 사람으로부터 온 것인가(q)라고 말한다.

요한의 세례가 하늘로부터 온 것이라면(p), 우리는 요한을 믿지 않았다고 비난을 받을 것이다(s).

요한의 세례가 사람에게서 온 것이라면(q), 우리는 요한에 대한 대중들의 믿음을 모욕한다는 이유로 돌을 맞을 것이다(t).

따라서 우리는 요한을 믿지 않았다고 비난받거나(s), 요한에 대한 대중들의 믿음을 모욕한다는 이유로 돌을 맞게 될 것이다(t).

따라서 이런 어려움 때문에 바리새인들은 매우 영리하게도 어떤 대답도 하기를 거부했다. 바리새인들을 어려움에 빠뜨린 예수 또한 그들의 질문에 대답하지 않을 수 있었다.

독일은 역사적으로 자신들이 저지른 범죄를 반성하고 사죄함으로써 그 무거운 죄로부터 벗어날 수 있었다. 가해자인 독일이 먼저 그 역사적 범죄를 인정하고 용서를 빌었기에 피해자들도 피해의식을 잊고 독일과 화해할 수 있었다. 가해자가 가해자로서 양심의 가책을 뉘우치지 않는데 피해자가 피해의식을 잊고 살 수는 없다. 독일은 용서를 빌었기에 진정으로 화해를 할 수 있었다. 즉 그들은 과거라는 족쇄를 풀어버림으로써 힘차게 미래를 향해 나갈 수 있었다. 반성 없이 화해가 불가능하기에 그들은 화해하기 위해 사죄했던 것이다. 그것도 자발적으로 말이다.

하지만 일본은 자신들의 역사적 범죄에 대해 반성을 하지 않고 오히려 침략사실을 미화한다. 그러면 그럴수록 그들은 한국이나 중국 그리고 다른 피해국들과 마찰을 일으킨다. 반대로 일본이 피해자 국가들과 화해를 하려면 먼저 그들은 자신들이 저지른 역사적 과오부터 인정해야 한다. 그럴 경우 그들은 이제까지 사죄하지 않고 버텨 온 자신들의 과거하고 충돌할 수밖에 없다. 반성을 하지 않고 버티자니 피해 국가들과 사이가 안 좋거나 국제사회로부터 비난의 여론을 피할 수가 없다. 사죄하자니 그들은 이제까지 버텨 온 자신들의 솔직하지 못함을 고백하지 않을 수 없다. 한국이나 중국 그리고 다른 피해 국가들은 일본이 이제라도 자신들의 과오를 인정하고 재발 방지를 위해 노력한다는 조건 아래 그들의 무거운 딜레마를 벗어날 수 있도록 또 한 번 용서를 해야만 할 것이다. 일본과 같이 계속 거짓말을 하면서 버티면 그들은 거짓말을 정당화하기 위해서 또 다른 거짓말을 해야만 하는 악순환에 빠진다. 그렇게 될 경우 일본은 사죄할 기회를 놓치고 과거라는 나쁜 기억 때문에 모든 국력을 소진하게 된다. 이것은 일본 자신들에게도 별로 좋은 것이 되지 못한다. 인간은 미래의 행복을 위해 과거라는 어두운 감옥에 갇혀서 신음할 필요가 없다. 평화가 대세인 21세기의 국제사회의 신질서에 동참하지 못하고 일본 혼자만이 왕따를 당하는 것은 일본으로서도 좋은 일이 아니다. 결자해지의 차원에서 일본은 이런 소모적이고 자기 파괴적인 딜레마를 하루빨리 극복할 수 있어야 한다.

귀류법

귀류법(reductio ad absurdum, regressus ad absurdum)은 분류상 연역 증명에 속한다. 연역 증명은 필연성을 밝히는 데 있다. 증명은 직접 증명과 간접 증명으로 구별된다. 귀류법은 간접 증명에 속한다.

증명한다는 것은 필연성을 드러내는 것을 말한다. 필연이란 어떤 것이 항상 그렇고 그것과는 다르게 있는 것이 불가능하거나 어떤 경우에도 대안이 없는 것을 말한다. 항상 그래야만 하고 그것과 다르게 있을 수 있는 모든 대안들이 거부되는 것이 필연의 의미다. 모든 필연성 증명은 부정적으로 증명할 때 대안이 없다는 것(deductio ad impossibile)을 보여주는 방식으로 진행된다. 필연은 부정하면 필연적으로 자기모순에 빠지게 되어 있다. 자기모순에 빠지지 않으려면 우리는 어떤 경우에도 본래 타당한 섯을 부정해서는 안 된다. 심각형이 180°가 아니라고 주장하는 자는 필연적으로 자기모순에 빠지게 되어 있다. 필연이란 어떤 것이 항상 그렇고 그렇지 않은 것들(대안)은 불가능한 것을 말한다. 대안이 불가능하거나 없기에 우리는 그것을 본래 그렇다고 말하지 않으면 안 된다. 이것이 필연의 의미다.

필연을 증명하는 것은 직접 증명과 간접 증명으로 구별된다. 귀류법은 간접적인 증명방식에 속한다. 즉 대안을 설정하고 나서 설정된 대안으로부터 내려진 최종결론이 본래의 기본 정의에 위배되는 것을 보이는 증명방식이다. 수학에서 자주 이용되는 사례를 하나 제시해 보자.

$\sqrt{2}$ = 무리수다. 무리수라는 것을 증명해야 하는데 이것을 직접 증명하기가 힘들기에 간접적인 방식으로 증명해 보자. 우리는 이것을 대안설정(원래는 무리수이지만 우리가 유리수라는 대안을 설정)과 대안설정을 통해 얻어진 최종결론이 본래의 정의하고 양립할 수 없다는 것을 보여주는 방식으로 본래의 것이 어떤 경우에도 부정될 수 없다는 것을 확증하면 된다.

우선 $\sqrt{2}$ = 유리수라고 대안을 설정하는 것이다. 원래 무리수의 기본 정의는 어떤 경우에도 숫자가 끝나지 않는 것을 말한다. 그렇기 때문에 무리수는 엄밀히 말해서 분모와 분자로 표현할 수가 없다. 만약에 무리수가 분모와 분자로 표현할 수 있는 경우는 단지 분모와 분자가 서로 소(素)일 때만 가능하다. 유리수라는 것은 기본정의가 끝이 있다는 것을 말한다. 무리수는 숫자가 끝이 없이 무한히 진행되는 것을 말한다. 하지만 유리수는 끝이 있는 경우를 말한다. 모든 분모와 분자가 다 끝이 없을 수는 없다. 다만 끝이 없는 경우는 오직 분모와 분자가 서로 소의 관계에 있는 경우에만 해당한다. 그렇기 때문에 무리수는 분모 분자 모두가 서로 소일 때만 그렇게 표시하는 것이 제한적으로만 가능하다.

엄밀한 의미에서 무리수는 분모와 분자로 표시될 수 없다. 왜냐하면 그렇게 될 경우 유리수와 같이 숫자가 끝이 날 수도 있기 때문이다. 하지만 아주 예외적으로 분모 분자 모두가 서로 소(素)일 경우에는 분모와 분자로 표시될 수도 있다: $\frac{n}{m}$(m과 n은 서로 素) 이것이 무리수에 대한 일반 정의다. m과 n은 서로 素라는 전제 아래서만 무리수의 기본 정의에 속했다.

우리는 어떤 경우에도 이것과 다른 방식으로 무리수를 정의할 수가 없다. 만약에 그랬다가는 자기모순에 빠지게 될 것이다. 간접증명이라는 대안을 설정하고 나서 이 대안으로부터 내려진 최종결론이 처음의 정의에 위배된다는 것을 보여주는 것으로 진행된다.

$$\sqrt{2} = 유리수라고\ 하자(정의부정 = 대안설정)$$
$$\sqrt{2} = \frac{n}{m}$$

양변을 제곱해서 정리하면 $n^2 = 2m^2$이 된다. 여기서 n은 2의 배수라는 것이 도출된다. n이 2의 배수(n = 2h)라면 m도 역시 2의 배수가 된다. 즉 $m^2 = 2h^2$이기 때문에 이것 역시 m = 2k가 된다. 여기서 전제를 부정하고 내려진 최종결론은 m과 n이 2의 배수라는 사실이다. 이 결론은 무리수의 기본 정의, 즉 m과 n은 서로 素라는 기본 정의에 위배되는 결과에 삐졌다. 무리수의 기본 정의에 따르면 m과 n은 서로 소 관계에 있는데 이 대안을 통해 얻어진 결론은 m과 n이 2의 배수가 되었다. 이 결과는 분명히 서로 소라는 기본 정의와 어긋난다.

따라서 이런 결론은 무리수의 본래 정의에 위배되기 때문에 성립할 수가 없다. 즉 어떤 다른 대안설정도 자기모순에 빠질 수밖에 없다는 것이 증명되었다. 우리는 $\sqrt{2}$ = 무리수라고 직접 증명하지는 않았지만 그 대안을 가정하는 것은 필연적으로 모순에 빠지게 된다는 것을 보여주었다. 그렇기 때문에 대안설정으로부터 귀결된 결론이 본래의 정의에 위배된다는 것을 필연적으로 보여줌으로써 어떤 대안도 성립할 수 없다는 것을 간접적으로 증명했다. 즉 $\sqrt{2}$ = 무리수다.

귀류법(歸謬法)이란 전제를 부정할 경우 이 부정이 필연적으로 자기모순으로 귀착될 수밖에 없다는 것을 보여주는 증명방식(간접증명방식)이다. 전제의 부정이 필연적으로 자기모순으로 귀착되기 때문에 우리는 전제를 부정할 수 없게 된다. 즉 전제는 어떤 경우에도 부정될 수 없다. 또 전제와 다르게 설정하는 어떤 대안도 성립할 수 없다. 필연은 대안의 부정을 함축하고 있다. 삼각형의 내각의 합이 $180°$라는 것은 직접 증명이 가능하다. 하지만 $\sqrt{2}$ = 무리수라는 증명은 직접 증명보다 간접증명을 통해 그 타당성을 증명할 수 있을 뿐이다. 대안으로 설정한 것이 필연적으로 본래의 것과 모순에 빠진다는 것을 보여줌으로써 어떤 경우에도 대안들이 성립할 수 없다는 것을 드러내면 된다. 이것은 대안이 성립할 수 없음을 보여줌으로써 본래의 것이 타당하다는 것을 간접적으로 증명할 수 있다.

연역논증의 다양한 형식들

1. 연역추론의 일반적 성격

아리스토텔레스 이후로 논리적인 사고규칙이 크게 변하거나 개선된 것은 없다. 논리의 사고형식은 과학에서 말하는 패러다임과 달라서 변하는 성질의 것이 아니다. 그렇기 때문에 논리의 타당한 사고법칙은 적어도 형식적으로는 변하지 않는다. 현대의 기호 논리학 내지 상징논리학은 전통논리학이 주로 다루고 있는 문장 내지 명제를 표현하는 방식에 있어서 존재양화 내지 전칭양화로 대체하는 효과는 있었지만 내용에 있어서 별다른 진전을 이루지는 못했다. 논리의 사고형식은 예나 지금이나 무제약적으로 타당하기 때문에 여전히 우리를 구속하게 된다. 아리스토텔레스의 논리학은 문장이나 명제를 중심으로 전개된다. 이에 반해 현대의 기호논리학은 전통논리학의 내용을 문제 삼는 것이 아니라 표기방식에 있어서 간결함을 추구한다.

논리학은 논증을 다룬다. 논증은 연역논증(deductive argument)과 귀납논증(inductive argument)으로 구별된다. 논증은 항상 전제와 결론으로 구성되어 있어야만 한다. 논증의 분석은 이 연결이 타당한가 아니면 부당한가를 구별하는 데 있다. 타당한 논증이란 전제가 결론을 100% 필연적으로 보증하는 논증을 말한다. 전제가 결론을 근거 짓는다. 결론은 항상 전제로부터 파생된다. 결론의 내용은 전제 안에 포함되어 있다. 그렇기 때문에 전제로부터 결론을 이끌어 내는 것은 필연적으로 타당하지 않으면 안 된다.

논리의 타당한 형식들은 시간과 공간 그리고 사람에 의해 영향을 받지 않는다. 이 점에서 논리학의 사고형식들은 무제약적으로 타당하다. 논리학은 내용을 검증하는 것이 아니라 사고의 형식만을 그 타당성에 있어서 다룰 뿐이다. 사고법칙은 변하지 않기에 논리적 타당성 역시 불변이다. 자연과학에서 패러다임은 역사적 변화를 겪는 것에 비해 논리법칙의 타당성은 불변한다. 논증의 타당성 검증은 전제로부터 결론을 이끌어 낼 때 이 과정이 필연적으로 보증되는 것을 밝히는 데 있다.

연역논증은 추론이 필연적이라는 것을 의미한다. 이 추론형식은 그렇기 때문에 무제약적으로 타당하다. 연역논증은 논리적 문제에 속하지만 귀납논증은 경험적 신뢰에 관한 것을 다룬다. 연역논증은 필연을 의미하기에 예외를 배제한다. 반대로 귀납추리는 필연이 배제되기에 실패한 연역으로 규정된다.

연역논증은 예외를 배제한다. 전제에 없는 것이 어떤 경우에도 결론에 나타나서는 안 된다. 그렇기에 연역추론은 결론이 전제를 다시 한 번 확인하는 것에 지나지 않는다. 연역에서는 전제에 없는 것이 결론에 나타날 수 없기에 어떤 새로움의 형성은 불가능하다. 여기서 진리는 다만 보존적이다. 반면에 귀납은 진리 확장적이다.

연역논증에서 중요한 것은 우리가 규칙을 따르지 않으면 안 된다는 것이다. 이것은 우리가 규칙을 지키기 때문에 비로소 타당한 것이 아니라 타당하기 때문에 우리가 지키지 않으면 안 된다는 것이다. 이미 말한 바와 같이 논리적 사고형식의 타당성은 마음에 의존하는 것이 아니라 마음을 강제한다. 우리는 논리적 사고형식이 타당하기 때문에 무조건 지키지 않으면 안 된다.

전제가 참이라면 결론 역시 필연적으로 참이지 않으면 안 된다. 반대로 전제가 거짓이면 결론 역시 필연적으로 거짓으로 도출되지 않으면 안 된다. 연역논증이란 전제와 결론이 타당하다는 것을 보여주는 논증이다. 전제가 결론을 필연적으로 성립시키는 것을 우리는 보증한다고 말한다. 연역논증은 필연성을 보증하는 논증이다.

논증은 전제와 결론으로 구성되어 있다. 이론적 삼단논법에서 전제는 대전제(major premise)와 소전제(minor premise)로 구성되어 있다. 이 둘로부터 결론이 필연적으로 도출될 수밖에 없다. 연역논증에서 결론은 이미 전제들 안에 포함되어 있는 것만을 다시 한 번 명확하게 드러낸다. 전제에 없는 것이 결론에 새롭게 나타나는 것은 애초부터 연역논증에서 배제된다. 연역논증은 결론이 전제의 타당한 내용을 다시 한 번 드러내는 것에 불과하기 때문에 우리들의 지식을 넓혀 주지 못한다. 결론의 내용들이 이미 전제 안에 다 포함되어 있기에 결론은 전제에 있는 내용을 다시 한 번 재생산 내지 재확인하는 것에 지나지 않는다. 이것은 진리를 확장하는 것이 아니라 다만 진리를 보존할 따름이다. 전제는 결론의 타당성을 이미 보증(guarantee)하고 있다. 이 보증은 100% 확실하다.

모든 연역논증은 100% 타당하거나 100% 틀린 경우로 구별된다.

100% 타당한 논증이 타당한 논증이라면 100% 틀린 논증은 부당한 논증이다. 전제가 참이라면 우리는 이것으로부터 결론을 필연적으로 참이라고 도출하지 않으면 안 된다. 전제가 거짓이라면 우리는 이것으로부터 결론을 필연적으로 거짓으로 도출하지 않을 수 없다. 전제는 결론을 필연적으로 보증하기 때문에 결론의 타당성은 전제의 타당성에 의존하지 않을 수 없다. 전제는 결론을 필연적으로 함축하지만 그 반대는 아니다. 전제에 없는 것이 결론에 나타날 수 없기 때문에 전제는 이미 결론을 자기 안에 다 함축하고 있다. 연역논증은 결론이 항상 전제에 의해 좌우되거나 결정된다. 또한 결론에 있는 내용들은 이미 전제 안에 다 있었다. 결론은 전제를 다시 한 번 재확인하거나 재확증할 뿐이다.

2. 환위, 환질, 이환

추론의 도움을 받는 명사나 명제 없이도 전제로부터 직접 결론을 이끌어 내는 추론을 우리는 직접추론이라고 한다. 이에 반해 간접추론이란 둘 이상의 전제들로부터 어떤 명사나 명제의 도움을 받아 결론을 이끌어 내는 것을 간접추론이라고 한다. 환위, 환질, 이환은 직접추론에 해당하고 정언적 삼단논법은 간접추론에 해당한다.

2.1. 환위(conversion)

환위란 명제에 있어서 주어와 술어를 서로 맞바꾸는 것을 말한다. 전칭부정과 특칭긍정에 있어서 환위는 완벽하게 타당하다. '모든 동물은 식물이 아니다.'와 '모든 식물은 동물이 아니다.'라는 것은 완전히 동치다. 이 두 명제는 완전히 동치이기 때문에 서로 위치를 바꾸는 것으로부터 도출될 수 있다. '대학생들 중에서 어떤 학생은 남자다.'와 '남자들 중에서 어떤 자들은 대학생이다.'는 것은 논리적으로 동치다. 따라서 이것들은 직접적으로 환위에 의해 도출된다.

전칭부정과 특칭긍정과는 달리 전칭긍정은 완전하게 환위될 수 있는 것이 아니라 다만 조건부적으로 환위될 수 있을 뿐이다. '모든 고래는 동물이다.'의 경우 우리는 직접적으로 '모든 동물이 고래다.'라고 추론할 수는 없다. 왜냐하면 전자의 주장은 참이지만 후자의 주장은 거짓이기 때문이다. 하지만 '어떤 동물은 고래다.'라고 제한적으로 환위하면 이 추론은 성립한다.

특칭부정의 경우는 어떤 환위도 가능하지 않다. 심지어 제한 환위도 성립하지 않는다. '어떤 도형은 180°가 아니다.'의 경우 '180°가 아닌 어떤 도형은 도형이 아니다.'가 되기 때문에 이것은 분명히 성립할 수가 없다. 그렇기에 특칭부정의 경우에는 어떤 환위도 불가능하다.

본래명제	환위명제
모든 S는 P다(전칭긍정).	어떤 P는 S다(제한환위).
모든 S는 P가 아니다(전칭부정).	모든 P는 S가 아니다.
어떤 S는 P다(특칭긍정).	어떤 P는 S다.
어떤 S는 P가 아니다(특칭부정).	어떤 P는 S가 아니다(불가능).

2.2. 환질(obversion)

환위가 주어와 술어의 위치를 바꾸는 것이라면 환질이란 명제의 질을 변화시키는 것이다. 환위가 원래의 문장과 동치인 것은 아주 제한된 경우에 한한다. 하지만 환질은 이런 단점을 지니고 있지 않는다.

환질이란 긍정은 부정으로, 부정은 긍정으로 바꾸는 것을 말한다. 환질은 주어부가 변하지 않는다. 환질은 다만 술어부를 반대로 만들고 나서 이것을 부정하면 된다. 전칭긍정과 특칭긍정의 경우 주어부는 그대로 두고 술어부는 반대로 만들고 나서 이것을 부정하면 된다. '모든 유권자는 투표권이 있다.'의 경우 환질은 '모든 유권자는 투표권이 없는 것은 아니다.'로 변형하면 된다. 이것을 도식화하면 다음과 같다.

본래명제	환질명제
모든 S는 P다(전칭긍정).	모든 S는 비P가 아니다.
모든 S는 P가 아니다(전칭부정).	모든 S는 비P다.
어떤 S는 P다(특칭긍정).	어떤 S는 비P가 아니다.
어떤 S는 P가 아니다(특칭부정).	어떤 S는 비P다.

이중부정은 그 진릿값이 항상 본래의 명제하고 같다. 환질은 술어의 부분을 반대로 만들고 나서 다시 한 번 그 반대를 부정하는 방식으로 구성된다.

2.3. 이환(contraposition)

이환이란 본래의 명제를 환질시키고 난 다음 또 한 번 환위와 환질을 시키는 것을 말한다. 이렇게 할 경우 이환된 명제는 결국 본래의 명제하고 완전한 동치(equivalence) 관계가 성립한다.

'S는 P이다'는 언제나 '-P는 -S다'와 논리적으로 언제나 같은 값을 지닌다. 즉 동치관계가 성립한다. 환위란 원래 문장의 주어와 술어의 위치가 서로 바뀌고 나서 그것들이 각각 부정되는 것을 말한다. '모든 S는 P다' 이것을 환질하면 '어떤 S도 비P가 아니다' 이것을 환위하면 다음과 같다. 어떤 비P도 S가 아니다. 마지막으로 우리는 이것을 '모든 비P는 비S다'라고 변형하면 이환이 된다.

'모든 구성원은 발언권이 있다' 이 전칭긍정의 경우 '모든 구성원은 발언권이 없다'라고 환질하고 나서 환위와 환질을 하면 된다. 이 경우는 '발언권이 없는 자들은 모두 구성원이 아니다'라고 하면 된다.

특칭긍정의 경우에는 사실상 이환이 불가능하다. 어떤 S는 P다. 이 특칭긍정의 문장은 이환할 때 다음과 같이 된다. 어떤 -P는 -S다. 하지만 이것은 서로 동치관계가 아니기 때문에 성립할 수가 없다.

본래명제	이환명제
모든 S는 P다(전칭긍정).	모든 비P는 S가 아니다.
모든 S는 P가 아니다(전칭부정).	어떤 비P는 비S가 아니다(제한이환).
어떤 S는 P다(특칭긍정).	이환불가능
어떤 S는 P가 아니다(특칭부정).	어떤 비P는 비S가 아니다.

3. 삼단논법(syllogism)

삼단논법은 언제나 정언적 삼단논증을 말한다. 전제는 대전제(major premise)와 소전제(minor premise)로 구성되어 있다. 우리는 이 둘로부터 결론을 필연적으로 이끌어 내지 않을 수 없다. 논증은 결론이 전제로부터 필연적으로 도출될 수밖에 없다는 것을 보여주는 것이다.

대전제는 언제나 대개념(major term)을 포함한다. 소전제는 媒介項(middle term)을 포함한다. 이에 반해 결론은 언제나 소개념(end term)을 간직하고 있다. 대전제로부터 결론을 이끌어 내는 것은 직접적으로가 아니라 간접적으로 항상 매개념을 통해서만 가능하다.

이론적 삼단논법이 성립하려면 대전제와 결론을 연결해 주는 중심 고리로서 소전제가 반드시 전제되어야만 한다는 것이다. 소전제는 대전제와 결론을 이어주는 가교역할, 즉 매개중심으로 활동한다. 매개념이 없을 때 추론은 성립하지 않게 된다. 매개념이 부재한다는 것은 추론이 이루어질 수 없다는 것을 뜻한다. 우리는 대전제와 결론을 이어주는 것으로서 매개념이 있어야 하는데 이것이 없을 때 발생하는 그릇된 추론을 다음과 같이 확인할 수 있다.

모든 인간은 죄인이다.
<u>히틀러는 죄인이다.</u>
∴ 모든 인간＝히틀러

이런 추론은 터무니없다. 그 결정적 이유는 매개항이 부재하기 때문에 그렇다. 그렇기 때문에 이론적 삼단논법에서는 대전제와 결론을 이어주는 연결고리로서 소전제가 반드시 주어지지 않으면 안 된다. 이 소전제는 대전제와 결론을 이어주는 역할을 한다. 대전제와 결론을 연결하는 것으로서 소전제가 주어지지 않으면 추론은 절대로 이루어질 수가 없다.

모든 인간은 죽는다.
<u>이순신은 인간이다.</u>
∴ 이순신은 죽는다.

인간이라는 것은 이 추론에서 이순신과 죽는다는 것을 연결하는 고리가 된다. 즉 이순신이 인간에 속하고 인간이 죽는 것에 종속하기 때문에 이순신은 필연적으로 죽는다는 결론이 나올 수밖에 없다. 인간은 한 개체 이순신과 모든 인간이 공통된 속성으로 지니고 있는 것, 즉 '죽는다'를 연결하는 중심 역할을 한다. 매개념은 한 번 등장한다. 그리고 이것은 대전제와 결론을 이어준다. 타당한 삼단논증이 이루어지기 위해서는 다음과 같은 것들이 충족되어야만 한다.

(1) Middle term(매개항)은 한 번만 주연되어야 한다.
(2) 대개념과 소개념은 한 번만 주연되어서는 안 된다.
(3) 부정 전제의 개수와 부정 결론의 개수는 항상 같아야 한다.

4. 전건긍정(modus ponens)

논리학은 자연과학과 달라서 원인과 결과라는 용어를 사용하지 않는다. 원인과 결과는 사건들이 실제로 발생한 것을 말하고 이 연결이 영향관계를 규칙적으로 측정할 수 있는 것을 말한다. 하지만 논리학은 사건들의 인과관계를 다루는 것이 아니라 사건들의 형식적 결합관계를 다룰 뿐이다.

논리학에서는 앞에 오는 것을 전건(前件, antecedent)이라 하고 뒤에 오는 것을 후건(後件, consequent)이라고 한다. 전건긍정은 조건문에서 전건이 긍정되면 후건이 자연적으로 긍정되는 것을 말한다. 하지만 후건이 긍정된다고 해서 전건이 긍정되는 것은 성립하지 않는다.

$$
\begin{array}{l}
P \supset Q \\
\underline{P} \\
\therefore Q
\end{array}
$$

비가 오면 거리는 젖을 것이다. 비가 왔다. 그러므로 우리는 거리가 젖었다고 추론할 수 있다. 이 추론은 타당하다.

후건긍정의 오류

$$
\begin{array}{l}
P \supset Q \\
\underline{Q} \\
\therefore P
\end{array}
$$

후건이 긍정된다고 해서 전건이 긍정되는 것은 성립하지 않는다. 후건긍정이 성립할 수 없는 것은 조건연결이 다양한 가능성들을 충분히 고려하지 못하는 데 있다. 비가 오면 거리는 젖을 것이다. 거리가 젖었다. 그러므로 비가 왔다고 추론하는 것은 성립하지 않는다. 그 이유는 간단하다.

거리가 젖을 수 있는 이유는 비가 오는 경우도 있지만(이것은 그 많은 가능성들 중의 하나의 원인에 불과한데) 그 밖의 다른 가능성들(예를 들어 지하수가 솟아났거나, 탱크로리가 터진 것, 물을 일부러 뿌린 것, 강물이 범람한 것 등등)에 의해서 발생할 수도 있기 때문이다. 우리는 있을 수 있는 다양한 가능성들 모두를 고려하지 않은 채 단지 하나의 가능조건들로부터 결론을 도출하고 있기 때문에 후건긍정의 추론은 부당하다고 여기지 않을 수 없다. 전건긍정은 허용되지만 후건긍정은 그렇기 때문에 허용될 수 없다. 후건긍정은 명백히 논리적 오류다.

5. 후건부정(modus tollens)

후건부정은 후건을 먼저 부정함으로써 전건이 자연적으로 부정되는 방식의 추론이다. 하지만 이것도 전건을 긍정하면 후건이 부정된다는 방식으로 추론해서는 안 된다.

$$P \supset Q$$
$$\underline{\qquad -Q}$$
$$\therefore -P$$

진화론이 옳다면 적자만 살아남아야 할 것이다. 적자만 살아남은 것은 아니다. 그러므로 진화론은 옳지 않다.

전건부정의 오류
$$P \supset Q$$
$$\underline{-P}$$
$$\therefore -Q$$

우리는 전건부터 부정하는 것으로부터 후건을 부정하는 방식으로 추론해서는 안 된다. 진화론이 옳다면 강자만 살아날 것이다. 진화론은 옳지 않았다. 그러므로 강자가 살아남지 않았다. 강자가 살아남지 않은 이유는 진화론이 틀린 것에만 의존하는 것이 아니라 기타 이것과는 다른 것에도 원인들이 있을 것이다. 음모와 간계, 천재지변, 예측 불가능한 재앙 등등에 의해서 말이다. 전건부정은 이런 다양성을 고려하지 못하고 있기 때문에 그릇된 것이다. 후건부정은 논리적으로 타당한 것이지만 전건부정은 논리적으로 오류다.

6. 조건삼단논법

조건삼단논증은 연쇄적인 인과관계로 구성되어 있다. 이것은 인과관계가 내림차순으로 진행되는 것을 말한다. 보험에 들면 불확실한 미래를 대비할 수 있을 것이다. 불확실한 미래를 대비한다는 것은 행복한 노후를 위해서다. 우리는 그렇기 때문에 보험에 들면 행복한 노후생활을 즐길 수 있을 것이라고 추론할 수 있다. 이것을 형식화하면 다음과 같다.

$$P \supset Q$$
$$\underline{Q \supset R}$$
$$\therefore \ P \supset R$$

7. 선언을 통한 제거

논리 기호에서 '혹은(or)'의 의미는 포괄, 배제, 선택의 가능성들로 해석될 수 있다. 선언삼단논증은 배제를 통해 나머지 하나를 확증하거나 긍정하는 형식을 말한다. 형선이와 미경이 둘 중의 하나가 미스코리아가 될 것이다. 형선이가 아니다. 그러므로 우리는 미경이가 미스 코리아가 되었다가 말할 수 있다. 그 반대 역시 마찬가지다. 이것을 형식화하면 다음과 같다.

$$\frac{P \lor Q}{\therefore Q} \quad -P \qquad \qquad \frac{P \lor Q}{\therefore P} \quad -Q$$

8. 자기모순

　연역과 필연은 논리적으로 완전 등가다. 필연이란 어떤 경우에도 대안들이 성립할 수 없는 것을 말한다. 그렇기 때문에 필연의 부정은 필연적으로 자기모순(self-contradiction)에 빠지게 된다. 전제의 부정은 필연적으로 자기모순으로 빠진다. 우리는 자기모순에 빠지지 않기 위해 전제를 지키지 않으면 안 된다. 필연의 부정은 필연적으로 자기모순에 빠지기 때문에 우리는 자기모순을 피하려면 필연을 어떤 경우에도 부정해서는 안 된다.

귀납추리

1. 개연적 확률

엄밀한 의미에서 귀납(ἐπαγωγή induction)은 논리적 추론에 관한 것이 아니다. 왜냐하면 귀납은 불완전한 정보를 바탕으로 해서 요구된 과제를 해결하기 위한 도구에 지나지 않기 때문이다. 귀납은 연역과 같이 전제로부터 결론을 필연적으로 이끌어 내는 논리적 추론이나 강제가 아니라 다만 경험적 일반화를 목적으로 하는 개연적 추정에 지나지 않는다. 이 점에서 귀납은 탐구의 확장적 방법에 속한다.

연역에서의 추론이란 전제와 결론의 연결이 객관적 강제를 따르는 것을 말한다. 연역적 추론은 결론이 전제의 진리를 다시 한 번 확인하는 것에 지나지 않는다. 그렇기 때문에 연역에서는 어떤 진리 발견이나 새로운 확장이 일어날 수 없다. 하지만 귀납은 추론의 타당한 강제가 아니라 지금까지 관찰된 지지사례들이 결론의 신빙성을 높이는 데 기여하는 한에서의 경험적 신뢰를 다룬다. 이것은 논리적 문제에 속하는 것이 아니라 경험적 지지의 문제에 속하기 때문에 앎의 확장에 기여한다. 지금까지 발견된 경험적 사례들이 결론의 신빙성을 높이는 데 개연적으로 기여할 수는 있어도 필연적으로 보장할 수는 없다. 그렇기 때문에 연역의 필연성 보증과 구별되는 의미에서 귀납은 개연성 지지로 평가되지 않으면 안 된다.

아리스토텔레스는 개별적인 사례들로부터 일반적인 것으로 이행하는 것을 귀납으로 정의한다. 이때 일반화(generalization)는 정도나 등급하고만 관련이 있을 뿐이다. 지지사례들이 일반화되는 정도를 충족시키면 시킬수록 지지사례들은 일반화에 기여한다고 말할 수 있다. 정보가 더 적은 자료들로부터 더 큰 정보를 가진 것으로 이행하는 것이 일반화의 등급이 높아졌다는 것이 뜻하는 바다. 이미 말한 바와 같이 법칙(law)은 예외를 허용하는 법칙과 예외를 허용하지 않는 법칙으로 구별된다. 필연은 예외의 부정이기 때문에 예외를 허용하는 법칙은 필연적이라고 할 수 없다. 예외를 허용하지 않는 법칙만이 우리는 필연적 강제(즉 모든 해당된 경우들에 무제약적으로 적용)를 행사할 수 있다. 이에 반해 귀납에서 말하는 일반화는 등급의 정도를 말하기 때문에 경향성(tendence)과 연관이 있을 뿐이다. 귀납은 연역과 같이 전제로부터 결론을 도출하는 것이 아니라 확장과정을 통해 신뢰할 만한 일반화를 추구하는 것에 불과하다. 귀납은 등급의 정도를 통해 일반화의 신뢰를 표시한다.

경제학에서 말하는 수요 공급 법칙은 사실 표현이 수정되어야만 한다. 사람들 하나하나를 관찰할 때 가격이 오르면 대다수의 사람들은 물건을 사지 않는 경향이 있다. 하지만 어떤 사람들은 가격이 오를수록 그것을 사기도 한다. 하지만 우리는 경험적으로 어느 정도인지를 알기 위해서 해당된 품목과 사람들 하나하나를 일일이 관찰을 통해 열거할 수 있어야 한다. 가격이 내리면 구매하고 가격이 오르면 사지 않는 것은 소비자의 일반 심리를 말하는 것이지 엄격한 법칙을 말하는 것은 아니다. 따라서 우리는 수요 공급의 관계를 엄격한 의미에서 법칙으로 이해하기보다는 일종의 경향성으로 보아야 한다. 가격이 비쌀수록 물건을 사는 사람들은 그 물건을 통해 자기의 지위를 과시하기 위해 그렇게 소비하는 경향이 있다. 하지만 이런 사람들이 구체적으로 누구이고 어느 정도 되는지는 논리적으로 결정할 수 있는 것이 아니라 경험적 관찰을 통해 측정될 수 있을 뿐이다.

지금까지 관찰된 경험적 사례들	앞으로 관찰될 사례들
가격이 내리면 사고 가격이 오르면 사지 않는 사람들이 많았다.	가격이 오를수록 사고 가격이 하락하면 사지 않는 사람들이 있었다.

후자의 관찰 결과는 가격과 공급의 반비례 관계에 따라 행동했다. 하지만 그렇다고 해서 앞으로 관찰될 사례들에서와 같이 이 관계가 통용된다는 어떤 논리적 보장도 없다. 새로 관찰된 사례에서는 가격이 높을수록 물건을 사는 사람들이 관찰되었다. 이들은 기존의 소비패턴에 분류될 수 없는 사람들이거나 수요 공급 경향에 거역해서 소비하는 자들이다. 그렇기 때문에 우리는 지금까지 관찰된 사례들과 전혀 다른 것이 새롭게 관찰되었다고 말하지 않을 수 없다. 즉 틈(leap)이 발생한 것이다. 이미 말한 바와 같이 귀납에서는 전제와 결론이라는 용어를 사용하는 것이 적절하지 않다. 왜냐하면 전제와 결론은 연역의 경우 결론이 어떤 경우에도 전제에 없는 예

외를 허용하지 않기 때문이다. 귀납은 이 점에서 실패한 연역으로 규정될 수 있다. 연역에서 이 관계는 경험적 관계가 아니라 객관적 관계이고 이 관계는 어떤 경우에도 예외를 허용하지 않는다. 전제와 결론 대신에 귀납에서는 지금까지 관찰된 사례들과 앞으로 관찰된 사례들로 대체하는 것이 더 바람직하다.

지금까지 경험적으로 관찰된 사례들에 따르면 우리는 백조가 거의 흰 백조가 관찰되었다고 말할 수 있다. 하지만 그렇다고 해서 다음에 관찰될 백조가 흰 백조이어야만 한다는 논리적 강제는 없다. 다음번에 관찰될 백조는 지금까지의 관찰결과와는 달리 얼마든지 검은 백조가 나타날 수도 있다. 검은 백조가 발견된 것은 경험적으로 부인할 수 없는 명백한 사실이다. 검은 백조가 있다는 것과 이것이 지금까지 발견된 흰 백조가 아니라는 것은 아무런 모순이 아니다. 우리는 백조들 중의 몇 %는 흰 백조에 해당하고 몇 %는 검은 백조에 해당한다고 말할 수 있을 뿐이다. 흰 백조와 검은 백조가 각각 어느 정도를 점유하고 있는가를 결정하는 것은 경험적 관찰에 의존하지 논리적 강제에 의존하는 것이 아니다. 이 점에서 귀납은 추정(permutation)을 하는 것이지 추론(inference)을 하는 것이 아니다.

연역추론
전제에 없는 것이 결론에 나타날 수가 없다
(예외 배제)
결론은 전제의 것을 다시 한 번 확인만 한다

(단순 재생산)

귀납추정
새로움이 발견된다
(필연이 배제)
새로움을 통한 확장이
  가능하다
(새로운 지평의 기대)

귀납에서는 지금까지 관찰된 사례들에 대해 언급하면서 앞으로 관찰될 사례들에 대해서는 지금까지와 전혀 다른 것이 관찰될 수 있는 가능성을 열어둔다. 귀납에서는 필연이 배제되었다. 반대로 연역에서는 예외가 배제된다. 연역적 사고는 확률적으로 말하면 전부($p=1$) 아니면 전무($p=0$)인 사고다. 연역의 타당성에는 처음부터 정도(程度degree)는 성립하지 않는다. 이에 반해 귀납추정은 전부 아니면 전무를 배제하고 확률적으로 표현할 때 항상 $0<p<1$ 사이에 있다. 귀납추정은 항상 불완전한 것이며 어떤 경우에도 연역과 같이 그런 필연성을 주장할 수 없다고 말하지 않으면 안 된다. 그렇기 때문에 귀납은 실패한 연역으로 규정된다. 지금까지 관찰된 사례들이 타당하다고 해서 앞으로 관찰될 사례들이 타당해야만 한다는 논리적 강제는 귀납에서 성립할 수가 없다. 앞으로 관찰된 사례들은 지금까지의 경험적 관찰과 전혀 다른 종류의 것이 될 수 있기에 귀납추정에서는 논리적 강제를 행사할 수가 없다. 귀납에서는 어떤 경우에도 전칭이라는 표현을 사용할 수가 없다. 귀납에서의 개연성(蓋然性, 확률, probability)은 지지 정도에 관한 것이기에 논리적 필연성을 필연적으로 배제하지 않을 수 없다.

全部(all)이거나 全無(nothing)인 연역에서는 어떤 경우에도 예외를 허용할 수 없다. 완전히 틀렸든지 완전히 맞든지 둘 중의 하나다. 연역의 타당성은 정도(degree)라는 것을 허용할 수가 없지만 귀납은 이런 것이 절대 아니다. 여기서는 전부나 전무는 완전히 배제된다. $2+3=5$다. 어떤 사람이 4를 답으로 쓰고 나서 4가 5에 가까이 있기 때문에 98점은 주어야 하지 않겠느냐고 따지면 우리는 이것을 일고의 가치도 없이 폐기처분하면 된다. 연역은 정도가 아니기에 어떤 경우에도 확률적 근사치가 불필요하다.

하지만 귀납추정에서는 지금까지 관찰된 사례들의 입증 정도에 따라 입증의 강도가 결정된다. 귀납에서의 추정이 신뢰할 만하다고 말할 수 있으려면 우리는 사례를 일반화하는 정도에 충실해야 한다. 일반화 정도는 개연성 혹은 확률(probability or likelihood)이 높은 것에 비례해서 그 정도를 비교할 수 있다. 이 정도는 아주 낮음, 낮음, 중간, 높음, 매우 높음 등등으로 等級化되어서 비교된다.

생물학자들은 지금까지 관찰한 결과에 따라서 98%의 뱀들이 알을 통해 새끼를 부화한다고 말할 수 있다. 우리는 이것을 경험적으로 신빙성 있다고 인정한다. 하지만 아나콘다나 살무사들은 알을 통해서가 아니라 직접 새끼를 낳는다는 경험적으로 관찰된 것이기 때문에 이것 역시 신뢰할 수 있다. 앞으로 관찰된 결과가 지금까지의 관찰결과와 다를 수 있는 것은 발견이 경험의 문제에 속하기 때문에 가능하다. 귀납은 연역과 같이 논리적으로 관계를 강제하는 것이 아니라 경험적 발견에 따른 연결을 의미한다. 따라서 이 연결은 논리적인 것이 될 수 없고 단지 경험적 사례축적에 의존하지 않을 수 없다.

고급 백화점의 경우 20%의 고객만이 백화점 매출의 거의 80%를 올린다는 경험적 연구사례가 있다. 개미들은 관찰결과 20%만이 열심히 일하고 나머지들은 단지 일하는 척만 할 뿐 실제로는 일하지 않는다는 연구결과가 있다. 우리는 이 연구결과를 통해 개미들의 행동을 경향적으로 파악할 수 있을 뿐이다. 개연성(확률 probability)은 정도 충족의 문제에 속하지 논리적 필연성이라는 강제가 절대 아니다.

귀납에서의 결정적인 오류는 해당된 확률적 정도를 신빙성 있게 파악하는 일이다. 사례를 하나하나 모아서 일반화의 등급을 시도하는 귀납은 확률의 등급에 관한 것을 최종목적으로 삼는다. 이것은 개별현상을 보다 잘 이해하기 위한 지표로 활용될 수 있을 뿐이다. 해당된 사례들과 해당되지 않는 사례들을 구분하는 것은 경험적 관찰의 성실성에 의존하지 논리적 규칙에 따르는 것이 아니다. 태양이 내일 다시 떠오를지에 대해 추정하는 것은 논리의 문제가 아니다. 해당된 관찰들과 해당되지 않는 관찰들을 구분하는 것이 귀납에서는 필요하다. 귀납에서의 모든 그릇된 오류는 해당된 것을 해당되지 않는다고 여길 때 혹은 해당되지 않는 것을 해당된다고 말할 때 발생한다. 귀납에서의 일반화(generalization)는 정도나 등급에 관한 것에 불과하다. 그것은 신뢰할 수 있는가 없는가에 따라 그 가치가 결정될 수 있을 뿐이다.

2. 귀납적 일반화

귀납은 해당 개별 사례들을 하나하나 축적해서 이것을 바탕으로 일반화를 시도하는 것을 말한다. 개별 사례들 하나하나는 일반화의 등급을 지지해 준다. 귀납의 경우에 전제는 지금까지 관찰된 것들에 한정해서 말할 수 있지만 뒤의 결론은 아직까지 관찰된 사례가 없는 것에 대해 말할 수 있다. 그렇기 때문에 지금까지 관찰된 것이 아닌 새로운 관찰이 얼마든지 가능하다. 이 틈 때문에 귀납은 일반화를 항상 정도와 등급에 따라서만 표현할 수 있을 뿐이다. 매거를 통한 일반화(Generalization by Enumeration)는 말 그대로 자료들 하나하나를 열거함으로써 이것을 일반화의 축적 정도로 계산하는 것을 말한다.

우리는 흡연을 하는 자들로부터 이들 중 얼마만큼이 폐암에 걸리는지를 알고 싶다. 흡연자가 다 폐암에 걸리는 것은 아니다. 폐암에 걸린 환자들 모두가 그 원인이 반드시 흡연에만 있다고 단정할 수도 없다. 하지만 의사는 흡연과 폐암 사이의 연관관계를 알고 싶기에 흡연자를 상대로 이들 중 얼마가 폐암에 걸리는지를 임상실험을 통해 하나하나 경험적으로 산출하지 않을 수 없다.

일반화는 경험적 탐구를 통해 비로소 산출되어야만 하는 것이다. 흡연과 폐암 사이의 관계를 논할 수 있으려면 우리는 흡연자들을 실제로 하나하나 조사해서 이들이 폐암과 관련이 있는지를 비교해 보아야 한다. 枚擧에 의한 귀납은 사례를 하나하나 축적해서 이것으로부터 원하는 일반화의 등급을 만들어 내는 것이다.

연역에 있어서 사례는 아무런 중요한 역할을 하지 못한다. 이에 반해 귀납에서는 사례들 하나하나가 중요한 지지역할을 한다. 연역에서의 사례는 이미 타당한 것을 다시 한 번 확인하는 것에 불과하다. 이에 반해 귀납에서의 사례는 그 사례들 하나하나가 요구된 일반화를 충족하는 요인으로 중요하게 기여한다. 그렇기 때문에 사례들의 축적은 사례들 하나하나를 통해서만 일반화를 산출하는 것이 가능하게 된다.

지구상에는 대략 2,600여 종의 뱀들이 있다고 한다. 뱀은 변온동물에 속한다. 변온동물들은 포유류와는 달리 자식을 직접 산출하는 것이 아니라 항상 알의 부화를 거쳐야만 한다. 그런데 변온동물에 속하는 뱀 모두가 알을 통해 새끼를 부화하는 것은 아니다. 우리는 전체의 뱀 종류에서 알을 통해 부화하는 것들과 직접 새끼를 낳는 것들을 구별하지 않으면 안 된다. 이 목적을 완성하기 위해서 우리는 관찰된 뱀 하나하나를 직접 관찰하고 그 결과를 분류하지 않을 수 없다. 이 분류는 논리적으로 진행되어서는 안 되고 오직 관찰을 토대로 해서만 진행되어야 한다. 그리고 우리는 관찰결과를 확률적 %로 수치화할 수 있다. 多多益善은 일반화에 기여하는 정도에 따라 평가된다.

2.1. 불충분한 통계의 오류(fallacy of insufficient statistics)

사례를 모아서 일반화를 시도하는 것이 귀납이 추구하는 바다. 하지만 일반화 등급을 위해서는 해당된 사례들이 충분히 제시될 수 있어야만 한다. 일반화를 신뢰하거나 보증할 정도의 충분한 자료들이 축적되지 않은 상태에서 일반화를 시도하면 이것은 어김없이 증거불충분의 위험에 노출되지 않을 수 없다. 일반화를 보증할 정도의 자료가 축적되지 않은 상태에서 귀납적 일반화를 시도한다면 이것은 지나친 비약을 감행하는 것이다. 증거 불충분은 일반화를 위해 필요한 충분하지 못한 몇몇 사례들을 토대로 해서 성급하게 일반화를 시도할 때 발생한다. 이것은 불충분한 자료를 토대로 결론으로 비약하는 위험 때문에 반드시 피해야 한다. 이런 오류는 증거 불충분이 결론으로 너무 비약해 버리는 위험을 떠안기 때문에 신뢰할 수가 없게 된다.

물리학자 닐스 보어는 음악을 좋아한다.
물리학자 하이젠베르크는 음악을 애호한다.
물리학자 아인슈타인은 음악을 즐긴다.
물리학자 파인만은 음악을 사랑한다.

수많은 물리학자들 중에서 단지 4명의 물리학자를 조사대상으로 삼은 것은 일단 표본의 개수가 너무 적다는 데 문제가 있다. 다시 말해 불충분한 사례를 모아서 이것으로부터 물리학자들이 음악을 좋아하는 경향이 있다고 일반적인 결론을 내린다면 이것은 별로 바람직한 추정이 될 수 없다. 왜냐하면 관찰된 사례들의 수가 너무 적기 때문에 우리는 이런 불충분성으로부터 물리학자들 전체에 대한 확률적 추정을 내릴 수가 어렵기 때문이다. 관찰결과가 보다 신뢰할 수 있는 것이 되려면 경험적 관찰의 대상을 더 늘려야 한다. 관찰된 사례들은 일반화된 추정을 하기 위해 나름대로 충분히 그 사례들이 확보되어야만 한다. 추정된 결과의 신뢰를 높이기 위해서는 관찰 대상이 되는 증거들이 충분히 확보될 수 있어야 한다. 귀납추정에서는 오차를 배제할 수 없지만 오차의 범위를 줄일 수는 있다. 신뢰도는 이 오차의 범위가 줄어들수록 좋다. 오차범위를 줄이는 추정이 가능하려면 일차적으로 가능한 표본이 되는 관찰의 수가 충분히 확보될 수 있어야 한다. 꿀벌들이 이 꽃 저 꽃을 돌아다니며 당분을 모으듯이 귀납추정이 신뢰를 얻으려면 추정자료들이 요구되는 만큼 일단 충분히 확보되어야만 한다.

프로이트가 주장하는 것과 같이 오이디푸스 콤플렉스나 엘렉트라 콤플렉스는 그 결론의 신빙성을 지지할 만한 경험적 사례들 제시가 지나치게 불충분하게 제시되고 있다. 우리는 이 심리가설을 신뢰할 만한 것으로 받아들이기 위해서는 임상사례들의 충분한 사례제시를 먼저 검토해 보아야 한다. 표본으로 추출된 임상사례들이 충분한 것인가? 만약 충분하다면 이 자료들을 토대로 일반화를 시도한 확률적 결과가 어느 정도 신뢰할 수 있는지를 개별사례들과의 비교를 통해 재검증할 수 있어야만 할 것이다. 증거불충분을 통해 이루어진 결과들은 그 신뢰성에 있어서 반드시 경험적인 재검증을 거쳐 그 신뢰성이 다시 검증받아야만 한다. 즉 우리는 프로이트의 연구결과가 경험적 관찰사례들에 입각해서 정말 그런 것인지를 재검증하지 않을 수 없다. 왜냐하면 그의 연구결과는 관찰 사실들에 의해서가 아니라 그가 설정한 가설에 따라 자의적으로 구축되었을 가능성을 배제할 수 없기 때문이다.

프로이트와 그의 추종자들은 다윈이 시달렸던 병에 관한 진단에서 다윈이 앓고 있는 만성소화불량, 심장병 증세, 원기부족 등이 아버지에 대한 무의식적인 분노와 반감의 왜곡된 표현에 불과하다고 진단했다. 그리고 그들은 이런 증세들이 확실하다는 일련의 증거를 발견했다고 주장했지만 이런 주장은 경험적 발견에 의해 거짓임이 드러났다. 포퍼에 따르면 정신분석학이나 마르크스주의 이론들은 실험적으로 거짓임을 입증할 방법이 없기 때문에 사이비 과학 내지 비과학적이라고 비판한다. 다윈이 무의식적인 존속 살해 욕구가 있었기 때문에 다윈이 겪는 벌이 사십 년간의 극심한 신경쇠약이라는 프로이트의 주장은 경험적 사실에 기초해서 제기된 것이 아니라 그의 가설에 다윈을 억지로 꿰맞춘 것에 지나지 않았다. 다윈의 병은 그가 갈라파고스를 방문하면서 얻은 풍토병에 자나지 않았다는 것이 연구결과 밝혀졌다. 정신분석학의 연구결과는 다 틀린 것이 아니지만 그 이론을 지지하기 위해 제시된 관찰사례들을 그 타당성에 있어서 재검증하는 것이 불가피하게 되었다.

2.2. 편향통계의 오류(fallacy of biased statistic)

편향통계의 오류는 자료들이 불충분해서가 아니라 자료들이 대표성을 결여할 때 발생한다. 자료를 추출할 때 우리는 이 자료들이 너무 한쪽으로 쏠리는 것을 막아야 한다. 그렇지 않을 경우 이 자료들은 전체를 대변하지 못하는 위험에 빠진다. 귀납에서의 일반화가 신뢰를 얻으려면 표본들이 일단은 충분해야 하고 그런 다음에 이 자료들이 진정한 의미에서 전체를 대표할 수 있어야만 한다. 특정 사례들은 일반화를 지지하는 데 기여할 뿐이다. 우리는 모든 자료들을 다 검증할 수 없을 때 또 그럴 필요가 없을 때 몇 가지를 표본으로 추출해서 이것으로부터 일반화된 경향성을 충족하고자 한다. 모집단으로부터 표본을 추출하는 것은 사안별로 다 다를 수 있다. 하지만 우리는 일정의 샘플을 추려서 이것으로부터 전체를 추정해 볼 수는 있다. 이 추정이 신뢰를 얻기 위해서는 증거자료들이 충분해야 하고 동시에 이 자료들이 대표성을 지니고 있어야 한다. 이때 전체 모집단 중에서 표본으로 추출하는 사례들은 전체를 반영할 수 있도록 그렇게 균형 잡혀 있어야만 한다. 즉 자료들은 대표성을 지니기 위해 어느 한쪽으로 쏠리거나 치우쳐서는 안 된다.

스페인은 역사적인 복잡성 때문에 다양한 인종들로 구성되어 있다. 스페인의 일부 자치주들은 분리 독립을 원하고 있다. 특히 카탈루냐 지역의 바르셀로나가 대표적이다. 스페인의 인구들 중에서 대략 40만 명을 표본으로 추출해서 우리는 그들이 독립되기를 원하는 지 아니면 지금과 같이 남아 있기를 원하는지를 물어볼 수 있다. 그런데 표본으로 제시된 자료들이 모두 어느 특정지역의 사람들로만 구성될 때 우리는 이것이 스페인의 전체 의사를 대표한다고 말할 수 없다. 바르셀로나 주민들이 분리 독립을 원한다고 해서 이것이 스페인 전체의 의견이라고 단정할 수는 없다. 편향통계는 증거 불충분의 위험은 피했지만 동시에 이 증거자료들이 너무 한쪽으로만 쏠려 있기 때문에 대표성을 결여하고 있는 위험이 있다.

증거불충분의 경우에는 표본들의 개수가 너무 적기 때문에 이 적은 표본으로부터 일반화를 시도하는 것이 적절하지 못했다는 것을 알게 되었다. 하지만 편향통계의 오류에서는 표본의 개수가 충분함에도 불구하고 이 자료들이 대표성이 없이 어느 한 방향으로 쏠려 있는 것이 문제다. 캐나다의 퀘벡 주가 분리 독립을 원한다고 해서 캐나다 전체가 분리 독립을 원한다고 추정할 수는 없다. 왜냐하면 퀘벡은 분리 독립을 원하는 자들이 많이 모여 살지만 그렇다고 캐나다 전체를 대표하는 것은 아니기 때문이다. 부분에 통한다고 해서 이것이 반드시 전체에도 통한다는 보장은 없다. 그렇기 때문에 우리는 전체를 균형 있게 파악하기 위해서 자료들을 고루고루 반영하지 않으면 안 된다.

2.3. 성급한 일반화의 오류(fallacy of hasty generalization)

귀납에서 언제나 조심해야 할 것은 일반화의 등급에 속하는 것과 일반화되지 않는 것과의 냉정한 분리다. 귀납은 결핍된 연역이기 때문에 언제나 비약과 틈 그리고 예외가 있기 마련이다. 귀납의 일반화는 일반화의 정도에 따라 구별된다. 하지만 일반화는 법칙의 사례포괄적인 보편성은 아니다. 귀납에서의 일반화는 경향적 통계만을 의미한다. 그렇기 때문에 성급한 일반화에서는 해당되지 않는 것도 마치 해당되는 것처럼 말하려는 유혹에 빠지는 것을 경계해야 한다. 일반화된 결과물은 다시 한 번 그 적용의 타당성을 입증하기 위해 검증되지 않으면 안 된다. 성급한 일반화를 피하기 위해서 우리는 전체 중에서 해당하는 것들과 해당되지 않는 것들을 명백하게 분류할 수 있어야 한다. 해당된 것들을 해당되지 않는다고 추정해서도 안 되듯이 해당하지 않는 것을 해당한다고 추정해서도 안 된다.

한국인들 중에서 분명히 냄비근성에 따라 행동하는 자들이 많이 있다. 그렇다고 해서 한국인들 모두가 다 냄비근성이 있다고 추정할 수는 없다. 냄비근성이 있는 자들과 냄비 근성이 없는 자를 우리는 통계적으로 정확히 분류해 내야만 한다. 그리고 전체 중에서 각자가 어디에 해당하는가에 따라 이것을 통계적 확률로 傾向化시켜서 말할 수 있어야 한다.

인터넷 토론방에서 어떤 사람이 어떤 근거 있는 주장을 올릴 때 많은 댓글이 올라온다. 하지만 모든 댓글이 다 비방하거나 사이버테러를 하는 것은 아니다. 개중에서 좋은 대안, 비판, 보충과 완성을 제시하는 댓글도 있다. 하지만 우리는 이것을 무시하고 인터넷 토론은 댓글에 대한 사이버테러로 얼룩져 있다고 일반화할 수가 없다. 통계는 중요한 안내의 역할을 하지 모든 것을 궁극적으로 해결하는 것이 아니다. 귀납에서의 통계적 파악 역시 이와 마찬가지다. 우리는 사이버 공간에서의 토론이 얼마만큼 생산적으로 이루어지는지 아니면 댓글에 대한 사이버테러로 진행되고 있는지를 단지 경향적으로만 말할 수 있을 뿐이다. 전체 중에서 해당된 사례들과 해당되지 않는 사례들을 정확하게 산출하는 것이 요구된다. 이런 신중함을 바탕으로 해야만 우리는 이 둘을 혼동해서 적용하는 것을 피할 수가 있다.

3. 통계 삼단논증(statistical syllogism)

매거적 귀납추리와 그 통계 형식은 통계적 삼단논법을 구성하는 데 사용된다. 매거적 귀납추정은 최종 결과 경험적 일반화로 정식화된다. 경험적 일반화가 형성되면 우리는 이것을 개별적인 것들에 적용할 수가 있다. 물론 이 적용은 통계적 적용이다.

> 모든 관찰된 P의 r %가 A를 가진다.
> x는 P의 r%에 속한다.
> ∴ x는 A를 지닌다.

통계적 삼단논법은 전체 중에서 몇 %에 해당하는지를 먼저 제시해야만 한다. 이것은 전체 중에서 몇 %가 해당하는지를 확인하는 것에 해당한다. 확률적으로 이것은 전체 집단(분모) 중에서 해당된 경우들(분자)을 경향적으로 통계화하는 것을 말한다. 통계적 확률은 모집단 중에서 차지하는 비율이 항상 0보다 크고 1보다 작아야만 한다. 왜냐하면 1이나 0이 되는 것은 연역에서만 가능하기 때문이다. 귀납적 통계에서는 $0<P<1$이 성립한다. 여기서 우리는 P가 1에 가

까울수록 강하다고 말하고 0에 가까울수록 약한 것이라고 추정한다.

우리는 모든 흡연자들 중에서 26%가 폐암에 걸린다는 일반적인 의학보고를 알고 있다. 그런데 내 친구 영섭이가 흡연을 하는 자라고 한다면 우리는 이것으로부터 다음과 같은 추론을 할 수가 있다.

모든 흡연자들 중에서 26% 정도가 폐암에 걸린다고 한다.
<u>영섭이는 흡연을 한다.</u>
∴ 영섭이가 폐암에 걸릴 확률은 적어도 26%가 된다.

광우병에 걸린 소고기를 먹으면 모두가 죽게 된다. 하지만 모든 소들이 다 광우병에 걸린 것은 아니다. 우리는 경험적으로 얼마만큼의 소들이 광우병에 이미 걸렸거나 광우병 증세가 있는지를 경험적인 자료로 가지고 있지 않다. 다만 얼마일 것이라고 추정할 수는 있다. 정확한 통계를 내는 것은 여하튼 중요하다. 불확실성이 지배하는 사회에서 불확실성에 대비하려면 우리는 정확한 통계의 도움을 받을 필요가 있다. 광우병에 걸린 소를 먹으면 죽는 것이 확실한데 그것을 먹을 사람은 아마 거의 없을 것이다. 심지어 소고기 수입을 결정한 이명박을 포함해서 말이다. 우리는 이런 경솔한 결정에 대해 국정을 무책임하게 운영하는 독단과 폭력을 비판하지 않을 수 없다.

미국에는 소가 대략 1억 마리 있다고 한다. 미국의 농무부의 보고에 따르면 그중 7천만 마리는 안전하지만 나머지 3천만 마리는 안전을 장담할 수 없다고 한다. 우리의 한국 정부가 수입하는 미국 소고기는 이들 중 어느 것에 해당하는지에 대해 정확한 통계자료들이 없다. 개인들은 불안하다. 아니 불안할 수밖에 없다. 왜냐하면 하나 밖에 없는 생명을 실험대상으로 만들 수는 없기 때문이다. 정확한 통계자료가 없거나 아직 정확하게 산출된 것이 없기에 우리는 이것을 추론하는 데 매우 어려움을 겪는다. 불확실성이 지배할 때 사람들은 기꺼이 그것을 거부하는 경향이 있다.

> 미국 소들 중 30%가 정상적인 조건들에서 자란 소가 아니다.
> 한국은 미국으로부터 소고기를 수입한다.
> ∴ 한국이 수입한 미국산 수입소고기가 정상이 아닌 확률은 30% 정도다.

내비게이션이 정확하다면 우리는 내비게이션을 통해 우리가 원하는 목적지를 찾아갈 수 있다. 하지만 통계자료들은 우리에게 경향적으로만 도움을 줄 수 있다. 통계는 만능이 아니라 우리에게 중요한 안내를 하는 역할을 한다. 통계는 경향성을 파악하는 데 도움을 줄 수 있을 뿐이다. 경향을 파악하고 대비하는 데 통계 자료들은 도움이 된다. 다만 그것도 확률적 삼단논증으로 말이다. 흡연자들 중 26% 정도가 폐암에 걸릴 확률이 있다는 것은 알면 도움이 되지만 우리가 단정적으로 그렇다고 말해서는 안 된다. 일반적인 통계 수치하고 실제의 개별적인 사례를 비교하는 것은 또 다른 차원의 검증을 필요로 하고 요구한다.

비형식적 오류들

오류(fallacy)란 올바르지 않거나 부당한 논증을 말한다. 하지만 오류란 어떤 맥락에서는 그 누군가에게 올바른 논증인 것처럼 주장되기도 한다. 오류(fallacy)란 이미 말한 바와 같이 틀린 것(false)과 동의어가 아니다. 판단은 참이거나 거짓 둘 중 하나다. 판단이 틀렸다는 것은 판단이 거짓이라는 것을 말한다. 이에 반해 추론이 오류라는 것은 연결이 옳은 것처럼 보이지만 사실은 연결이 제대로 되어 있지 않은 것을 말한다. 오류에는 사고법칙의 타당성을 지키지 않은 데서 발생하는 형식적 오류추론과 내용 파악에 있어서 잘못 연결된 비형식적 오류추론이 있다.

추론이 오류라는 것은 판단의 신위를 가리는 섯이 아니라 내용 결합에 있어서 연결이 적합한 방식으로 이루어지지 않았다는 의미에서의 그릇된 연결을 말한다. 이런 연결은 전제와 결론, 원인과 결과, 부분과 전체 등등 다양한 방식으로 결합될 수 있는데 우리는 이런 결합들 중 일부는 결합이 잘못되었다고 밝혀내지 않을 수 없다. 타당하지 않은 것(연결이 되지 않은 것)을 마치 타당한 것(연결이 된 것처럼)으로 여길 때 우리는 이런 오류와 가상의 허구성을 비판하지 않을 수 없다. 잘못 연결되고 있는 오류추리는 그렇기 때문에 마땅히 비판의 대상이 되지 않으면 안 된다.

오류는 크게 나누어서 형식적 오류(formal fallacy)와 비형식적 오류들(informal fallacies)로 구분된다. 형식적 오류는 흔히 말해서 논리적 오류(logical fallacy)와 같은 의미로서 주로 연역적 사고형식에서만 발생한다. 논리적 오류는 주로 연역적 추론(inference)의 형식에서 발생하기 때문에 사고법칙만 제대로 지킨다면 쉽게 그 오류를 제거할 수 있다. 왜냐하면 이것은 추론의 타당한 법칙을 위반하는 데서 발생하기 때문이다. 형식적 오류는 지켜야 할 것을 지키지 않은 데서 발생한 것이기 때문에 우리가 이런 규칙을 지키고 따르면 오류를 사전에 방지할 수가 있다.

이에 반해 비형식적 오류라는 것은 집합의 분류에 따라 구분할 때 형식적 오류에 속하지 않는 모든 오류를 말한다. 이런 오류는 사고법칙의 형식을 위반한 것이 아니라 내용상의 결합이 타당한 방식으로 이루어지지 않은 데서 발생한다. 이것은 크게 나누어서 언어적 오류(애매성의 오류와 모호함의 오류)와 논리적 연결의 부적합성 오류로 구분된다. 부적합성이란 타당하지 않은 추론에서 발생하는 것을 말한다. 부적합하거나 타당하지 않다는 것은 논리적 연결에 있어서 연결이 잘못되었다는 것을 뜻한다.

형식적 오류는 외견상 타당한 연역논증과 매우 유사하지만 실상은 그렇지 못한 것으로서 부당한 연역논증을 말한다. 이에 반해 비형식적 오류들은 언어적 오류(fallacy in the languages)와 부적합성의 오류(fallacies of irrelevance)로 구분된다. 언어적 오류는 언어표현과 구문론이 야기하는 데서 오는 것으로서 애매함과 모호함 그리고 비결정성이 지배할 때 흔히 나타난다.

우리는 한국어 논리학 책들에서 다음과 같은 표현들을 접하게 된다. 연관성의 오류(fallacy of relevance), 무연관성의 오류(fallacy of irrelevance). 이 두 가지 언어사용들은 말뜻만 놓고 보면 이것은 우리에게 매우 혼란을 일으키는 것임에 틀림없다. 연관성과 무연관성이 같은 뜻은 절대 아니다. 또 같은 것이 될 수도 없다. 무연관성은 연결될 수 없는 것이 연결된 것이기 때문에 무조건 오류다. 반면에 모든 연관성이 오류라고 단정하지 말고 우리는 연관성들 중에는 일부 오류들이 있는데 우리는 이것이 왜 잘못된 연결인지를 밝혀야만 한다. 그러니까 무연관성의 오류에서 영어 전치사 of는 사실상 동격(무연관성＝오류)이고 연관성의 오류에서 전치사 of는 among으로 해석되어야만 한다. 모든 연관성이 오류가 아니라 연관성들 중에는 사실상 오류인 것들이 있을 수 있는데 우리는 이런 것들이 어째서 오류인가를 밝히지 않으면 안 된다.

언어의 그릇된 사용은 언어를 사용하는 본인뿐만 아니라 타인을 기만하는 효과가 있다. 문제가 무겁다는 표현에서 사실 무겁다는 표현은 적절하지 않다. 물체가 무겁지 문제가 무거울 수는 없다. 하지만 우리는 문맥에서 '무겁다'를 '어렵다'로 대체하면 아무 어려움 없이 이 표현을 이해할 수가 있다. 물리적인 의미에서 무게가 있다는 표현인지 아니면 문제 풀기가 어렵다는 것인지를 결정하는 것은 오직 문맥적 정황을 통해서만 가능하게 된다. 애매함이란 다의적인 것들로서 우리는 이 중에 어느 것이 적합한 것인지를 결정할 수 없게 된다. 그렇기 때문에 애매함은 반드시 피해야만 하고 그런 한에서 우리는 이것을 오해 없이 분명하고 명확하게 말하지 않을 수 없는 것이다.

언어의 잘못된 사용으로 인한 오류와 언어 자체의 불투명성과 오류로 인해 야기되는 것에 대해서도 역시 우리는 경계하지 않으면 안 된다. 우리가 사용하는 일상 언어(ordinary language)에는 그 풍요로움의 이면에 정확하지 못한 표현으로 인해 야기되는 혼란스러움이 함께 자리 잡고 있다. 논리가 일상 언어에 내재한 불투명성과 부정확성을 완전히 소독할 수는 없지만 우리는 언어사용의 정확성을 통해 부정확함으로부터 해방될 필요는 있다. 유형을 달리하는 것을 서로 구별하기, 메타언어와 대상언어의 구별, 말하는 자의 수행적 태도를 말해진 명제적 내용과 구별하는 것은 언어표현의 혼란으로부터 야기된 위험에서 스스로를 구제하는 방식이기도 하다.

1. 애매성의 오류(fallacy of equivocation)

애매하다(ambiguous)는 영어 표현의 사전적 의미는 말 그대로 우리를 한편에서는 이리로 끌고 가기도 하고 또 다른 한편에서는 저리로 끌고 가기도 한다는 뜻이다. 어떤 말이 애매하다는 것은 이 말이 최소한 두 가지 이상의 의미를 지니고 있다는 것을 뜻한다. 이런 다의적 가능성들 때문에 우리는 이것들 중 어느 것이 타당한 것인지를 확정할 수가 없다. 그렇기 때문에 다의성은 우리를 혼란스럽게 만든다. 애매함은 경우에 따라 重意的 내지 兩價的으로 번역되기도 한다.

애매함은 단어, 구문론, 문맥에서 모두 발생할 수가 있다. 애매하다는 것은 최소한 둘 이상의 의미를 지니고 있기 때문에 우리는 어느 것이 정확한 언어사용인지를 결정할 수 없게 된다. 바로 이 비결정성이 애매한 표현을 사용해서는 안 되는 이유다. 이해를 돕기 위해 다음과 같은 중의미(amphibolous sentence)의 영어구문을 예로 들어보자.

He killed me with a gun.

분명히 이 구문은 두 가지 해석이 가능하다. 첫째는 "그가 총을 갖고서 나를 죽였다."는 해석이다. 또 다른 해석은 "그가 총을 갖고 있는 나를 죽였다."는 것이다. 이처럼 이 영어문장은 with라는 전치사가 어디에 귀속되는가에 따라 분명히 그 해석이 두 가지로 될 수 있다. 하지만 우리는 이 구문의 해석에 있어서 그 자체로만 놓고 보았을 때 어느 해석이 옳은 것인지를 결정할 수가 없다. 이것을 결정하기 위해서는 보다 자세한 문맥적 정황이 요구된다. 위에 예를 든 것은 분명히 문장 구문론의 애매성 오류에 해당한다. 애매한 문장(amphibolous sentence)은 그 문장의 의미가 최소한 두 가지 이상의 의미를 지니는 문장을 말한다.

The fire was extinguished before much damage was done by the local fire department.
(1) 불은 많은 손실이 생기기 전에 지역소방서에 의해 진화되었다.
(2) 많은 손실이 지역소방서에 의해 이루어지기 전에 불이 꺼졌다.

영어뿐만 아니라 한국어 문장에서도 다음과 같은 문장은 분명히 애매성의 오류에 해당한다.

남자는 여자보다 권력을 더 선호한다.

이 문장은 '남자가 여자보다 권력을 더 좋아한다'로 해석될 수도 있고 경우에 따라서는 '여자가 권력을 좋아하는 것보다 남자가 권력을 더 좋아한다'라고 해석될 수도 있다. 이런 문장은 이중의 의미로 해석될 수 있기 때문에 우리는 정확한 의미를 파악하기 위해 보다 상세한 다른 문맥의 도움을 받지 않으면 안 된다.

사냥꾼은 총 쏘기가 무섭다고 말했다.

여기서도 이것은 두 가지 방향에서 해석이 가능하다. 하나는 사냥꾼이 무서워서 총을 쏘지 못하는 해석과 다른 하나는 사냥꾼이 쏘고자 하는 대상을 두려워해서 총을 쏠 수 없는 것인 경우이다. 하지만 이 단순 문장으로부터 어느 해석이 더 적합하고 옳은 것인지를 우리는 결정할 수가 없다. 애매성의 오류는 두 가지 가능한 해석 가운데 어느 하나를 확정할 수 없을 때 발생한다. 다음과 같은 예문들은 두 가지 가능성이 아니라 여러 가지 해석들이 가능한데 그중에 어느 것을 확정적으로 말하는 것이 불가능한 경우를 말한다.

자네 여자한테 가는가? 그러면 회초리를 가지고 가게나!

우리는 이 구문의 해석에 있어서 상당히 당황하지 않을 수가 없다. 왜냐하면 그것은 구체적으로 여인이 누구인지가 밝혀지지 않았

기 때문이다. 여인이 진리를 뜻하는 것인지 아니면 니체의 연인을
말하는지 아니면 변덕이 심한 여자의 일반적인 상태를 말하는지가
여기서는 결정되지 않고 있다. 또한 그 여인에게 회초리를 갖고 갈
때 그 회초리가 무엇을 뜻하는가가 밝혀지지 않았거나 아니면 그
해석에 있어서 다양성이 지배하기 때문이다. 진리는 파악하기 어려
우니까 그만큼 긴장과 각성이 필요하다는 의미에서의 회초리를 말
하는지 아니면 물리적으로 때리기 위한 도구로서 회초리를 말하는
지 그것도 아니면 변하기 쉬운 여자의 일반 마음을 잡기 위한 효과
적인 통제로서 회초리를 말하는지가 결정되지 않은 채 남아 있다.
우리는 그 다양한 해석에 있어서 무엇이 적합한 것인지를 확정할
수 없는 애매성에 처하게 된다. 애매성의 오류는 다양하기 때문에
그 다양성들 중에서 어느 하나를 확정하기 어렵기 때문에 발생하게
된다.
  "이 문제가 무겁다."고 주장하면 우리는 이것을 두 가지 의미로
해석할 수 있다. 첫째는 말 그대로 이 문제가 물체가 무겁듯이 그렇
게 무겁다는 것이다. 둘째는 이 문제는 풀기가 무척 어렵다는 것이
다. 애매함은 항상 그 해석에 있어서 이럴 수도 있고 저럴 수도 있
다는 양가성을 통해 특징지어진다.

자네 사고가 심각하네!
나는 밤을 좋아한다.
나는 차를 좋아한다.
단체 여행 관광객들은 성을 좋아한다.
김구 선생님은 큰사람이다.
은행을 털어서 가난한 사람들 도왔다.

분명 위에서 예를 든 이런 사례들은 모두 애매한 표현들이다. 논리적 사고에서 애매성은 비결정성과 불투명성 그리고 다의성 때문에 허용되지 않는다. 애매성을 제거하는 것은 오해 없이 뜻을 명확하게 확정할 때만 가능하다.

2. 모호함(fallacy of vagueness)의 오류

모호하다(vagueness)는 것은 기준(criteria)이 명확하지 않은 데서 발생한다. 학교에서 두발단속을 할 때 선생이 다음과 같이 명령했다고 가정하자. 내일부터 머리가 긴 학생은 처벌받을 것이다. 여기서 우리는 머리가 길다는 것에 대한 명백한 기준이 제시되지 않았기에 길다는 것의 정확한 규정 지침을 확정할 수가 없다. 자칫 잘못하면 여기서 우리는 이 '길다'라는 규정조항을 고무줄과 같이 자의적으로 적용하는 혼동을 피할 수가 없다. 만약에 명백한 규정이 5cm라고 확정하면 우리는 이것을 기준으로 학생들의 두발을 측정할 수 있다. 명확한 규정을 제시하지 않은 채 머리가 긴 학생은 처벌대상이 된다고 선언하면 우리는 그 기준의 명백한 부재로 인해 이현령비현령식의 적용을 할 위험이 있다.

우리 반에 부유한 학생들이 많이 있다. 하지만 우리는 어느 정도의 소득(연봉으로 계산, 소유한 부동산의 정도, 장차 발생할 소득수준 등등)에 대한 명백하고 정확한 정의가 없기 때문에 부유하다는 것을 정확하게 규정할 수가 없다. 부유한 학생들과 부유하지 않은 학생들을 분류할 때 정확한 분류의 기준을 명백하게 설정할 수 없기 때문에 이런 기준은 모호하다는 비판을 받게 된다. 이런 모호함이라는 비판을 피하려면 우리는 정확한 기준을 제시해야만 한다. 오직 그런 한에서만 모호성의 오류로부터 벗어나는 것이 가능하게 된다.

예술은 상연될 것이지만 외설은 상연이 금지될 것이다. 하지만 우리는 예술과 외설의 명확한 경계에 대해 그렇게 분명한 기준을 제시할 수 없다면 이 구분은 지나치게 자의적이라는 비판을 피할 수가 없게 된다. 플라톤이 시인을 공화국에서 추방하기로 결정한 이후부터 예술의 비진리성은 계속해서 논란의 대상이 되어 왔다. 예술의 기준에 대한 정확한 의미 확정은 오늘날에도 여전히 논란의 대상이 되기 때문에 우리는 이것에 대해 명백한 기준을 제시할 필요가 있다. 예술이 어떤 의미에서 진리기준을 충족하고 있는지 아니면 못 하고 있는지에 대해 명백한 경계를 설정해야만 한다. 이런 객관적 규정을 하지 않은 채 단순히 예술이 외설에 가깝다고 처벌하면 우리는 기준의 부재 자체를 문제 삼지 않을 수 없다. 기준의 부재는 다의적인 규정을 가능하게 하기 때문에 사람들은 각자 자기 잣대를 들이대려고 할 것이다. 이런 이현령비현령식의 자의적 무질서를 피하려면 명백한 기준 규정이 제시되어야 한다.

포르노는 상연이 허용될 수 없지만 에로틱한 표현물들은 공연이 가능하다. 정확히 말해서 포르노와 에로틱의 기준이 제시되어야만

하는데 우리는 이 기준을 어떻게 마련할 수 있을까?

미풍양속에 위배되는 행동은 허용될 수 없다. 도대체 미풍양속에 대한 기준이 무엇인가?

불륜은 안 되지만 로맨스는 된다. 불륜과 로맨스의 정확한 차이는 무엇이고 이 둘을 구별하는 근거는 무엇인가? 남자가 바람피우면 로맨스고 여자가 바람피우면 불륜이다. 이것 역시 불륜의 기준을 일방적으로 남성 위주로 설정한 것이지 불륜에 대한 정확한 기준을 제시하고 있지 않다.

3. 합성의 오류(the fallacy of composition)

개별적인 것들을 아무리 합산해도 그 결과가 전체와 같다는 보장은 없다. 개별적인 것들이 어떤 속성을 지닌다고 해서 전체가 개별자들과 같이 그런 속성을 지닌다고 추론하는 것은 금물이다. 개별적인 선수들이 아무리 탁월하다고 할지라도 그 선수들로 구성된 전체가 탁월하다고 추론할 수는 없다. 분자생물학의 경우 우리는 부분들에 타당한 것이 반드시 전체에 타당하다고 할 수 없다는 것이다. 우리는 개별적인 것이나 부분들에 타당한 것과 전체에 타당한 것을 분리할 수 있어야만 한다. 이런 구별을 하지 않은 채 마치 개별이나 특수한 것들에 타당한 것이 전체에도 그대로 적용할 수가 있다고 추론하면 결합의 오류를 범하게 된다.

레알 마드리드의 모든 선수 하나하나는 세계적인 수준의 정상급 선수들로 구성되어 있다. 우리는 한때 레알 마드리드 축구팀을 지구 방위군이라 부를 만큼 그 호화 멤버에 압도당했다. 호나우두, 지네딘 지단, 베컴, 카를로스, 라울 등은 세계 톱클래스의 선수들임에는 틀림이 없다. 하지만 그런 우수한 선수들로 구성된 팀이 당연히 최강일 것이라고 추론하는 것은 오류다. 팀 전술, 선수들 간의 유기적 조화, 정신력, 전체를 위해 요구되는 개인의 불가피한 희생, 팀워크 등등이 복합적으로 작용하기 때문에 개별선수들의 탁월함이 필연적으로 팀 전체의 탁월함과 직결되는 것은 아니다. 개별 선수들의 탁월함은 팀이 우승할 수 있는 좋은 조건들로 되지만 그렇다고 해서 팀 전체가 반드시 이긴다는 어떤 필연성을 보장하지 못한다.

개인의 기량에 적용되는 것과 개인들의 전체적 구성에 요구되는 전술은 다를 수 있다. 개인에게는 자신의 기량이 중요하지만 팀은 전체를 위해 요구되는 유기적 전술전략이 필요하다. 개인에게 요구되는 것과 팀 전체에 요구되는 것이 다르기 때문에 우리는 개인들의 결합으로부터 전체의 결합이 필연적일 것이라고 추론할 수가 없다. 우수한 선수들로 구성되었다는 것은 우승하기에 필요한 조건을 갖추었다는 것을 말하지 그것이 충분하다고 주장할 수는 없다. 할리우드는 좋은 배우들이 많지만 그렇다고 할리우드의 영화가 항상 성공하는 것은 아니다. FC 서울팀은 상당히 우수한 개인들로 구성되어 있음에도 불구하고 K리그에서 항상 우승하는 것은 아니다. FC 서울팀이 아무리 많은 국가대표선수들로 구성되어 있다고 할지라도 K리그에서 팀 전체의 성적이 우승할 것이라고 단정 지을 수는 없다. 부분들로부터 전체에로의 추론은 항상 성립하는 것이 아니다.

4. 분해의 오류(the fallacy of division)

분해의 오류는 결합의 오류와 정반대인 경우를 말한다. 전체가 그렇다고 해서 전체를 구성하는 개체가 그렇다고 추론한다면 이것은 분해의 오류에 빠진다. 부분들의 합이 전체의 합과 같은 것이 아니듯이 전체에 적용되는 것이 부분에도 동일하게 적용된다고 가정하면 이것은 오류다.

스웨덴은 외채가 없으며 경제구조가 매우 탄탄하다. 그러므로 스웨덴 사람들 하나하나는 빚도 없고 부자이며 잘산다고 추론하면 이것은 분명 분해의 오류에 걸려든다. 국가가 잘산다고 해서 국가를 구성하는 모든 개인들이 잘산다고 추론할 수는 없다. 스웨덴은 국가가 복지정책의 극대화를 추진하기 위해 개인들에게 많은 조세부담을 전가시키고 있다. 그렇기 때문에 국가의 부와 개인의 부가 실질적으로 일치하지 않을 수도 있다. 전체로부터 부분을 당연한 것으로 추론하는 것은 분해의 오류에 빠지게 된다. 따라서 이런 추론은 금지되지 않을 수 없다.

북한이 호전적이라고 해서 북한을 구성하는 모든 개인들 하나하나가 호전적이라고 추론할 수는 없다. 노동조합이 비리를 저질렀다고 해서 노조 개개인들이 비리를 저질렀다고 추론할 수는 없다. 독일이 제2차 세계대전 때 광기를 저질렀다고 해서 모든 독일인들 하나하나가 광기의 집행자라고 추론할 수는 없다. 스티븐 스필버그의 영화 "쉰들러 리스트"는 이 점을 매우 분명하게 드러내 주고 있다. 전체에 해당하는 것과 부분에 통용되는 것이 항상 일치하지 않기 때문에 우리는 전체로부터 부분에로의 추론을 당연하거나 정당한 것으로 여겨서는 안 된다.

5. 복합질문의 오류(the fallacy of complex question)

질문하는 자는 질문 자체를 복합적으로 제시함으로써 상대방으로 하여금 이 질문을 거부해도 그리고 인정해도 대답하는 자는 결국 질문자의 질문을 인정하는 꼴이 된다. 질문하는 자가 자기의 요구를 대답하는 자로 하여금 인정하게끔 그렇게 질문을 제시할 때 발생하는 오류가 바로 복합질문의 오류다. 먼저 해결해야 할 사인이 있음에도 불구하고 이것을 먼저 해결하지 않은 채 질문을 제시하기 때문에 대답하는 자는 질문하는 자의 질문을 인정해 버리게 된다.

질문을 던지는 자는 상대방이 받아들이지도 않을 전제를 미리 설정함으로써 상대방이 제기된 질문에 대해 긍정을 하든 부정을 하든 이미 질문하는 자가 던진 의도를 인정해 버리게 된다. 질문을 하는 자는 질문 속에 숨겨진 어떤 결론이 참이라는 것을 전제로 해서 질문을 제기한다. 대답하는 자는 이 질문의 숨겨진 의도를 잘 알지 못할 경우 그가 부정적으로 대답하든 긍정적으로 대답하든 그는 질문자의 숨겨진 의도를 인정해 버리는 결과에 다다른다.

자네 아직도 마약을 하는가?
<u>아니요.</u> 그렇다면 <u>이전에는</u> 마약을 한 것이 사실이 아닌가?
예. 합니다. 그렇다면 이전에도 했었다는 것이 사실이구먼.

부정을 하든지 긍정을 하든지 간에 관계없이 대답하는 자는 이미 이전에 마약을 한 것을 스스로 인정한 꼴이 되었다. 그런데 만약 이런 것들이 본인에게 전혀 해당되지 않을 때(이전에도 그렇고 지금도 마약을 전혀 한 사실이 없다면)는 질문 자체를 송두리째 부정하지 않으면 안 된다. 즉 당신이 제기한 질문 자체가 나에게는 전혀 해당되지 않는다고 말하지 않으면 안 된다. 즉 원인무효를 분명히 선포해야 한다.

당신은 아직도 옛 연인을 그리워하고 있잖아!

남편이 아니라고 대답하면 지금은 아닐지 모르지만 예전에는 그리워한 것이 사실이라는 것을 스스로 인정해 버린 셈이다. "그래, 그리워한다."라고 대답하면 지금도 그렇지만 이전에도 항상 그리워했다는 것을 인정한 셈이다. 흔히 부부들 간의 부부싸움에서 벌어지는 이런 논증들은 유도심문의 성격을 지닌다. 여하튼 부인의 의도가 본인에게 전혀 해당이 없다면 질문을 긍정적이거나 부정적으로 대답하기 이전에 이 질문 자체가 본인에게 해당되지 않는다고 원인무효를 선포하면 된다.

질문을 제기하는 자는 대답하는 자로 하여금 긍정을 하거나 부정을 하거나 관계없이 자기 질문 내용의 일부를 받아들이게끔 그렇게 복합적으로 질문을 구성했다. 그런데 만약 이런 유도심문이 본인에게 전혀 해당이 되지 않는다고 한다면 질문 자체의 일부를 부정할 것이 아니라 질문 자체를 원천적으로 부정해야만 한다.

한 가지 조심할 것은 복합질문의 오류와 유도심문은 같은 것이 될 수 없다는 것이다. 유도심문은 질문 속에 어느 정도 해답이 암시되어 있다. 당신은 살해 현장에서 증거를 인멸하기 위해 장갑을 버린 것 아닌가? 유도심문은 질문이 복합적이지 않고 단지 원하는 대답을 얻기 위해 질문을 제시했을 뿐이다. 이 경우 이런 질문은 어떤 경우에도 논리적 오류를 포함하고 있다고 보기 어렵다.

> 너 어저께 금은방을 털고 나서 잡힐까 봐 두려워 잠을 못 이룬 것 아니야?
> 당신 회사는 부당광고를 통해 영업이익을 많이 냈지요?
> 당신 회사는 여전히 배아복제를 하고 있는 중이지요?
> 너네 집 아들은 예전처럼 그렇게 버릇없이 행동하는가?
> 이번에도 헌법재판소는 또 국민들이 납득할 수 없는 엉터리 판결을 했습니까?
> 국회는 도대체 언제 책임 있는 행동을 할 것인가?
> 너는 요사이도 그렇게 철이 없는 행동을 하는가?
> 당신은 당신 부인을 때리는 짓은 더 이상 하지 않겠지?
> 자네 아직도 부부싸움을 하는가?
> 당신은 요사이도 계속해서 동영상을 몰래 보고 있잖아?

6. 거짓 딜레마의 오류(the fallacy of a false dilemma)

딜레마(dilemma)는 대개 이러지도 저러지도 못하는 매우 곤란하거나 난처한 상태에 빠져드는 것을 말한다. 나팔관이 막힌 상태에서 임신을 하게 되면 우리는 다음과 같은 딜레마에 빠지게 된다. 아이를 살리기 위해 나팔관을 제거하면 산모가 죽고 산모를 살리기 위해 나팔관을 제거하지 않으면 아이가 죽게 된다. 이것은 분명히 도덕적인 딜레마 상황이다.

하지만 거짓 딜레마의 오류는 이것과는 조금 의미가 다르다. 대개는 우리가 다양한 선택 사항들을 지니고 있는데 이런 다양성을 인정하지 않은 채 선택의 범위를 마치 두 가지 가능성들로 제한한 상태에서 우리에게 이 둘 중에서 어느 하나를 선택하라고 강요할 때 발생하는 오류가 바로 거짓 딜레마의 오류다. 다양한 선택 사항들(최소한 두 개 이상)을 인정하지 않은 채 아니면 고려하지 않은 상태에서 양자택일적으로 선택의 폭을 좁혀 놓고서 이것들 중에서 어느 하나를 선택하라고 강요할 때 우리는 거짓 딜레마의 오류에 빠져들게 된다.

> 결혼을 하라. 그렇지 않으면 독신으로 지내라.

우리는 혼인, 계약결혼, 동거, 조건부적 탐색결혼, 독신 등 다양한 방식으로 살아간다. 그리고 결혼의 종류나 선택 폭도 많이 있을 수 있다. 그런데 이런 다양성을 인정하지 않은 채 아니면 고려하지 않은 채 결혼을 하기 싫거든 독신으로 지내라고 강요하면 이런 결정에 대해 이의를 제기할 수 있을 것이다. 왜 결혼 아니면 독신 둘 중의 하나만 해야 되는가? 이것 이외에도 계약 결혼이나 동거 아니면 조건만남 등도 있는데 말이다. 우리가 선택할 수 있는 선택사항들의 범위가 많은데도 불구하고 이 다양성을 인정하지 않은 채 양자택일적으로 선택을 강요하면 이것은 분명히 거짓 딜레마의 오류에 걸려든다.

> A 후보자를 찍어라. 그렇지 않으면 이 조국은 망할 것이다.

왜 A 후보자 아닌 다른 후보자를 찍으면 안 되는가? 우리는 분명히 다른 가능한 대안적인 후보자들이 많이 있는데 그들의 다양한 존재를 인정하지 않은 상태에서 A 후보자와 그를 찍지 않을 경우 국가를 망하게 하는 양자택일적인 거짓 선택에 직면하는 것을 보았다. 하지만 이것은 선택을 강요한다는 점에서 그릇된 것이다. 대안들이 충분히 많이 있는데 그 가능한 대안들을 인정하지 않은 상태에서 양자택일을 강요한다면 이 강요는 분명히 폭력이다. 유권자들은 자신들의 판단 기준에 따라서 다양한 후보자를 찍을 자유가 있다. 그들은 다양성을 비교 검토하면서 그들이 원하는 후보자를 선택할 자유가 있지 그 자유를 강제당할 속박에 노출된 것이 아니다.

레지스탕스에 가담하든지 아니면 홀어머니를 모셔라.
공자가 죽어야 나라가 산다.

7. 거짓 원인의 오류(the fallacy of false cause)

원인과 결과는 실제로 발생한 사건들의 결합방식을 뜻한다. 우리는 선행사건과 후행사건을 연결할 때 원인 때문에 결과가 발생했다는 방식으로 이 두 사건을 결합할 수 있다. 이것이 진정한 의미에서 인과율의 진정한 의미다. 선행사건(event1 time point1)과 후행사건(event2 time point2)은 연결되어야 하는데 이 연결은 선행사건이 발생하면 후행사건은 발생하게 되어 있다는 방식으로 결합되어야 한다. 여기서 선행과 후행은 시간상 앞질러서 발생했다는 의미보다는 선행하는 것이 원인이 되어서 후행하는 것이 발생할 수밖에 없다는 방식으로 연결되는 것을 말한다. 원인은 결과에 대해서 영향력을 행사하는데 이 영향력은 결과를 산출하는 데서 확인된다. 이것이 진정한 의미에서 인과율의 의미다. 열대성 저기압이 형성되면 후행하는 사건으로서 태풍이 발생한다. 우리는 열대성 저기압이 태풍을 야기한 원인으로 이해한다. 열대성 저기압이 형성되면 그 다음에는 거의 자동으로 태풍이 수반되는 규칙성을 경험하지 않을 수 없다. 열대성 저기압과 태풍은 원인과 결과로 설명된다. 즉 열대성 저기압 때문에 태풍이 발생하게 되었다고 말이다.

이에 반해 거짓 원인이란 어떤 사건이 단순히 시간상 앞에 발생했다는 것을 이유로 이것이 뒤에 발생한 것의 원인으로 여길 때 발생하는 오류다. 인과율은 시간상의 선후관계가 아니라 선후관계가 원인과 결과에 의해 결정되는 것을 말한다. 우리는 어떤 것이 다른 어떤 것의 원인이라고 말할 때 이 원인을 시간상 먼저 발생했다는 뜻으로가 아니라(사실은 이것도 포함하지만) 어떤 결과를 가능하게 하거나 발생시킬 수 있는 영향력으로서 사용하는 것이다. 인과율은 영향력 관계를 근거 중심으로 설명하는 것이다. 따라서 단순히 어떤 것이 어떤 다른 것에 앞서서 발생했다는 것을 단순히 어떤 것의 원인과 같은 것으로 여길 수는 없다. 거짓원인이란 원인이 아닌 것을 마치 원인인 것(non causa pro causa)처럼 간주할 때 발생하는 오류를 말한다. 사건의 발생계열에서 어떤 것이 다른 것에 비해 더 일찍 발생했다는 이유 하나만으로 이것을 후행사건의 원인으로 간주하는 것은 잘못이다.

인과율의 경우 선행사건과 후행사건 사이에는 놀라운 규칙성이 관측된다. 돼지꿈을 꾸었고 그 다음에 공교롭게도 복권이 당첨될 수도 있다. 하지만 이 두 사건들이 시간상 선후관계는 있을지 몰라도 사건들의 규칙성은 없다. 모든 물질들은 중력의 영향을 받기에 물체는 필연적으로 지구방향으로 떨어지지 않을 수 없다. 물체를 위로 던지면 그 결과 물체는 항상 아래로 떨어지게 되어 있다. 이 두 사건들은 인과율의 적용을 받기 때문에 두 사건들은 규칙성을 통해 설명될 수 있다. 하지만 돼지꿈을 꾼 것과 복권이 당첨된 것 사이에는 어떤 인과율도 작용하지 않는다. 다만 이 두 사건들은 시간을 전후로 해서 발생했을 뿐이다. 우리는 그렇기 때문에 돼지꿈을 꾼 것을 복권당첨의 원인으로 간주해서는 안 된다. 라틴어 post hoc ergo propter hoc(이것 뒤에 그러므로 이것 때문에)라는 것이 바로 원인과 결과를 사건의 선후관계로 여기는 데서 발생하는 오류를 뜻한다. 돼지꿈을 꾸었다는 것이 먼저 발생한 사건일 수는 있어도 이것이 복권당첨의 원인으로 설명할 근거는 전혀 없다. 이런 설명은 억지 춘향이 설명에 지나지 않는다. 인과율은 두 사건의 결합력을 그 영향력의 결정관계에서 설명하는 것을 말하지 시간상의 선후관계를 설명하는 데 기초하지 않는다. 거짓 원인의 오류란 원인이 아닌 것을 원인으로 여기는 데서 발생하는 오류다.

인과율에는 원인과 결과 사이에 항상 규칙성(regularity, the uniform of nature)이 지배한다. 원인과 결과는 시간의 선후관계로써가 아니라 작용과 결과로써 연결된다. 그렇기 때문에 이 연결은 자의적이지 않다. 참된 인과율에서는 사건들과 사건들을 연결하는 규칙성과 강제성이 있다. 하지만 거짓원인의 오류에서는 이 규칙성이 발견되는 것이 아니라 우연한 자의성이 발견될 뿐이다. 감기 기운이 있는 동식이가 독한 위스키를 마셨는데 그 때문에 감기가 말끔히 사라졌다고 추론하는 것은 분명히 거짓원인의 오류다. 위스키를 마신 것이 먼저이고 그 다음에 감기가 나았다는 것이 관찰되었다고 해서 위스키의 마심이 감기를 낫게 하는 원인이 되는 것은 아니다.

한자에도 烏飛梨落이 있는데 까마귀가 날았던 사실과 배가 떨어진 것은 분명히 시간상의 순서에 있어서 가능할지 몰라도 진정한 의미에서 인과관계로 보기 어렵다. 까마귀보다 무거운 매가 날았을 때도 배는 떨어지지 않는 경우가 너무 많다. 이 사건은 어쩌다 한 번 일어날 수 있는 일회적 사건은 될 수 있어도 규칙성이나 항상성이 있는 것은 전혀 아니다. 어떤 사건이 앞서서 발생한 것이 뒤에 일어나는 사건의 원인이라고 단정하는 것은 인과율을 시간적 선후관계로 잘못 이해한 것이다.

8. 논점 무지로부터의 오류(argumentum ad ignorantiam, argument from ignorance)

자연과학에서 패러다임이란 과학자 구성원들 전체가 지니고 있는 진리내용을 말한다. 그런데 이런 패러다임에는 소위 말해서 유통기한이 있다. 즉 현재 타당한 패러다임이 새로 제기된 현상들에 대해 더 이상 구속력이 없을 때 우리는 새로운 패러다임을 창조하도록 강제당한다. 고대와 중세에는 천동설이 타당했지만(그들이 그렇게 여겼을 뿐인데) 케플러와 코페르니쿠스에 의해 지동설이 타당하다는 것이 밝혀졌다. 옛 패러다임은 새 패러다임에 자리를 양보하지 않으면 안 되었다. 천동설로부터 지동설로 패러다임이 옮긴 것은 새 패러다임이 사태를 설명하는 데 더 적합하기 때문이다.

지구는 태양 둘레를 공전하지 않는다. 왜냐하면 지구가 태양 둘레를 공전한다는 것이 입증되지 않았기 때문이다. 그렇기 때문에 우리는 지구가 태양 둘레를 공전하지 않는다는 것을 참으로 받아들이지 않으면 안 된다. 하지만 고대나 중세 당시에는 지구가 태양 둘레를 공전한다는 경험적 사실들이 입증되지 않았지만 새로운 관찰에 의해 지구가 태양 둘레를 돈다는 것이 새로운 사실로 입증되었다. 그렇기 때문에 우리는 고대나 중세 당시 그 주장을 반박할 경험적 자료를 지니지 못했을 뿐이다. 하지만 새로운 관찰조건들 아래서 그 주장은 이제 허위로 판명되었다.

어떤 주장이 참 혹은 거짓으로 검증되지 않았다는 것은 우리가 그 주장을 반박하거나 검증할 능력이 현재로서는 힘들거나 없다는 것을 말한다. 하지만 이것이 불가능하다는 것을 말하는 것은 아니다. 다만 현재의 검증 능력으로서는 그것을 효과적으로 검증하는 데 어려움이 있다는 것을 말한다. 현재 의학이 에이즈를 완전히 정복하지 못하고 있다고 해서 우리는 에이즈 정복이 불가능하다고 단정해서는 안 된다. 1970년대 초반에 시험관 아이의 성공은 하나의 해프닝에 지나지 않았다. 하지만 그 결과는 성공된 것으로 판명되었다. 처음에는 부정적이거나 불가능하게 보였던 것이 사실상 시간이 지나면서 극복되었다. 체외 수정을 통한 시험관 아이의 탄생은 현실적인 것으로 판명되었다. 우리가 불가능하다고 여긴 것이 사실상 가능한 것으로 되었던 것이다. 이럴 때 우리는 논점무지의 오류를 저지르게 된다. 왜냐하면 우리는 그때까지 현재의 우리 인간 검증 능력으로는 주장을 적극적으로 검증할 수 없었다고 말해야 하는

데도 불구하고 그것이 불가능하다고 단정했기 때문이다.

어떤 주장이나 이론이 현재 참이라고 확증되지 않았다고 해서 우리가 그것을 거짓으로 단정하면 안 된다. 반대로 우리가 어떤 가설이나 학설을 거짓이라고 검증하지 못했다고 해서 그것이 참이라고 확정되어서도 안 된다. 이론이나 주장, 학설이나 가설을 검증하는 현재 우리 능력의 한계 때문에 우리는 아직 검증결과를 확정적으로 말하고 있지 못할 뿐이다. 따라서 우리가 참이라고 단정한 것이 거짓으로 판명될 수도 있고 우리가 거짓이라고 선포한 것이 얼마든지 참으로 드러날 수도 있다. 적어도 우리는 자연과학사에서 이런 반전을 경험하게 된다. 논점무지의 오류는 현재의 검증 능력의 한계 때문에 우리가 어떤 것을 궁극적으로 말할 수 없을 뿐 검증이 불가능한 것은 아니다. 우리는 사태가 반전될 가능성을 얼마든지 열어두어야 한다.

1990년대 초 광우병에 대한 명백한 위험이 아직은 밝혀지지 않고 있었다. 그런데 보건복지부 장관이 아직 광우병에 걸려 죽은 인간들이 없기에 우리는 광우병이 인간에게 전염되지 않는다고 단정한 적이 있었다. 하지만 이것은 그 반대가 타당하다는 것으로 밝혀졌다. 광우병에 걸린 소를 먹으면 우리 인간의 뇌가 스펀지화되는 현상에 감염되고 그 결과 죽을 수 있다는 것이 검증되었다. 광우병에 걸린 소를 먹었을 때 인간은 10년 내지 15년의 잠복 기간을 거쳐서 그 증세가 나타나기 때문에 그 이전에 적극적으로 검증하는 것이 힘들 수도 있다. 하지만 초창기에 아직 감염된 환자가 발견되지 않았다고 해서 우리가 안전하다고 말했다면 이것은 분명 논점 무지의 오류를 저지른 것이다. 왜냐하면 잠복기가 지나고 나서 증세가 명백하게 나타났기 때문에 우리는 인간감염이 곧 인간의 죽음에 이른 다는 경험사례를 확증할 수 있었기 때문이다.

참이 거짓으로 판명되고 거짓이 참으로 폭로될 수 있기에 우리는 우리의 주장을 절대화해서는 안 된다. 아직 반증이나 반대사례를 발견하지 못했다는 것은 현재의 검증 능력으로 그렇다는 것이지 앞으로 그렇다는 것은 아니다. 그렇기에 우리는 지금까지의 검증 능력에 비추어 볼 때 아직은 반례나 반증이 발견된 적이 없기에 이런 범위 안에서 우리 주장을 조심스럽게 주장할 수 있어야 한다. 자연과학에서의 주장들은 주장들을 검증할 수 있는 조건들이나 능력들이 아직 준비되어 있지 않을 때 잠정적인 의미에서 결론을 내려야 한다. 실험결과들은 잠정적인 조건들이 극복될 때 변전될 가능성이 있기에 우리는 잠정적인 의미에서 조심스럽게 결론을 내리지 않으면 안 된다.

9. 허수아비의 오류(the fallacy of the straw person)

사람들은 발바닥이 간지러운데 발바닥은 긁지 않고 신발을 긁는 경우가 종종 있다. 이럴 경우 우리는 핵심은 건드리지 못하면서 주변의 변죽만 울리고 있는 셈이다. 논쟁에 있어서 쟁점이 되고 있는 핵심사항을 외면한 채 아니면 핵심사항을 제외한 채 논의의 강조점을 전혀 다른 데로 돌리는 데서 이런 오류가 발생한다.

사람들은 때로 상대방과 싸우면서 상대방이 만들어 놓은 함정에 빠진 채 상대방을 효과 있게 반박하는 것이 아니라 상대방의 덫에 걸려 열심히 상대방을 옹호할 때가 있다. 돈키호테는 실제로 존재하는 상대방 기사를 향해 돌진한 것이 아니라 풍차를 기사로 착각한 상태에서 풍차를 향해 돌진했을 뿐이다. 그는 실제의 적이 아니라 가상의 적을 향해 돌진한 것이다. 벨 대상도 없는데 칼만 갈고 있으면 칼은 무엇을 베기도 전에 먼저 자기 날이 다 닳아 없어지게 된다. 상대방을 실제로 논파한 것이 아니라 상대방의 거짓 허상을 논파하면 이것은 자기만족이 될 수 있어도 진정한 해결이 될 수 없다. 조자룡 헌 칼 휘두르듯이 해서는 아무 효과도 없다. 허수아비 오류는 적이 없는데 적을 분쇄했다고 우겨대는 것과 같다.

대개 우리는 하나의 복잡하고 난해한 긴 논쟁을 다루면서 그 논증에 포함되어 있는 핵심요소들 중 일부를 논점에서 제외시킴으로써 상대방의 논증을 지나치게 단순한 방식으로 재구성하거나 축소시켜 버리는 경향이 있다. 복잡한 논증을 단순하게 재구성하거나 논점의 일부를 생략함으로써 상대방 논증을 자기에게 유리한 방식으로 비판하는 것이 이런 경우에 해당한다.

우리는 타인들의 주장을 의도적으로 혹은 우발적으로 곡해한다. 상대방의 어떤 주장을 일부러 곡해해서 그 주장을 반박하려고 할 때 우리는 허수아비 오류에 빠지게 된다. 그럼에도 불구하고 우리는 이런 주장이 상대방의 주장을 반박하고 있다고 잘못 알게 된다.

과거 유럽의 세계 식민지배는 마치 유럽인들이 자신들의 침략의도를 감춘 채 문명과 야만의 그릇된 이분법을 통해 침략을 근대화로 편입시켰다고 미화하는 것에서 확연히 드러난다. 남미나 북미 아시아 일부 국가들과 아프리카는 타인의 지배를 허락한 적도 없고 근대화를 요구한 적도 없다. 그들이 역사를 보는 관점은 유럽인들과 확연히 다르다. 그들은 타인들을 통한 강요된 근대화가 아니라 그들 나름대로 자율을 지닌 채 사는 것이 문제였다. 그런데 유럽인들은 그들의 침략을 숨긴 채 그 침략이 알고 보면 근대화로의 정당한 길이었다고 주장하는 것과 같다.

　우리 한국도 일본으로부터 근대화를 요구한 적이 없다. 그런데 일부의 일본 역사학자들은 침략을 통해 이루어진 한국 근대화의 몇몇 요인들을 지나치게 강조하면서 침략 자체를 정당화하고 있다. 이런 시각은 우리 한국인들의 역사적 시각과 갈등을 일으킬 수밖에 없다. 가상의 이미지나 허구를 상정함으로써 그것을 논파하지만 사실 이것은 논파가 아니라 사실이 아닌 것을 사실로 고정시키려는 것이다. 사실은 검증의 대상이 된다. 사실을 해석하는 데는 논점과 관점이 지배적이다. 관점을 통한 사실의 해석에는 언제나 논쟁이 자리 잡고 있다. 하지만 논쟁은 충분한 근거제시를 통해 진행되어야지 허상을 통해 유지되어서는 안 된다. 유럽인들과 일본인들의 식민지 지배 정당화는 그들의 이데올로기를 반영할지 모르지만 피식민지배를 경험한 국가들에서는 자율성의 침해과정으로 해석된다. 이것을 망각하고 그들이 계속해서 자기 침략의 정당성을 변호하면 그들은 자기 입장에서 상대방을 공격하는 허수아비 오류를 저지르고 있는 것이다. 피식민지배를 경험한 국가들은 근대화에 대한 요구보다 자율적으로 살기를 더 원했던 것이다. 식민주의자들의 세계 팽창정책과 피식민국가들의 자율성 요구는 분명히 혼동되어서는 안 된다. 피식민국가들의 자율성 요구가 식민국가들의 근대화 논리에 의해 왜곡되어서는 안 된다. 만약에 그렇게 한다면 그들은 일그러진 거울에 비친 자신들의 왜곡된 이미지를 타인에게 투사하는 오류를 저지르게 된다.

10. 성급한 일반화의 오류(the fallacy of hasty generalization)

성급한 일반화의 오류는 귀납에서 발생하는 오류다. 귀납은 개연성에 관한 것으로서 어떤 경우에도 전칭이라는 표현을 사용할 수가 없다. 귀납은 필연성이 배제된 것을 말한다. 반대로 연역은 예외가 배제된 것을 말한다. 필연이 배제된 귀납은 실패한 연역으로 규정되지 않으면 안 된다. 귀납에서의 일반화는 정도에 관한 것으로서 우리는 이것을 예외 없는 법칙으로 이해하면 절대 안 된다. 우리는 귀납에서의 일반화를 파악할 때 일반화에 해당하는 것들과 일반화에 해당되지 않는 것들로 구별할 수 있어야만 한다. 성급한 일반화는 해당되지 않는 것을 마치 해당하는 것처럼 취급하기 때문에 발생한다.

귀납은 증거 불충분을 통해 일반화로 비약하는 것을 금지시킨다. 증거 불충분성은 일반화를 하는 데 적합하지 않다. 증거가 충분히 확보되었다고 하더라도 증거가 한쪽으로 쏠린 자료들이라면 이것 역시 일반화에 도움이 되지 않는다. 왜냐하면 이런 증거들이 대개는 전체를 대표하지 못하기 때문이다. 증거불충분과 편향의 오류를 벗어났다고 하더라도 우리는 거짓 일반화를 범해서는 안 된다. 거짓 일반화는 해당되지 않은 것을 마치 해당하는 것처럼 취급하는 점에서 이미 오류를 저지르고 있다. 귀납은 사례를 축적해서 일반화를 시도하는 것이다. 귀납에서의 일반화는 전칭에 관한 것이 아

니라 정도의 축적에 관한 것이다. 따라서 우리는 귀납에서의 일반
화를 통계적 확률로 표현하지 않으면 안 된다. 한국인들 중 98% 정
도는 김치를 먹는다는 경향이 있다고 말해야지 모든 한국인들은 다
김치를 먹는다고 말해서는 안 된다. 확률에 있어서 개연이란 정도
에 관한 것에 불과하다. 우리는 귀납에서 절대로 전칭 표현을 사용
해서는 안 된다. 이것은 해당되지 않은 사례를 해당한다고 하는 오
류를 이미 저지르고 있다.

일반화의 정도가 아무리 높다고 하더라도 귀납은 모두를 대체할
수 없다. 필연이 배제되었다는 것은 예외가 필수적이라는 것을 말
한다. 이런 배경에서 귀납에서의 일반화는 분명히 예외를 허용하거
나 인정하는 일반화 등급에 관한 것이다. 지금까지 발견되거나 관
찰된 사례들이 아무리 많다고 하더라도 그것 때문에 앞으로 관찰될
사례들이 예외 없이 그래야만 한다는 경험적 강제는 없다. 귀납에
서의 일반화는 경험적 관찰과 발견의 문제에 속하지 논리적 추론의
강제가 아니다. 그렇기 때문에 우리는 지금까지의 관찰사례가 많다
는 것은 앞으로 관찰될 사례 역시 그럴 것이라고 확률적으로 추정
할 수 있을 뿐 확정적으로 그렇다고 결정할 수 없다. 왜냐하면 앞으
로 발견되거나 관찰될 사례는 지금까지의 관찰결과를 크게 빗나갈
수도 있기 때문이다. 이렇게 본다면 우리는 귀납적 일반화에 있어
서 해당되지 않은 것을 해당한다고 포함시키는 오류를 반드시 피하
지 않으면 안 된다. 여자들 중에는 분명히 수다스러운 여자들이 있
다. 하지만 그렇다고 해서 우리가 모든 여자들은 다 수다쟁이라고
추정할 수 없다.

모든 남자는 아담 안에 유혹의 본성이 있고 모든 여자는 이브 안에 타락의 본성이 있다.

　도대체 남자들 중에서 얼마나 많은 사람들이 여기에 해당하고 여기에 해당하지 않는지에 대해 우리는 알 수가 없다. 도대체 여자들 중 이런 규정에 해당하는 여자들과 해당하지 않는 여자들을 우리는 어떻게 확증할 수 있을까? 이런 주장들은 해당되는 사례들과 해당되지 않는 사례들을 명백하게 확정하고 있지 않은 채 너무 일반화해 버린 단순성의 위험이 있다.

11. 선결문제 요구의 오류(the fallacy of begging the question, petitio principii)

　문제 되고 있는 것(in problem)이나 의문의 대상이 되고 있는 것(in question)을 검증하지 않은 채 어떤 다른 것을 위한 논쟁근거로 사용할 수는 없다. 적어도 논의의 출발점이 되는 것은 어떤 경우에도 모든 의심으로부터 벗어나 있어야 한다(out of question). 여권도 없이 여행을 할 수는 없다. 해외여행을 하기 위해서는 여권이 가장 먼저 갖추어져 있어야 한다. 이것은 누가 보아도 의심할 수 없는 명백한 사실이다. 논증이 증명하고자 하는 바로 그 결론에 근거할 때 선결문제 요구의 오류가 발생한다. 증명의 출발점을 형성하는 것이 증명의 대상이 되어서는 안 된다.
　수학에서 공리는 출발점이 된다. 이것은 가장 확실한 자명성이기에 이것보다 더 확실하거나 타당한 원칙은 없다. 그렇기 때문에 우리는 공리를 출발점으로 해서 공리로부터 파생된 정리를 필연적인 것으로 증명할 수 있다. 마찬가지로 논리학에서 추론의 출발이 되는 전제는 이미 그 타당성 검증이 끝난 것이기에 다른 것을 위한 출발근거가 될 수 있다. 모든 결론은 이미 검증된 전제로부터 파생된 것이기에 전제로부터 결론에로의 추론은 필연적일 수밖에 없다. 공리나 전제가 검증의 요구에 걸려들지 않는 이유는 이것이 이미 그 타당성 검증을 마쳤기 때문이다. 증명의 출발점이 되는 것은 다른 것을 가능하게 하는 질서를 제공하지만 정작 그 자체는 검증의 요구로부터 면책되어 있다. 다른 것을 가능하게 하는 근거는 정작 자신은 근거요구로부터 독립되어 있다. 증명을 통한 필연성 밝힘, 전제를 통해 결론을 필연적으로 도출하는 것은 출발점이 근거의 계열에서 파생된 다른 모든 것을 가능하게 하기 때문에 성립한다. 바로 그렇기 때문에 출발의 전제가 되는 것은 증명이 불가능한 것이 아니라 증명의 요구로부터 면책되어 있다.

하지만 선결문제의 요구는 출발이 되는 전제가 검증이 끝난 상태가 아니라 검증이 아직 끝나지 않은 상태에서 이것을 다른 것을 위한 증명근거로 사용할 때 발생하는 오류를 말한다. 출발점이 되는 것 자체가 아직 검증이 끝나지 않았다면 이것은 다른 것을 위한 증명의 근거나 토대로 사용해서는 안 된다. 또 사용할 수가 없다. 출발점 자체가 아무 의심 없이 말끔히 증명되었을 때 한해서만 우리는 이것을 증명을 위한 토대로 사용할 수가 있다. 문제가 되고 있거나 의문투성이 자체를 증명의 출발로 삼을 때 우리는 선결문제 요구의 오류에 빠지게 된다. 증명의 전제로 사용하고 있는 전제가 사실은 증명의 대상이 되어야만 하기 때문에 우리는 이것을 증명의 전제로 여겨서는 절대 안 된다.

근거란 그것으로 인해 다른 어떤 것이 가능하게 되는 것을 말한다. 근거는 무엇을 지탱하는 것이기 때문에 그것이 가능하려면 근거 자체가 증명되어 있어야만 한다. 그래야지만 근거는 다른 것을 가능하게 하는 질서를 지탱하게 된다. 선결문제 요구는 바로 근거가 해명되지 않은 채 다른 어떤 것을 근거 지울 때 부딪히게 되는 곤란함을 말한다. 계약서에 해명도 하지 않았는데 돈을 먼저 완전 지불하라고 요구하면 이것은 분명히 부당하다. 계약은 공적인 구속력이 있을 때만 효력을 발휘한다. 계약이 공적인 효력을 유지하려면 계약의 내용 자체가 서로 간에 지켜져야만 한다는 것이 먼저 확인되어야 한다. 우리는 이것을 확인하지 않은 상태에서 돈을 먼저 지불하면 사기를 당할 위험이 있다. 근거의 계열에서는 먼저 출발점이 되는 제일 토대가 의심의 여지가 없는 확고한 토대를 확보하고 있어야 한다. 그래야지만 그것을 토대로 우리는 전진적으로 더 많은 질서를 진행시킬 수 있다. 해외여행을 간다고 아침부터 들떠 있는데 여권부터 다시 만들어야 한다고 여행사가 요구한다면 이 얼마나 황당한가?

말이 마차를 끌고 갈 수는 있어도 마차가 말을 끈다고 말해서는 안 된다. 전제와 결론은 비가역적이기에 이 순서를 절대로 뒤바꿀 수는 없다. 원인과 결과 역시 마찬가지다. 근거의 순서에 있어서 첫 출발은 항상 이미 정당화 검증 요구에서 면책되어 있어야 한다. 정당화 검증이 아직 끝나지 않은 상태에서 다른 것을 근거 짓는다는 것은 분명히 잘못된 것이다. 증명의 출발점이 또다시 증명의 대상이 되는 것 바로 이것이 선결문제 요구의 오류다.

12. 순환논증의 오류

순환논증이 연역적으로는 타당한 논증이지만 분명 훌륭한 논증이 아니다. 모든 연역 논증은 전제가 결론을 이미 다 자기 안에 포함하고 있는 것을 말한다. 결론은 전제로부터 필연적으로 파생되거나 도출될 수밖에 없다. 순환논증은 대개는 동어반복적인 대답으로 진행된다. 그렇기 때문에 이것은 대답이라고 보기보다는 전제에 있는 내용을 결론이 다시 한 번 반복적으로 내용을 확인한 것에 지나지 않는다. 결론은 근거제시로서가 아니라 전제의 내용을 다시 한 번 확인한 것에 지나지 않게 된다.

마약을 하면 졸린다. 왜 그런가?
마약에는 수면효과가 있기 때문이다.

사실 이것은 이미 마약이 수면효과가 있다는 것을 다시 한 번 반복한 것에 지나지 않는다. 우리는 마약이 어떤 화학 성분 때문에 수면효과가 있는지를 제시해야 하는데 그 원인은 제시하지 않은 채 수면효과만을 다시 한 번 제시했다는 것을 알게 된다. 결론이 전제들 안에 있는 내용을 다시 한 번 반복한 것이기 때문에 이 논증은 순환적이다. 즉 근거제시가 있는 것이 아니라 전제의 내용을 결론이 다시 한 번 반복하고 있을 따름이다. 마약에는 원래 수면효과가 있다. 그렇기 때문에 우리가 순환논증을 피하려면 마약이 어떤 화학성분에 의해 수면효과가 발생하는지를 이유로 제시해야 한다. 여기서는 이유 제시가 아니라 단지 같은 내용을 다시 한 번 반복한

것에 지나지 않았다. 따라서 이것은 논증을 통해 근거를 설명했다
기보다는 단지 같은 내용을 결론에서 다시 한 번 반복한 것에 지나
지 않았다.

꾸란의 내용은 모두가 옳다. 왜? 예언자 마호메트가 그렇게 말했
기 때문이다. 예언자 마호메트가 말한 것은 다 옳다. 왜? 꾸란에 그
런 내용이 있기 때문이다. 이런 논증은 명백히 순환적이다. 꾸란의
내용이 참되다는 것에 대한 근거는 예언자의 주장에 달려 있다. 반
대로 예언자의 주장이 옳다는 것은 바로 꾸란에 쓰여 있기 때문에
가능하다. 이것은 순환적으로 서로서로를 지지한다. 하지만 이것은
근거를 충족시켜 주었다기보다는 근거를 다른 것에 의존해서 순환
적으로 보증하고 있을 뿐이다. 즉 증명한 것은 아무것도 없고 근거
제시가 단지 순환에 의존해서 반복되어 설명되고 있을 뿐이다. 근
거를 제시한다는 것은 같은 내용을 반복하는 것이 아니라 왜 그런
가에 대한 근거제시를 해야만 비로소 충족된다.

순환논증이 길면 길수록 마치 결론이 전제를 증명이라도 한 듯한
인상을 준다. 하지만 우리는 근거를 제시한 것과 같은 내용을 다시
한 번 반복하는 것을 구별하지 않으면 안 된다. 순환논증은 근거를
제시하는 증명이 아니라 같은 내용을 다시 한 번 반복하는 동어반
복적 성격을 지닌다. 우리가 근거제시와 순환논증을 명백히 구별하
지 못할 때는 결론이 마치 타당한 근거를 제시하는 것 같은 인상을
주게 되어서 이것을 참된 근거로 받아들이는 오류에 빠질 수 있다.
증명이란 근거제시를 충분히 제시하는 것이지 결코 동일한 내용을
여러 번 반복하는 것이 아니다.

13. 무연관성의 오류(the fallacy of irrelevant conclusion, ignoratio elenchi)

논점 일탈은 말 그대로 쟁점이 되고 있는 사태의 객관적인 본질로부터 벗어났다는 것을 말한다. 중국 음식점에 가서 피자를 시키는 것은 분명히 잘못되었다. 로마를 여행하면서 자금성을 찾으면 그것은 실패할 수밖에 없다. 화폐개혁이 정당한 것인가 아니면 부당한 것인가를 토론하는 과정에서 화폐에 그려진 그림이 마음에 드는지 아니면 안 드는지를 논한다면 이것은 분명히 논점과 무관한 것일 수밖에 없다. 화폐개혁에 대한 논쟁의 객관성 검토는 화폐에 그려진 그림들의 주관적 취미하고 혼동되어서는 안 된다. 이런 점에서 논의에서 벌어지는 것과 무관하게 잘못된 방향에서 논의를 전개하는 것이 논점이탈의 오류다. 결론과 무관한 것을 전제로 설정한다든지 전제와 무관한 것을 결론으로 도출하는 것이 이런 논점일탈(ignoratio elenchi)의 경우에 해당한다.

결론을 지지하기 위해 제시된 논증이 해당결론을 지지하지 않고 전혀 다른 엉뚱한 결론을 지지할 때 이런 오류가 발생한다. 전제가 다른 결론을 절내로 지지할 수 없는데도 다른 결론을 지지하는 데 사용된다면 이것은 분명 논점 일탈을 저지른 것이다. 결론이 절대로 다른 원인에서 정당화될 수 없는데 다른 원인을 타당한 논거로 끌어들인다면 이것 역시 논점 일탈의 오류를 저지르는 것이다. 위 두 가지 경우는 모두 전제와 결론의 타당한 연결이 이루어지지 않은 점에서 오류다. 결론을 참된 원인이 아니라 그릇된 원인에서 정당화하는 경우는 논점을 이탈한 것이다. 또한 원인이 그것으로부터 파생될 수밖에 없는 참된 결론을 지지하는 것이 아니라 그것과 전혀 다른 결론을 지지하는 데 동원될 때는 필연적으로 부적합성의 오류(fallacy of irrelevance)가 발견된다. 이것은 명백히 논점을 일탈했고 그 결과 연결될 수 없는 것을 연결하는 오류를 저지르고 있다.

지금 한국 사회에는 사기꾼과 신종 전화 사기범들이 급증하고 있다. 그 결과 한국 사회는 아노미를 겪고 있다. 결론은 사형 제도를 부활시켜 범죄를 막아야 한다. 사기꾼과 신종 전화사기는 분명히 형법이 아닌 민사상의 문제에 속한다. 하지만 사형제도의 존립 여부는 공법에 속한다. 그렇기 때문에 민법상의 사적인 문제를 공법상의 공적 문제로 이끌어 가는 것은 적합한 추론이 될 수 없다. 즉 위의 경우는 결론을 잘못 이끌어 내고 있는 것이다. 법을 엄격하게 집행해서 사기꾼을 강하게 처벌하고 사이버 수사대를 증강하면 신종 전화 사기범들을 막을 수 있다. 하지만 사형제도의 존립과 정당성 여부는 이런 문제로 해결되는 것이 아니다.

모든 것을 창조하고 나서 신은 "내가 보기에 모든 것이 보기 좋았다."라고 말했다. 신은 자신이 창조한 것을 보면서 창조된 대상을 긍정했다. 그런데 신은 개고기는 예외라고 주장하지 않았다. 개나 개고기 역시 모든 피조물 안에 포함되어 있기에 우리는 개나 개고기도 긍정되었다고 주장할 수 있다. 개도 피조물이기 때문에 모든 피조물 안에 개도 필연적으로 포함된다. 따라서 개가 긍정되었다면 개고기를 먹는 것 역시 긍정된다. 개고기를 먹는 것하고 개고기를 먹는 행위가 야만적이라는 것하고는 아무 관련이 없다. 신에 의해 긍정된 개와 그 개를 먹는 행위가 정당하다는 논쟁을 제시하는데 어느 프랑스 여인이 대뜸 논쟁에 끼어들면서 "당신은 야만인이다."
라고 대드는 것이 바로 이런 경우에 해당한다. 개고기 식용 습관은
민족이나 사람 그리고 지역에 따라 다 다를 수 있다. 하지만 여기서
는 지금 개인들의 취향을 묻는 것이 아니라 모든 피조물은 피조이
유가 있기에 나름대로 정당하다는 것이다. 그렇기 때문에 개나 개
고기는 일정한 관점에서 혹은 누구에게는 가치가 있다는 것이 논의
의 핵심이다. 그런데 이런 논의의 핵심을 간과한 채 개고기 먹는 행
위를 야만으로 비난하는 것은 논점을 잘 이해하지 못한 데서 발생
한 오류에 해당한다.

우리 한국인이 고양이 고기를 먹는 프랑스인들을 야만인이라고
주장하지 않듯이 일부 프랑스인들도 개고기를 먹는 한국인들을 야
만인으로 매도할 권리가 없다. 개고기는 피조물이고 피조물은 그것
이 존재하는 한 어떤 관점에서 그리고 어느 누구에게는 필연적으로
욕구의 대상이 된다. 말고기가 일부의 독일인들에게 욕구의 대상이
되듯이 개고기는 일부의 한국인들에게 식욕의 대상이 된다. 존재하
는 것은 어떤 관점에서 그리고 어느 누구에게 반드시 욕구의 대상
이 된다. 개고기도 그럴 뿐이다. 따라서 개고기를 먹는 것하고 개고
기 먹는 것을 야만적인 행위로 매도하는 것은 전혀 별개의 문제가
된다. 신이 창조한 피조물은 그것이 있는 한 누구에게는 그리고 어
떤 특정한 관점에서는 욕구의 대상이 된다는 것이 이 주장의 핵심
이었다. 따라서 우리는 이것을 잘못 파악해서 개고기 먹는 문제를
좋고 나쁨의 취향문제로 변형시켜서는 안 된다.

개고기를 먹고 안 먹고의 문제는 개인들의 취향문제에 속한다.
개고기를 먹는 사람들마다 먹는 이유는 다 다를 수 있다. 하지만 개

고기를 먹는다는 행위 자체를 동물학대나 혹은 야만적인 행위로 추론하는 것은 전적으로 잘못된 추론이다. 개고기를 먹는 사람을 야만인으로 매도할 수 없듯이 개고기 먹는 사람이 개고기를 먹지 않는 사람들을 야만인으로 매도할 수 없는 것 역시 타당하다. 개고기를 먹는 것하고 야만인하고는 아무 논리적 관계가 없다. 따라서 개고기를 먹는 행위로부터 야만적인 행위라고 추론하는 것은 철저하게 관련이 없는 것을 억지로 관련시키는 오류에 빠지는 것과 같은 꼴이 된다. 개도 밥을 먹을 때 건드리면 화를 내듯이 개고기 먹는 사람한테 야만인이라고 주장하면 그것은 인격모독죄에 걸린다. 개고기를 먹는 사람들이 개고기 먹지 않는 사람들에게 개를 먹으라고 강요하지 않았는데 개고기를 먹지 않은 사람들이 개고기를 먹는 사람에게 야만인이라고 말할 자격은 없다. 만약에 그렇게 추론한다면 그것은 논점일탈의 오류를 저지르는 것과 같다. 개고기를 먹는 행위와 야만인 사이에는 아무런 인과관계가 성립할 수 없다. 연결이 안 되는 것을 억지로 연결시키는 행위는 분명히 부당한 추론이다.

14. 미끄러운 비탈길 및 유추의 오류

말 그대로 미끄러운 비탈길의 오류는 꼬리에 꼬리를 물면서 가속화되는 위험을 말한다. 처음에는 눈덩이가 아주 작았지만 이것이 비탈길을 내려가면서 걷잡을 수 없이 커지는 현상이 발생하게 된다. 소문은 가만두면 아무렇지도 않은데 자꾸 만지면 더 커지는 것과 같다.

유추란 어떤 현상에 타당하다고 해서 다른 경우에도 타당하다고 추론할 때 발생한다. 인간 간의 크기와 돼지 간의 크기는 거의 같다고 한다. 컴퓨터 칩은 같은 크기이면 서로 교환이 가능하다. 우리는 이것을 유추로 인간의 간과 돼지의 간이 교환 가능하다고 유추할 수 있다. 하지만 그렇다고 해서 성공하지는 못한다. 왜냐하면 컴퓨터 칩의 교환은 아무 문제가 없지만 인간의 간 이식은 면역거부반응을 보이기 때문에 성공할 수가 없다. 유추는 어느 때는 성공하지만 다른 경우에도 반드시 성공한다는 보장이 없다. 즉 유추는 항상 성공한다는 필연성이 없다. 유추는 발견에 도움을 줄 수 있어도 필연적으로 성공한다는 보증을 할 수가 없다.

어느 경우에 타당한 논리가 다른 경우에도 타당할 것이라고 추론하면 이것은 그릇된 유추에 해당한다. 유비란 같으면서 다른 것을 말한다. 이에 반해 그릇된 유추란 어느 경우에 타당하다고 해서 이것이 다른 경우도 타당하다고 추론할 때 발생하는 오류를 말한다. 같은 음식을 매일 먹으면 질릴 때가 있다. 이것은 사실이다. 이것을 유추해서 우리가 자기 부인이 싫증이 나니까 외도를 한다거나 외도를 정당화하려고 시도한다면 이것은 성립할 수가 없다.

독일과 일본은 한때 악의 축으로 잔인한 전쟁을 일으켰다. 독일은 현재 그 전쟁이 무조건 잘못되었다고 믿기에 그 전쟁에 대해 전적인 책임을 진다. 그렇다고 해서 우리는 일본도 독일과 같이 전쟁에 대해 무조건적인 책임을 지고 그것을 사과하라고 강제할 수는 없다. 독일과 일본은 광기를 생활화했다는 점에서 별로 차이가 없다. 하지만 이런 외적인 유사성에도 불구하고 일본이 독일이 그랬던 것처럼 역사적으로 반성을 할 것이라고 추론한다면 이것은 그릇된 추론에 속한다. 걸레는 빨아도 걸레다. 미션이 불가능한 민족도 있다. 어느 민족이 역사적 사실을 반성하고 재발방지를 위해 노력한다고 해서 다른 민족도 그럴 것이라고 유추한다면 이것은 오류일 수도 있다.

컴퓨터는 고장이 나면 그 원인을 찾아내서 기계를 원래의 상태로 회복하는 것이 가능하다. 컴퓨터의 경우 기능이 작동하지 않은 원인을 찾아내서 다시 기능하게끔 하는 것이 가능하다. 그것으로부터 우리가 인간의 병도 컴퓨터를 고치듯이 그렇게 부품을 교체해서 고칠 수 있다고 추론할 수는 없다. 컴퓨터의 부품은 교체가 가능하지만 인간의 유기적 구조는 교체가 불가능하다. 인간의 구조와 기계의 구조가 유사하다는 것으로부터 유추가 정당화될 수는 없다. 기계를 움직이는 것은 저항을 받지 않지만 인간을 움직이는 것은 필연적으로 저항을 받게 되어 있다. 기계는 재생산 가능, 대체 가능, 반복 가능, 교환 가능하지만 인간은 그런 것이 불가능하다. 기계의 부품고장이 부품교체를 통해 원래의 기능을 회복한다고 해서 인간 신체의 유기적 결합이 그렇게 될 수 있는 것은 아니다.

특히 법에서는 유추추론이 철저하게 금지된다. 동물을 죽이는 것은 범죄이거나 끔찍한 일이다. 그렇다고 해서 법에서 사형이 잔인한 것으로 폐지될 수는 없다. 사형은 잔인한 것이라기보다는 공권력이 자기의 질서를 회복하는 차원에서 취할 수 있는 행위를 말한다. 동물학대가 금지되었다는 것으로부터 사형이 부당한 것으로 금지되어야만 한다고 추론할 수는 없다. 동물을 죽이는 잔혹행위가 공적인 법질서의 표현인 사형과 똑같은 것으로 취급되어서는 안 된다. 사형은 공적인 질서가 질서를 철저하게 부정한 사람에게 취하는 공적인 처벌의 행위다. 따라서 사형이 잔인하다는 이유 하나만으로 사형 제도를 잔인한 것으로 추론해서는 안 된다. 사형제도의 정당성은 공권력이 자기를 회복하기 위해 불가피하게 내리는 일종의 자기방어를 말한다. 어느 경우에 타당하다는 것을 근거로 삼아서 다른 경우에도 마찬가지로 타당하다고 추론하면 이것은 그릇된 유추의 오류에 걸려든다. 이런 추리는 잘못된 것이기 때문에 당연히 비판되지 않으면 안 된다.

유추 및 경사의 오류는 다음과 같은 것을 말한다. 즉 그릇된 유추를 바탕으로 해서 경사의 오류를 가속화시키는 오류다. 뇌사판정을 받은 환자를 안락사해 주었다고 해서 우리는 의사에게 살인죄를 적용할 수 없다. 의사는 살인을 정당화한다고 유추해서는 안 된다. 의사는 지금 소극적인 의미에서 안락사를 수행한 것이지 살인을 한 것이 아니다. 또한 그릇된 유추를 통해 계속해서 비탈길의 오류를 적용해서는 안 된다. 예를 들면 안락사를 살인으로 잘못 유추하고 살인의 정당화가 우생학의 신봉으로 이어지고 우생학의 신봉이 인종의 재탄생으로 이어져서는 안 된다. 안락사와 살인 정당화는 사람을 죽인다는 공통성 이외에 다른 아무런 공통성도 없다. 하지만 이것이 다른 모든 면에서는 너무나 확연한 차이가 있다. 따라서 유추도 함부로 해서도 안 되지만 그릇된 유추에 기초해서 이것을 경사의 오류로 확장시켜서는 더더욱 안 된다.

15. 대인논증의 오류(argumentum ad hominem, argument against the person)

라틴어 번역인 ad hominem은 말 그대로 사람에게 향하고 있다는 것을 말한다. 논쟁에 있어서는 방향이 있는 논쟁만이 생명력이 있다. 방향이 있는 물음만이 논쟁의 생산성을 좌우한다. 논쟁은 사태에 대한 권리싸움이기 때문에 사태의 본질에 대한 근거 있는 설명을 충족해야만 한다. 하지만 논증의 방향이나 비판이 현안(question at issue)이 되고 있는 사태를 향하지 않고 논쟁하는 사람을 향하고 있을 때 대인논증의 오류가 발생한다. 논쟁의 객관타당성 검토가 아니라 논쟁 당사자를 향해 인신공격을 할 때 대인논증의 비생산성이 있다. 사태의 실상에 대한 정당한 권리싸움은 오직 논쟁의 설득을 통해서만 충족될 수 있지 논쟁하는 사람을 통해서 이루어지는 것이 절대 아니다. 쟁점이 되고 있는 논쟁의 객관성을 문제 삼지 않고 오직 논쟁하는 당사자만을 대상으로 공격할 때 대인논증의 오류가 발생한다.

춘추전국시대의 한비는 법가사상을 집약한 사람이다. 그런데 그는 말을 잘 못 했다고 한다. 우리는 한비가 주장한 법가사상의 문제점을 쟁점으로 삼아야지 말을 잘하지 못하는 그의 어눌한 입술을 문제 삼아서는 안 된다. 이것은 문제의 핵심을 빗나가는 것으로서 논쟁하는 자의 태도나 정황을 문제로 하기 때문이다.

논쟁한다는 것은 쟁점이 되고 있는 사항이나 합의를 보지 못하고 있는 문제에 대해 논쟁 당사자들이 서로 자신들의 정당한 권리주장을 제기할 때만 성립한다. 따라서 무엇에 대해 의견이 차이가 있고 무엇에 대한 차이 때문에 서로 다투지 않으면 안 되는가에 대한 주제적 파악이 중요해진다. 역설이지만 의견 차이가 당사자들로 하여금 논쟁을 하도록 요구한다. 논쟁 당사자들은 서로 상대방에 대해 정당화의 짐(the burden of justification)을 충족시키지 않으면 안 된다. 논쟁은 소송제기나 이의신청에 대해 정당화의 짐을 충족하는 방향에서 해결되어야만 한다. 하지만 대인논증은 쟁점이 되고 있는 사태가 아니라 논증을 하고 있는 상대방을 문제 삼음으로써 문제의 핵심을 벗어나고 있다. 문제의 핵심을 사태의 본질에서가 아니라 논쟁하는 당사자에게 초점을 맞출 때 대인논쟁의 비생산성이 발생하게 된다.

> 박종대 교수의 강의는 들을 값어치가 없다. 왜냐하면 그는 호모이고 학생들에게 교재 같지 않은 교재를 강요하는 장사꾼이기 때문이다.

교수에 대한 학생의 평가는 강의의 명석성을 중심으로 내려져야만 한다. 그런데 강의의 명석성이 아니라 박 교수의 개인적인 성향이나 성격을 기초로 강의를 들을 필요가 없다고 주장하면 이 주장은 정당한 비판이 될 수 없다. 그가 강의한 내용이 충분하지 못하다면 우리는 어디서 불충분성이 발생하는지를 진정으로 비판할 수 있어야 한다.

비판은 비난이 아니라 보충하고 완성하는 건설적 행위다. 하지만 비판에 대한 근거 제시는 없고 그의 사생활을 언급하면서 비난한다면 이것은 영락없이 대인논쟁의 오류를 저지르는 것이다. 학생이

교수를 평가할 수 있으려면 적어도 그 강의의 명석성에 대한 나름대로의 기준을 제시해야만 한다. 강의 내용 중 어떤 것이 불충분하고 어떤 것이 보충되어야만 하는가를 제시할 수 있어야 진정한 비판이 된다. 하지만 이런 강의의 불충분성을 지적하지 않은 채 강의하는 교수의 태도를 비난하고 있다면 이것은 명백히 오류다. 교수에 대한 학생의 평가는 평가를 내리는 학생의 정당한 근거제시를 통해 이루어져야지 그것과 무관하게 교수 개인의 사생활을 중심으로 이루어져서는 안 된다. 강의를 중심으로 평가가 내려지는 것이 아니라 사람을 중심으로 판단이 행해졌기 때문에 위의 추론은 분명히 대인논증의 오류에 빠져 버렸다. 논쟁의 객관성 요구와 논쟁하는 당사자의 태도를 혼동하지 않는 지혜가 필요하다.

경험적으로 관찰할 때 그리고 조급한 일반화의 오류를 피하는 한에서 말한다면 한국인들은 대인논증의 오류에 잘 걸려드는 편이다. 대통령에 대한 주권자들의 평가는 그가 권력을 잡는 과정에 있어서 합법적인가, 그가 정해진 법의 테두리 안에서 정당하게 위임된 권한을 행사했는가 하지 않았는가, 권력을 악용해서 법을 불구로 만드는 행위를 한 것인가 등등으로 인해서 대통령에 대한 정당한 평가가 내려져야만 한다. 그런데 우리는 그런 것들이 아니라 그의 사생활이나 여자관계를 중심으로 너무 많은 일화를 제시하는 경향이 있다.

사태의 핵심적인 본질을 논쟁의 대상으로 삼아야지 논증하는 당사자들의 사생활이나 관심을 논증의 전거로 사용해서는 안 된다. 인터넷상에서 댓글들 중 상당수는 논쟁 당사자들에 대한 인식공격이나 험담으로 가득하다. 이런 것은 인터넷 윤리를 망각한 처사로서 영락없이 대인논쟁의 오류를 보여주는 사례들이다. 비판과 비난은 확연히 구별된다. 비판은 논쟁의 불충분성을 수정하고 보충함으로써 논쟁을 완성하려는 데서 그 정당성이 있다. 하지만 비난은 보충이나 완성을 추구하는 것이 아니라 심리적인 카타르시스를 충족하려는 데서 비롯된다. 익명이 지배하는 가상공간에서의 토론 역시 대인논증의 오류를 피하고 건전한 토론을 정착시켜야만 한다.

16. 적용의 오류

자연과학에서 법칙은 예외를 허용하지 않는 법칙과 예외를 허용하는 법칙으로 구별된다. 예외를 허용하지 않는 법칙은 법칙이 모든 해당 사항들에 대해 구속력을 지니기 때문에 매우 엄격한 필연성을 지닌다. 하지만 예외를 허용하는 법칙의 경우 법칙은 예외 사항들에 대해서는 구속력이 없기 때문에 타당성의 적용에 있어서 제한을 받는다. 예외를 허용하는 법칙은 필연성을 지니지 못한다. 필연이란 어떤 경우에도 예외나 대안을 허용하지 않는 엄격성을 말한다. 우리는 그렇기 때문에 법칙이 적용되는 타당성의 범위가 무제약적으로 다당한 것인지 아니면 예외를 두는 경우가 있는지를 구별하지 않으면 안 된다. 예외 없는 법칙은 필연적이지만 예외를 허용하는 법칙은 그렇지 못하다.

예외는 항상 법칙으로부터 벗어난 사례를 말한다. 예외가 있다는 것은 법칙을 전제하지 않으면 안 된다. 왜냐하면 예외란 항상 법칙으로부터의 일탈을 의미하기 때문이다. 하지만 법칙이 있다고 해서 반드시 예외가 있어야만 할 필요는 없다. 이 점에서 예외와 법칙은 비대칭적 관계다. 예외는 법칙을 전제하지만 법칙이 있다고 해서 반드시 예외가 있을 필요는 없다.

예외를 허용하는 법칙에서 우리는 법칙이 적용되는 한계를 명백히 설정해야 한다. 그렇지 않을 경우 우리는 법칙의 타당성을 그 타당성이 적용되지 않는 것에 적용하는 오류를 범하게 된다. 법칙이 적용되는 타당성 범위와 법칙이 적용될 수 없는 예외의 범위는 그 경계가 확연히 구별되어야만 한다. 이 경계를 분명히 설정할 때만 법칙의 오류적용의 위험을 피할 수가 있다.

서너 종의 뱀을 제외하고 모든 뱀들은 거의 다가 알의 부화를 통해 새끼를 낳는다. 뱀이나 악어 그리고 거북이는 변온동물에 속하는데 거의 다가 알의 부화를 통해 새끼를 낳는다. 하지만 아나콘다나 살무사들은 예외다. 이 두 종들은 알을 통한 부화과정을 거치지 않고 새끼를 직접 낳는다. 따라서 이들은 변온동물의 일반법칙의 적용에서 예외다. 우리는 아나콘다가 알을 통해 새끼를 낳는다고 주장하면 적용의 오류를 범하게 된다. 오류 적용을 피하기 위해서는 법칙이 적용될 수 있는 타당성의 범위와 법칙이 적용될 수 없는 범위를 설정함으로써 우리는 적용의 범위에 대한 한계를 명백히 확정하지 않으면 안 된다. 이 영역을 침범하는 것이 바로 모든 그릇된 적용의 오류의 발생이다. 예외에 적용되는 것과 법칙의 일반 타당성에 적용되는 것은 서로 구별되지 않으면 안 된다.

17. 흑백논리의 오류(black - or - white fallacy)

　우리는 살아가면서 매우 다양한 가능성들에 직면한다. 오늘날과 같이 위기의 시대에는 더더욱 그렇다. 다양성들이 있다는 것은 삶이 그만큼 다층적이고 복합적이기 때문에 그렇다. 하지만 흑백논리는 이 다양성을 인정하지 않고 선택의 범위를 양자택일적으로 좁히고 나서 내편이 아니면 다 적이라고 배제해 버리는 위험을 간직한 오류다.

　어떤 색이 흰색이 아니라고 해서 우리는 그것을 다 검다고 단정해서는 안 된다. 왜냐하면 흰색이 아니라는 것은 다른 가능성으로서 회색이나 연한 검은 색일 수도 있기 때문이다. 한 사건을 마치 양자택일적으로 제한시켜 버리는 것은 다양성을 축소시키는 위험이 있다. 모순은 애초부터 대립하는 것들이 둘 밖에 없지만 반대나 대립은 그렇지가 않다. 우리는 모순과 반대를 혼동해서는 안 된다.

　복잡한 상황에서 복잡성을 복잡성으로 이해하지 않고 두 개의 선택만 있다고 강요할 때 이런 오류가 발생한다. 내편에 동조하지 않았다고 해서 다 틀렸다고 단정하는 것이 전형적으로 이런 오류에 해당한다.

　사람들은 그리스도 교인이거나 아니면 무신론자일 뿐이다. 인간을 상호 배타적인 두 유형으로 분류하는 것은 실제로 인간들의 복잡한 상황을 반영하는 것이 못 된다. 이런 주장들은 실제의 사실과 일치하지도 않는다. 우리가 살다 보면 그리스도 교인이면서도 회의주의일 수 있는 가능성이 얼마든지 가능하다. 신을 믿지 않는다고 해서 무신론자로 단정하는 것은 명백히 흑백논리의 오류를 저지른 것이다.

진시황의 焚書坑儒나 히틀러의 유대인 배척에 이르기까지 우리는 모든 것을 적과 동지로 이분화하는 그릇된 暴力을 많이 경험했다. 내편 아니면 모두 적이라는 이런 이분법은 위험한 정도가 아니라 아예 파괴적이다. 한 손에 꾸란 다른 한 손에 칼은 가장 전형적인 형태에 있어서의 흑백논리의 오류를 보여준다.

우리 문화에서 남자들이 바람을 피우면 로맨스고 여자들이 바람을 피우면 가정파탄이나 불륜이라고 비난한다. 하지만 이런 것도 다 그릇된 이분법에서 발생한 오류다.

모순은 대립하는 것들이 둘이 있을 때 이 둘이 동시에 성립할 수 없다는 것을 말한다. 모순에서는 어느 하나가 참이면 나머지 하나는 자동으로 거짓이 된다. 하지만 대립은 양자택일적인 것이 아니다. 검은 색의 반대는 흰색이다. 하지만 검은 것과 흰 것 사이에는 상당히 많은 다양한 색들이 있을 수 있다. 어떤 것이 대립한다는 것은 성질이 반대라는 것을 말하지 이것들이 동시에 성립할 수 없다는 것을 하는 것이 아니다.

내 주장에 동조하지 않는다고 해서 상대방의 주장이 다 틀렸다고 주장하는 것은 명백히 흑백논리의 오류다. 인도인의 지혜는 인생의 의미가 꼭 그런 것만은 아니라고 하는 열린 태도에 있다. 그들은 상대방에게 인사할 때 그 의미는 나는 당신들이 믿고 있는 신을 인정하는 것이라고 한다. 적과 동지, 내편이 아니면 모두 적이라는 태도는 가장 폐쇄된 삶의 방식을 말한다. 관용이 필요할 때 적과 동지라는 그릇된 이분법적 폭력을 행사하는 것이 전체주의의 비참을 말한다. 관용과 개방 그리고 열린 모험이 필요할 때 우리는 이것을 흑백

논리로 축소시켜서는 안 된다.

니체는 인간은 타락했다고 주장했다. 그러고 나서 니체는 자기주장에 동조하지 않는 자들에 대해 그들은 이미 타락했다고 단정해 버렸다. 니체는 자기주장을 절대화함으로써 예상 가능한 모든 반론을 사전에 차단해 버렸다. 상대방이 반론을 제기하면 할수록 이것은 니체가 옳다는 것을 확인시켜 주는 것이라고 니체는 생각했다. 이런 니체의 태도는 상대방의 반론을 일고의 가치도 없는 것으로 불신하는 데서 발생한 것이다. 이런 니체의 발생적 오류는 반론을 원천적으로 차단하는 데서 생겨나는 것이다. 자기주장 이외의 어떤 다른 것도 원천적으로 인정하지 않는 점에서 니체는 분명히 흑백논리 혹은 발생적 오류를 저지르고 있다.

중국은 역사적으로 중원이라는 좁은 영토신화에 갇혀서 중원 이외의 지역을 오랑캐로 규정했다. 그런데 중원 이외의 지역에서 보면 중원 자체가 야만인으로 규정된다. 이스라엘의 신민사상 역시 그릇된 흑백논리를 고수한 결과 역사적으로 너무 잔인한 대가를 치렀다. 민주주의의 타락한 모습을 비판했다고 해서 다 전체주의의 찬성자는 아니다. 이명박의 정치적 독선과 일방적 패권주의를 비판하는 사람이 다 김정일 찬양론자가 아닌 것은 자명하다.

양화논리

1. 기호사용 정의

현대의 연역논리학은 흔히 말해서 기호논리학(記號論理學, symbolic logic) 내지 수리논리학(數理論理學, mathematical logic)으로 불린다. 우리는 전통 논리학이 사고법칙의 타당성을 언어나 문장 위주로 표현하고 있는 것을 이미 배웠다. 하지만 현대의 상징논리학은 새로운 내용들을 다루는 것이 아니라 같은 내용을 수학에서 사용하는 기호적 장치(symbolic apparatus)를 통해 간결하게 대체(replacement)했다.

우리는 이미 정언적 문장들에서 '모든'과 '어떤'이라는 수식어를 통해 양화하는 방식에 대해 고찰했다. 여기서는 양화하는 고전적 표현들 대신에 현대적인 의미에서 이것을 기호화하는 방식을 다룰 것이다. 양화 기호는 보편양화(universal quantifier)와 존재양화(existential quantifier)로 분류된다. 기호논리학은 전통논리학의 서술방식을 상징적 기호를 통해 표현방식을 대체하는 것이지 내용에 있어서 전통 논리학을 능가하는 것이 절대 아니다.

문장이란 각 언어의 문법적 규칙에 따라 배열되는 단어들의 집합을 말한다. 명제란 문장을 참과 거짓으로 검증할 수 있는 것을 말한다. 모든 문장이 아니라 참과 거짓으로 분류될 수 있는 문장만이 명제의 검증 대상이 된다. 명제란 문장에 대해서 참과 거짓으로 판가름 내는 것을 말한다. 문장이 참과 거짓의 대상이 아니라 문장으로 표현되고 있는 명제만이 참과 거짓의 분류대상이 된다. 모든 명제는 이 점에서 예외 없이 참과 거짓이라는 두 개의 진릿값(two values)을 지니게 된다. 분석명제는 항진명제이지만 이것을 제외한 기타의 사실명제는 참이거나 거짓이라는 양가적 가치를 지닌다.

실체적 사고에서는 술어가 주어에 귀속되는 것을 다루었다. 술어의 주어에 대한 귀속성과 적합성 여하에 따라 참과 거짓이 결정된다. 이에 반해 술어논리에서는 일반 규정 아래 개별적인 것들이 포섭되는 것을 다룬다. 이것은 특히 기능 중심적이고 술어중심적인 현대논리학의 지배적인 흐름을 반영한다. 정언적 문장들이 전자의 탐구대상이었다면 양화명제들은 후자의 연구대상이 되었다. 프레게는 양화이론을 체계적으로 발전시켰다. 이것은 아리스토텔레스 이후 논리학에서 이루어졌던 발전 중에서 가장 심오하고 중요한 업적에 속한다.

단항(a single term)이란 이 표현이 가리키는 대상이 오직 하나인 것을 말한다. 보편항(a universal term)이란 이것이 가리키는 대상이 전부인 것을 말한다. 언어적 표현이 오직 하나의 대상만을 지시하는 것은 고유명사에 속한다. 이것은 철학적으로 개별자의 문제에 속한다. 논리학에서는 이것이 큰 의미가 없기 때문에 다루어지지 않는다. 정언적 명제들에서 사용된 '어떤'이라는 특칭은 기호언어(symbolic language)에서 "최소한 그런 존재자들이 하나 이상 존재한다.”는 방식으로 표현된다(∃x).

　어떤 표현이 가리키는 대상이 제한되거나 특수할 때 우리는 이것을 특수하다고 말한다. 특수하다＝제한적이다＝한정적이다는 것은 오직 표현들이 가리키는 대상들이 어떤 경우들에는 타당하고 다른 경우들에는 타당하지 않은 경우에만 성립한다. 어떤 표현이 가리키는 대상이 모든 경우에 해당할 때 우리는 그런 표현을 보편적이라고 말한다. 어떤 표현이 오직 하나의 경우만을 가리킬 때 우리는 이 표현을 개별적이라고 부른다. ‘이순신’ 같은 고유명사는 오직 그 지시대상이 하나만을 가리킨다. ‘개고기를 먹는 어떤 한국인들’은 개고기를 먹는 사람들에게만 그 표현의 적용과 연관이 타당하게 적용된다. 개별성과 특수성은 기호언어에서 “최소한 존재하는 것이 하나 이상 있다.”라는 의미에서 ∃x로 대체된다. 이에 반해 “해당된 모든 것이 있다.”라는 표현은 기호언어에서 ∀x로 대체된다. ∀x는 경우에 따라 (x)로 또는 ∏x(∏x) 내지 φx로 표현되기도 한다. 존재양화(existential quantifier) 기호인 ∃x란 최소한 하나 이상의 해당된 것이 존재한다는 의미다. 보편양화(universal quantifier) 기호인 ∀x는 모든 것이 존재한다는 것을 뜻한다.

　x가 F라는 성질을 지니고 있다면 우리는 이것을 Fx라고 표현한다. x는 존재하는 것을 일반적으로 대표하지만 구체적으로 무엇이 존재하는지에 대해서는 결정되어 있지 않다. Fx의 진리치는 결정될 수 없다. 이런 x를 실제로 예시화하는 것으로서 우리는 Fa를 사용한다. 이것은 x의 한 실례로서 a가 확증되었다는 것을 말한다. Fx란 F라는 규정을 지니는 것이 존재한다는 의미다. 이에 반해 Fa란 그 x 중에서 a가 x의 구체적인 예화(Instance)로서 존재하는 것을 말한다.

Fa는 참과 거짓의 검증이 된다.

소문자 a, b, c 등은 개체상수(individual constant)를 말한다. 이것은 그 범위가 a서부터 z에까지 걸쳐 있다. F, G, H는 술어상수(predicate constant)를 말한다. 소문자 x, y, z는 확정되지 않은 개별변항(individual variable)을 말한다. 대문자 F, G, H는 각각의 존재 x, y, z가 지니게 되는 규정 내지 속성을 말한다. 인간이라는 존재가 있다면 이것은 Mx로 표현된다. 그 인간들 중에서 소크라테스라는 개체가 있다면 이것은 Ms로 표현된다. s(소크라테스의 경우와 같이)는 인간이라는 존재들 중에서 그 존재를 구체적으로 예화시키는 한 사례에 해당한다. 개체변항이 어떤 성질을 지닌다면 개체상수는 개체변항의 실질적인 한 사례가 된다.

2. 존재양화와 보편양화의 기호화

한량을 기호화한다(symbolism of quantification)는 것은 일상언어로 표현된 문장들을 상징적인 기호로 대체한다는 것을 말한다.

"최소한 하나 이상의 정복되지 않은 산이 있다."

이 문장에서 정복되지 않은 산이 있는데 그 산이 하나인지 아니면 둘인지 아니면 몇 개인지는 아직 확정되지 않고 있다. 분명한 것은 정복되지 않은 산은 최소한 하나 이상이라는 것이다. 모든 산이 정복되지 않고 있다면 이것은 보편양화로 대체될 것이다. 하지만 모든 산이 아니라 정복되지 않은 산이 최소한 하나 이상이고 그리고 모든 산보다는 최소한 하나 적은 범위의 산이 아마도 이 경우에 해당한다.

소문자 x라는 표현은 어떤 것이 존재한다는 것을 대표한다. x는 대명사의 역할을 담당한다. 그런데 그것이 가리키는 존재가 산이라면 우리는 Mx라는 표현을 통해 산이 존재한다고 표현할 수 있다. 그런데 그 정복되지 않은 산의 정확한 범위를 모르지만 그것이 존재한다고 말하면 우리는 이것을 다음과 같이 표현할 수 있다: (∃x) Mx

x라는 것은 변항(variable)을 의미한다. 변항의 범위는 불확정적이다. 이 문장들에서는 정복되지 않은 산이 몇 개인지가 확정되어 있지 않기 때문에 정확하게 그것을 알 길이 없다. 따라서 우리는 최소한 하나 이상부터 모든 산보다 하나 적은 범위까지 그 적용범위를 추정할 수 있다. 왜냐하면 모든 산이면 이미 전칭기호인 ∀x로 대체될 것이기 때문이다. x라는 변항의 범위는 하나 이상부터 모든 것보다 작은 범위 안에 있다. 이 범위는 불확정적이기 때문에 유동적 내지 변한다고 말할 수 있다. 그것이 존재한다는 표현은 (∃x)가 된다. 적어도 그런 x가 존재한다는 것은 존재양화(existential quantifier)를 통해 (∃x)로 표현된다. x는 대명사의 기능을 담당한다. 그 x가 산을 지시할 때는 Mountain의 첫 대문자를 따서 Mx로 표현될 수 있다.

정복되지 않았다(insurmountable)는 형용사의 첫 글자를 대문자로
표현해서 "산이 정복되지 않았다."를 Ix로 대체할 수가 있다. 종합
하면 다음과 같다.

  (∃x) (정복되지 않았다 & x는 산이다)
  (∃x) (Ix & Mx)

 전칭양화문장은 기호언어에서 "모든 x가 존재한다."는 것으로 대
체된다. 경우에 따라 그리고 학자들에 따라 보편양화 $\forall x$는 (x)와
완전히 같은 의미로 교환되면서 사용되기도 한다. 여기서 x는 대명
사의 역할을 한다. x는 존재하는 어떤 것을 대표하고 있을 따름이
다. 그런데 그런 x가 모두 존재한다면 우리는 이것을 $\forall x$로 표현할
수가 있다. 전칭양화기호를 표시하는 $\forall x$는 경우에 따라 (x)라고 사
용되기도 한다. 존재하는 것이 x, y, z일 때 우리는 모든 x가 존재한
다를 $\forall x$, 모든 y가 존재한다를 $\forall y$, 모든 z가 존재한다는 것을 $\forall z$
로 표현할 수가 있다. 여기서 x, y, z는 모두 존재하는 것을 대표한
다는 의미에서 대명사의 역할을 한다. 모든 x가 존재하면서 그것이
산을 가리킬 때는 $\forall x$ (Mx)로, y가 존재하면서 모는 고래를 대표할
때는 $\forall y$ (Wy)로, z가 존재하면서 모든 영웅을 나타낼 때는 $\forall z$
(Hz)로 기호화할 수가 있다. 존재하는 각각의 물체가 고체이거나 고
체가 아닌 것을 분석하면 다음과 같다.

  "존재하는 각각의 물체는 고체이거나 고체가 아니다."
  각각의 x는 고체이거나 고체가 아닌 것으로 분류된다.
  $\forall x$ (x는 고체다 & x는 고체가 아니다)

$\forall x \ (Sx \ \wedge \ -Sx)$

모든 x에 있어서 만약에 그 x가 독재자라면 그 x는 자유주의자가 아니다. 이것은 (x) (Dx→ - Lx)과 같이 표현된다. 어떤 과학자가 있는데 그가 만약에 평화를 옹호하지 않는 과학자라고 한다면 이것은 ∃x (Sx∧ - Px)로 표현된다.

x는 그것의 적용범위를 정해야 한다. 한량의 범위를 확정해야만 문제는 그 적용의 범위를 정하는 것을 변항의 범위를 정한다(to be bounded)고 하고 그것을 정하지 않거나 못할 때 우리는 변항의 범위가 열려 있다(open = to be free)고 말한다.

존재한량의 형식과 이것의 일상언어적 표현을 정리하면 그 기본 정식은 다음과 같이 요약될 수 있다.

    (∃x) Fx ……F라는 성질을 지니는 어떤 것이 있다.
    (∃x) ~Fx ……F라는 성격을 지닌 어떤 것이 존재하지 않는다.
    ~(∃x) Fx ……어떤 것도 F라는 성격을 지니고 있지 않다.
    (∃x) Fx ∧ Gx ……F이면서 G인 어떤 것이 있다.
    (∃x) Fx∧~Gx ……F는 충족시키지만 G가 아닌 어떤 것이 있다.
    (∃x) Fx∨Gx ……어떤 것은 F이거나 혹은 G인 규정을 지닌다.
    (∃x) Fx⊃Gx ……어떤 것이 F라고 하면 그것은 G가 된다.
    (∃x) Fx ≡ Gx ……F와 G가 완전히 같은 어떤 것이 있다.

전칭한량의 형식과 이것의 일상언어적 표현을 정리하면 다음과 같이 요약될 수 있다.

    (x) Fx ……모든 x는 F라는 규정을 지닌다.(∀x=(x))
    (x) ~Fx ……어떤 x도 F라는 규정을 갖지 않는다.
    ~(x) Fx ……F라는 규정을 충족시키는 것은 하나도 없다.

(x) Fx∧Gx ······모든 x는 F와 G의 성격을 지닌다.
(x) Fx∨Gx ······모든 x는 F이거나 G라는 성격을 지닌다.
(x) Fx⊃Gx ······모든 것은 F라는 규정이면 G가 된다.
(x) Fx≡Gx ······모든 것은 F와 G가 완전히 같은 규정이다.

우리는 이미 정언적 명제들을 A, E, I, O 모델에 따라 대당관계표를 작성한 적이 있었다. "인간이 죽는다."는 정언적 명제를 보편양화(전칭긍정과 전칭부정)와 실존양화(특칭긍정과 특칭부정)로 표현하면 다음과 같다.

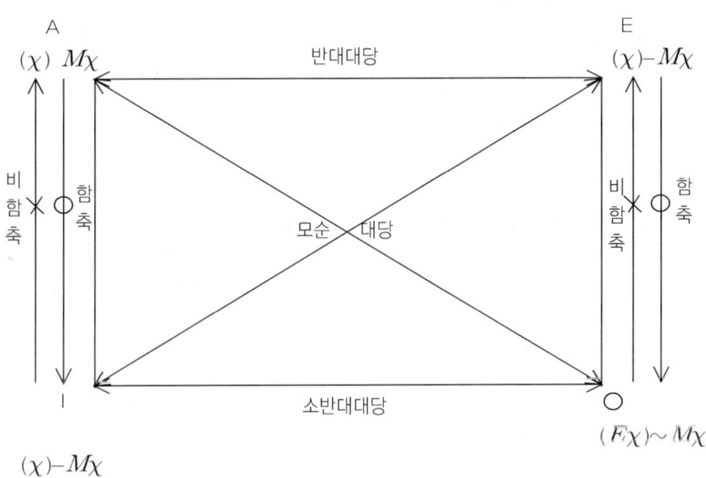

과학적 발견의 다양성

1. 유추의 성공 여부

자연과학에서 유추의 본래 목적은 발견을 하는 데 있다. 그런데 이 유추가 반드시 발견으로 이어진다는 보장은 없다. 다시 말해서 유추는 어떤 경우에는 성공하지만 다른 경우에는 반드시 실패한다. 유추란 유사성을 근거로 해서 다른 것도 그럴 것이라고 추정하는 추론이다. 하지만 어떤 것이 그렇다고 해서 다른 것도 그렇다는 필연성은 없다.

자연과학에서 유추의 성공을 결정하는 것은 경험적인 검증의 문제이지 논리적인 보장의 문제가 아니다. 유추란 어떤 면에서 보면 같지만 다른 면에서 보면 다른 것이다. 바로 그렇기 때문에 우리는 유추의 적용이 성공할 수 있을지를 결정할 때 대상 하나하나를 사안별로 구체적으로 검증하지 않을 수 없다. 이 검증은 논리적 검증이 아니라 경험적 발견과 확증의 문제에 속한다. 과학의 발견에서 어떤 경우에 타당한 것이 다른 경우에는 타당하지 않은 사례는 다음과 같다.

수면제인 탈리도마이드(Thalidomid, 콘데르간Contergan)의 경우 쥐를 이용한 생체실험에서는 과다하게 복용시켜도 부작용이 나타나지 않았다. 의사와 약사들은 임산부에게까지 이 약을 복용하도록 권했고 오랫동안 부작용 없는 안전한 약품으로 여겨졌다. 그런데 그 뒤로 이 수면제 때문에 1만여 명이 넘는 임산부가 기형아를 출산했다. 참으로 충격적인 일이 아닐 수 없다. 태어난 아이들뿐만이 아니라 부모들에게도 끔찍한 비극이었다. 대부분의 경우 동물을 이용한 생체실험이 부적합하다고 하는 이유가 여기에 있다. 동물생체실험을 통해 얻은 잘못된 결론은 사람들이 정작 실험을 함으로써 회피해 보려고 했던 바로 그 문제를 가져오기 때문이다.

페니실린의 약리실험은 모르모토가 아닌 보통 쥐를 대상으로 이루어졌다. 정말 다행스런 일이었다. 보통 쥐는 페니실린에 대한 부작용이 없지만 모르모트에게 페니실린은 극약과 같기 때문이다. 그런가 하면 스트리크닌(strychnine)은 모르모트에게 아무리 많은 양을 투여해도 전혀 부작용이 없지만 사람에게는 상당히 강한 독성물질로 작용한다. 클로로포름(chloroform)은 개에게 강한 독성을 발휘한다. 그 때문에 인체에 해로울 것으로 생각하고 몇 년 동안이나 마취제로 사용할 엄두도 내지 못했다.

고슴도치는 청산(시안화수소)을 많이 먹어도 소화해 낼 수 있지만 사람에게는 아주 적은 양의 청산도 치명적인 독약이 된다. 양의 경우 사람에게는 독약인 비소를 엄청나게 먹어치워서 생물학자들을 당혹스럽게 하기도 한다. 독(毒)당근도 염소나 양, 말에게는 좋은 먹이가 되지만 사람은 먹을 수가 없다. 어떤 독버섯은 일가족 모두를 몰살시킬 수도 있지만 토끼는 똑같은 독버섯을 맛있게 먹는다.

아트로핀(atropin)의 경우 개와 고양이는 사람보다 100배나 더 많은 양을 복용할 수 있다. 많은 동물들은 메틸알코올(메탄올)을 소화할 수 있지만 사람이 마시면 실명하게 된다. 항생제인 클로람페니콜(chloramphenicol)은 동물실험을 거친 결과 별문제가 없이 티푸스와 백일해, 요도 하부의 질병에 대한 치료제로 시판되었지만 사람에게는 골수에서 혈액이 생성되지 못하게 하는 치명적인 부작용을 가져올 수도 있다.

만약 동물들에게도 아스피린 실험을 했다면 이 약은 시판이 허용되지 못했을 것이다. 개와 고양이에게 아스피린은 독성물질로 작용하며 쥐에게는 수면제 콘테르간과 마찬가지로 기형출산의 원인이 된다. 개와 고양이, 쥐, 햄스터를 비롯한 대부분의 동물들은 몸속에서 자체적으로 비타민 C를 생산해 낼 수 있기 때문에 따로 섭취하지 않고도 건강하게 지낸다. 하지만 사람의 경우 비타민 C를 따로 섭취하지 않으면 괴혈병에 걸려서 목숨을 잃을지도 모른다. 예를 들자면 끝이 없다. 이쯤에서 그만하기로 하자(페터 크뢰닝(이동준 옮김), 『오류와 우연의 과학사』, 이마고, 2005, 325 – 327쪽).

2. 가설 연역적 방법

과학은 세계를 다룰 때 언제나 그들이 다루고자 하는 테마에 대해 가설을 형성한다. 모든 자연관찰은 어떤 특정한 관점 아래서 진행된다. 실험은 어떤 특정한 이론의 도움을 받아서 진행된다. 그렇기 때문에 자연관찰은 주관이 배제된 순수 관찰 기록이 아니라 수

반된 이론의 안내를 통해 이루어진다. 관찰이 이론에 의해 적재되어 있고 이론이 패러다임에 기초하기 때문에 자연관찰과 실험은 패러다임의 안내를 받는다.

과학은 탐구(research)를 목적으로 한다. 탐구는 발견을 통해 결실을 맺어야만 한다. 탐구가 결실을 맺는다는 보장은 없지만 탐구가 결실을 목적으로 하고 있다는 것은 피할 수 없는 사실이다. 작업가설(working hypothesis)은 탐구를 이끌어 가는 역할을 한다. 탐구란 항상 이론의 안내를 통해 이루어진다.

> 1) 가설을 미리 설정함
> 2) 미리 설정한 가설에 따라 개별적인 자연현상을 관찰함
> 3) 가설이 실제의 개별현상을 통해 확증되는지 거부되는지를 결정함
> 4) 경험현상을 통한 확증과 경험현상을 통한 반박으로 가설이 판가름
> 5) 가설의 유지 혹은 가설의 폐지를 결정

패러다임의 변화를 놓고서 칼 포퍼와 토마스 쿤은 서로 다른 견해를 취한다. 우리는 여기서 이런 차이에 대해 더 이상 다루지 않는다. 다만 우리에게 중요한 것은 가설 연역적 방법이 탐구를 확장하기 위해 개별현상을 통해 가설을 확증시킬 수 있는 것인지 아니면 확증하지 못하는가를 결정해야만 한다는 것뿐이다.

유추에도 성공을 보장하는 어떤 규칙이 없다. 마찬가지로 과학적 발견에 있어서 발견을 확증해 주는 어떤 규칙도 없다는 것이다. 이 점에서 과학의 발견은 논리의 보장문제하고 확연히 다르다. 과학은 발견이 성공한다는 보장이 아니라 발견이 성공할 수 있다는 이유 때문에 유추나 작업가설을 사용한다.

3. 필요조건과 충분조건

인과(causality)란 선행하는 사건이 원인으로 작용해서 그것이 후행하는 사건의 결과를 가능하게 하는 것을 말한다. 우리는 이 둘의 관계를 인과적으로 측정할 수 있다.

하지만 필요조건과 충분조건은 엄격히 말해서 인과율에 관한 것이 아니다. 그것은 두 사건에 대한 논리적 관계만을 포함하고 있다. 우리는 원인과 결과라는 표현 대신에 전건(前件)과 후건(後件)이라는 표현을 통해 필요조건과 충분조건을 설명할 수 있다.

전건이 발생할 수 없을 때 어떤 경우에도 후건이 일어날 수 없다면 전건은 후건에 대해 필요조건이라고 한다.

출석하지 않았는데 출석이 된 것이라든지 시험을 보지도 않았는데 성적이 나올 수는 없다. 또한 비행기가 이륙도 하지 않았는데 추락했을 리는 없다. 선행하는 사건이 발생하지 않으면 어떤 경우에도 후행하는 사건이 일어날 수 없다. 이럴 경우 전건은 후건에 대해 필요조건이라고 한다.

선행하는 사건이 발생하면 후행하는 사건이 자동적으로 발생하지 않으면 안 될 때 우리는 이것을 충분조건이라고 한다. 아주 적은 소량의 비소만 먹어도 인간은 즉사한다. 이때 비소를 먹는다는 것은 그 다음에 죽음을 곧바로 가능하게 하는 충분조건이 된다고 우리는 말한다.

1기압을 유지하고, 쌀이 있고, 물이 있으며, 100도에서 열을 가한다면 그 다음에는 자동으로 밥이 된다. 이때 우리는 이런 선행조건을 후행하는 사건이 일어나는 것의 충분조건으로 규정한다.

제2부 논쟁적 글쓰기 자료모음

논쟁의 사례들

아래의 글들은 모두가 논쟁적으로 다루어질 만한 테마들을 발췌한 것이다. 논쟁은 항상 구체적인 문맥에서 구체적인 테마를 갖고 서로 의견을 달리하는 자들끼리 자신의 주장을 정당화하는 것을 목적으로 한다. 그렇기 때문에 주장을 하는 자는 정당화의 짐을 지게 되고 반박하는 자는 반론을 통해 자기의 주장을 정당화하고자 한다. 반론으로부터 자기주장의 타당성을 방어하거나 티자의 주장을 반박함으로써 자기주장의 타당성을 입증하는 것이 논쟁에서 하는 일이다. 논쟁은 증명처럼 강제하는 필연성이 없지만 주장의 정당화 충족이라는 점에서 설득을 목적으로 하게 된다. 설득이 된다는 보장이 없기 때문에 우리는 논쟁을 하는 구체적인 과정을 생략한 채 논쟁의 승패를 미리 예측할 수 없다. 논증이 문제풀이에 비유되면 논쟁은 사태에 대한 권리싸움에 비유될 수 있다.

증명이 강제하는 추론의 강제성에 의해 진행된다면 논쟁은 상대
방을 설득하는 것을 목적으로 한다. 물론 대화나 토론을 통해 논쟁
이 반드시 성공한다는 필연성은 없다. 논쟁에서는 합의나 설득이
자동적으로 보장되지 않는다. 논쟁은 한마디로 의견을 달리하는 사
람들이 각기 권리싸움을 통해 자기주장의 타당성을 관철하고자 할
때만 발생한다. 합의는 자동 보장된 것이 아니다. 대화를 통한 합의
의 창출은 제한된 의미에서의 진리를 반영할 뿐 진리 자체를 대체
하지 못한다. 논쟁에서 합의에 이르는 것은 아주 제한되고 드문 경
우에만 발생한다. 역설적인 것은 논쟁할수록 차이가 그만큼 확연히
드러난다는 것이다.

주장의 전제나 타당성은 받아들일 만한 가치(acceptability)가 있는
가, 주장을 정당화하기 위해 문맥을 잘 연결 짓고 있는가(relevance) 혹
은 주장에 대해 충분한 근거(sufficient ground)를 제시하는가가 바로
논쟁에서는 확인되고 검증되어야만 하는 것이다. 논쟁에서는 주장의
정당화 충족이 충분하다/충분하지 않다는 것에 의해 결정되게 된다.

논쟁은 어느 누구에게 설득을 했다고 해서 다른 이들에게 설득을
한다는 자동보장은 없다. 그렇기 때문에 논쟁에서는 가능한 한 정
당화 충족을 설득력 있게 마련하지 않으면 안 된다. 설득은 정당화
충족의 결과로서 주어지게 된다. 논쟁이 논증과 다른 것은 강제하
는 필연성을 행사할 수 없다는 데 기인한다. 설득을 목적으로 하면
서도 설득이 된다는 강박증이나 필연을 배제하는 것은 토론의 개방
성을 위해서 필요하다. 논증에서는 '틀렸다/맞았다'를 말할 수 있지
만 논쟁에서는 이런 것을 적용해서는 안 된다. 다만 다른 논쟁들만
이 있을 뿐이다.

비판이란 논의를 확대하고 완성하기 위해서 요구될 때만 생산적으로 진행된다. 비판이란 보충하고 완성하는 것을 목적으로 한다. 이 점에서 비판은 논의를 보다 넓은 지평에서 재구성하면서 완성하지 않을 수 없다. 비판이 보충하고 완성하는 것을 목적으로 한다면 비판적 사고는 해방적 담론이 된다. 논쟁의 공간에서 허용된 유일한 미덕은 비판의 활성화를 통해 주장을 진리요구에 근접시키는 데 있다. 담론과 논쟁의 공간에서는 비판을 통해 서로의 전제를 진리의 요구에 일치하는 자발적 복종이 요구된다. 사태 자체로 하여금 말하도록 하기 위해 주장의 비진리성과 가상을 계속해서 극복해 가는 열린 관용이 논쟁의 공간에서는 필요하다. 이기고 지는 전략적 승부가 아니라 참을 목적으로 하면서 서로의 입장을 참에 근접시키는 개방성 바로 이것이 논쟁에서 요구된 덕이다. 진리는 비판받기를 원해야지 결코 독단화되거나 우상화되기를 원해서는 안 된다. 논쟁은 진리검증이 아니라 의견검증이다. 의견을 참의 요구에 일치하는 의미에서 논쟁 역시 참이라는 개방되고 열린 공간에 스스로를 편입시키게 된다.

우리의 의견들은 우리가 이것을 너무 자명한 것으로 여기고 있을 때조차 수정될 여지를 남겨두고 있다. 의견을 변경하는 것은 사태의 그러그러함에 따르기 때문이다. 우리는 우리가 너무 자명하게 알고 있거나 확신하고 있는 것이 흔들릴 때를 경험하고 있다. 누구나 의견을 지니고 있지만 누구나 다 의견을 의식적으로 검증하며 사는 것은 아니다. 하지만 토론의 문맥에서는 항상 의견의 타당성이 검증받기 때문에 우리는 의견을 검증된 의견으로 승화시키지 않으면 안 된다. 이것이 토론에 허용된 유일한 미덕이다.

아래 제시된 구체적 테마들은 논쟁에 관해 좋은 사례를 제공한다. 이것을 읽고 어떤 생산적인 논쟁을 이끌어 갈지는 각자에게 맡겨져 있다. 하지만 우리는 정당화의 짐을 자발적으로 감수하는 과정에서 이것을 생산적인 방향으로 이끌 수 있다는 기대를 할 수 있다. 여기에 제시된 많은 사례들은 논쟁을 하기에 좋은 테마들로 짜여 있다. 의견검증을 효과적으로 하기 위해 우리는 구체성의 모험을 시도해 볼 수 있다.

(사례 1) 이기적 유전자와 이타적 유전자

「이기주의와 이타주의」

이 책의 성격이 아닌 세 번째 사항은 인간 또는 기타 동물의 상세한 행동에 관한 서술적 설명이 아니라는 것이다. 이에 대해서는 상세한 설명이 필요할 때 예로서만 사용할 것이다. 나는 "원숭이의 행동을 보면 그 행동이 이기적이라는 것을 알 수 있기 때문에 인간의 행동도 이기적일 가능성이 크다."고 말하려는 것이 아니다. 앞서 이야기했던 '시카고 갱단'의 논리와는 전혀 다르다.

인간도 비비(원숭이의 일종)도 자연 선택에 의해 진화되어 왔다. 자연 선택의 과정을 보면 자연 선택에 의해 진화되어 온 것은 무엇이든 이기적일 수밖에 없다는 것을 알게 된다. 그러므로 우리는 비비, 인간, 그리고 기타 모든 생물의 행동을 보면 이 행동이 이기적일 것이라고 예상한다. 만약 이 예상이 잘못된 것이라는 사실을 알게 되면, 즉 인간의 행동이 진정으로 이타적이라고 관찰될 경우, 우리는 난처한 설명을 필요로 하는 사태에 직면하게 될 것이다.

논의를 진전시키기에 앞서 용어의 정의가 필요하다. 어떤 실재(예를 들어 한 마리의 비비)가 자기를 희생하여 또 다른 상태의 실재의 행복을 증진시키기 위해 행동했다면 그 실재는 이타적이라고 할 수 있다. 이기적 행동에는 이것과는 정반대의 효과가 있다. '행복'은 '생존의 기회'로 정의된다. 비록 실재의 생사 가능성의 효과가 극히 적고 무시해도 될 것처럼 보여도 다윈 이론의 현대적 설명의 놀라운 결과 가운데 하나는 생존 가능성에 대한 사소한 작용이 진화에 커다란 영향을 미칠 수 있다는 것이다. 이러한 작용은 영향력을 인식시키는 데 필요한 시간이 충분히 있다는 것이다.

이처럼 이타주의와 이기주의의 정의가 주관적인 것이 아닌 행동적이라는 사실을 이해하는 것이 중요하다. 여기서 행동의 동기에 대한 심리학에 관여할 생각은 없다. 이타적으로 행동하는 사람이 '정말로' 숨겨진 혹은 무의식적인 이기적 동기에 따라 그러한 행동을 하는지 안 하는지를 논의하려는 것이 아니다. 그들이 그렇든 아니든 우리가 그것을 알 수 없을지도 모르는 일이기에 이 책에서 논의할 사항이 아니라고 생각한다. 다만 이 행위의 결과가 가상 이타 행위자의 생존 가능성을 낮추고 동시에 가상 수익자의 생존 가능성을 높여주는 것을 이타행위로 정의한다.

오랜 기간에 걸쳐 생존 가능성에 대한 행동의 효과를 증명하는 것은 대단히 어려운 일이다. 실제 문제로서 실재하는 행동에 정의를 적용할 때는 '겉보기에'라는 말을 한정해야 한다. 겉보기에 이타적 행위는 표면상 이타주의자의 죽을 가능성을(가능성이 비록 적을지라도) 높이고, 동시에 수익자의 오래 살아남을 가능성을 높이는 것처럼 생각하게 하는 행위이다. 정밀하게 조사해 보면 이타적으로

보이는 행위는 실제로 모양을 바꾼 이기주의인 경우가 많다. 다시
말해서 근원적인 동기가 숨어 있는 이기적 동기라는 뜻이 아니라
생존 가능성에 대한 실제 효과가 우리가 처음 생각한 것과 반대라
는 뜻이다.

(리처드 도킨스(홍영남 옮김), 『이기적 유전자』, 을유문화사, 2006,
25 - 27쪽)

「이기적 유전자」

1960년대 중반 생물학계에는 조지 윌리엄스와 윌리엄 해밀턴이
주도하는 일대 혁명이 일어났다. 리처드 도킨스의 '이기적 유전자'
라는 개념으로 널리 알려지게 된 이 혁명의 골자는 어떤 개체의 행
동을 결정하는 일관된 기준이 그 소속 집단이나 가족의 이익이 아
니며, 그 개체 자신의 이익도 아니라는 것이다. 개체는 오로지 유전
자의 이익을 위해 행동한다. 어떤 개체이든 그 선조들의 행동을 물
려받았기 때문이다. 우리의 직계 조상이 독신자였다면 우리는 세상
에 존재할 수도 없었다.

윌리엄스와 해밀턴은 둘 다 기성학계와는 거리가 먼 학자였다.
미국인 윌리엄스는 해양생물학자 출신이고, 영국인 해밀턴은 군생
곤충학자이다. 윌리엄스는 1950년대 말에, 그리고 해밀턴은 1960년
대 초에 일반적으로 진화를, 특수하게는 사회적 행동을 해석하는
전혀 새로운 방법을 개발해 냈다. 윌리엄스의 이론에 따르면 개체
의 입장에서 볼 때 늙고 죽는 것은 바람직한 일이 아니지만, 유전자
의 입장에서 볼 때는 이미 번식을 끝마친 개체에게 쇠퇴 프로그램

을 작동시키는 것이 당연한 일이다. 동물(식물도 마찬가지다)은 그들이 속한 종이나 자신을 위해서가 아니라 그들의 유전자를 위해 행동하도록 설계되어 있다는 것이다.

유전적 이익과 개체적 이익은 대개의 경우 일치하지만 늘 그런 것은 아니다(연어는 산란을 하면서 죽어가고, 벌은 벌침을 쏘는 순간 죽는다). 생물은 대개 유전적 이익을 위해 그 자손에게 이로운 행위를 하지만 항상 그런 것은 아니다(새는 먹이가 모자라면 새끼를 버리고, 어미 침팬지는 애원하는 젖먹이를 매정하게 젖꼭지에서 떼어낸다). 경우에 따라서는 자식이 아닌 다른 혈연을 위해 행동하는 것이 유전자의 이익이 되기도 한다(일개미나 암컷 늑대는 그 자매의 자손 번식을 돕는다). 때때로 그것은 집단을 위해 희생하는 행위로 나타난다(사향소는 어린 것들을 보호하기 위해 이리 떼 앞에서 어깨를 맞대고 잡아먹힌다). 또한 이따금 그것은 다른 생명체 때문에 우리 자신에게 해로운 행위를 하는 것을 의미한다(감기가 들면 기침을 하고, 살모넬라는 설사를 일으킨다). 하지만 어느 경우나 예외 없이 생명체들은 그들 자신의 유전자나 그 유전자의 전사체가 살아남아 복제할 기회를 증대시키는 방향으로 행동하도록 설계되어 있다. 윌리엄스는 특유의 직설적인 어투로 이렇게 말한다 "일반적으로 현대의 생물학자들은 타자에게 이로운 행위를 하는 동물을 보면 그가 그 타자에 의해서 조종되고 있다고 간주하거나, 아니면 그것이 교묘하게 위장된 이기성이라고 간주한다."

이 사상에 이르는 데는 두 개의 경로가 있었다. 하나는 논리적 사고이다. 생물계의 자연선택이 유전자라는 복제 통화(通貨)를 통해 실현된다면, 자신의 생존율을 높이는 행위를 생명체에게 지령할 수 있는 유전자가 그렇지 못한 유전자를 도태시키고 살아남으리라는 것은 전혀 의심할 여지가 없는 산술적 결론이다. 다른 하나의 경로는 관찰과 실험이다. 개체나 종이라는 렌즈를 통해 볼 때는 수수께끼 같기만 하던 생명체의 수많은 행동이 유전자라는 렌즈를 통해 보면 한순간에 명료하게 이해되었던 것이다. 해밀턴이 입증했듯이, 군채 곤충은 자매(여왕벌, 여왕개미)의 번식을 도움으로써 자신이 스스로 번식하는 것보다 더 많은 유전자를 다음 세대에 전할 수 있다. 그러므로 유전자의 관점에서 보면 일개미의 경이로운 이타주의는 사실 이기주의이다. 개미 군체의 이타적 협동 관계란 착각에 불과하다. 각각의 일개미는 그들 자신이 아니라 여왕개미의 혈통을 이어가는 자식, 곧 그들의 자매를 통해 유전적 영속성(永續性)을 추구한다. 그것은 인간이 경쟁자를 제거하고 승진의 계단을 올라가는 것과 전혀 다를 바 없는 유전적 이기성이다. 크로포트킨이 말했듯이 개미와 흰개미는 개별적으로는 '홉스주의적 전쟁'을 포기했지만, 그들의 유전자는 그것을 포기하지 않았다.

생물학에 관심 있는 사람들에게 이 새로운 이론은 극단적인 정신적 충격을 안겨 주었다. 니콜라우스 코페르니쿠스와 찰스 다윈이 그랬던 것처럼 윌리엄스와 해밀턴은 인류의 자부심에 치욕스런 일격을 가한 것이다. 인간은 또 하나의 동물일 뿐만 아니라 사리를 추구하는 유전자들로 구성된 협의체의 도구이자 일회용 노리개에 불과했다. 해밀턴은 자신의 몸과 게놈이 일종의 기계보다는 하나의 사회에 더 가깝다는 생각이 떠오른 순간을 이렇게 회상하고 있다. '게놈은 내가 여태까지 믿어왔던 것처럼, 내 생명을 보호하고 아이를 낳는다는 하나의 프로젝트를 위해 헌신하는 단일체적monolithic

데이터 뱅크와 그에 결합된 실행 팀의 복제가 아니라는 깨달음이 문득 들었다. 대신에 게놈은 이기적 인간과 파벌들이 권력 투쟁을 벌이는 회사 중역실처럼 보이기 시작했다……. 나는 이해관계가 분분한 정치적 연합체의 명령을 받고 해외에 파견된 사절, 즉 내부적으로 분열된 제국의 변덕스런 여러 지배자들로부터 모순된 명령을 받는 존재였다.'

같은 대열에 섰던 젊은 과학자 리처드 도킨스도 마찬가지였다. '우리는 생존의 기계 장치, 즉 유전자라는 이기적 분자들을 맹목적으로 보존하도록 프로그램화되어 있는 전달 로봇일 뿐이다. 나는 아직도 이 사실을 떠올릴 때마다 깜짝 놀란다. 그것을 알게 된 지 벌써 몇 년이 지났지만, 아직도 이 사실에 완전히 익숙해지지는 못했다.'

해밀턴의 저작을 읽은 사람에게 이 이론은 단순한 충격을 넘어선 비극이었다. 조지 프라이스는 "이타주의는 단지 유전자의 이기성일 뿐이다."라는 해밀턴의 삭막한 결론을 뒤집기 위해 독학으로 유전학을 공부했다. 그러나 그는 엉뚱하게도 해밀턴의 이론이 논박의 여지없이 옳다는 것을 입증하고 말았다. 이후 두 사람은 공동 연구를 시작했지만, 시간이 갈수록 정신적으로 불안정해지기 시작한 프라이스는 정신적 안정을 위해 종교에 귀의했다. 이윽고 전 재산을 가난한 사람들에게 나누어 준 뒤 그는 런던 시내의 쓸쓸한 폐가에서 자살하고 말았다. 그의 유품이라고는 해밀턴이 보내온 편지 몇 장뿐이었다.

이같이 극단적인 경우를 제외한다면, 사람들의 일반적인 반응은 윌리엄스와 해밀턴이 한풀 꺾이기를 기다리는 쪽이었다. '이기적 유전자'라는 어휘 자체가 지나칠 정도로 토머스 홉스에 가깝다는 이유로 사회 연구자들은 대부분 혁명의 대열에 동참하기를 회피했다. 게다가 그보다 전통주의적 위치에 서 있는 진화생물학자들, 예컨대 스티븐 제이 굴드나 리처드 르윈틴 같은 학자들은 그것에 대항하는 장기적인 이론투쟁에 골몰하게 되었다. 크로포트킨이 헉슬리에 대해 느꼈던 것처럼, 그들은 윌리엄스나 해밀턴 일파가 세상의 모든 이타주의를 이기주의로 환원시키려 한다고 생각(곧 보게 되겠지만 실제로는 오해이다)했으며 그것을 참을 수 없었던 것이다. 프리드리히 엥겔스의 말을 인용하자면, 그들의 이론은 자연의 풍요를 이기주의라는 차디찬 얼음물 속에 익사시키는 행위로 여겨졌다.

(매트 리들리(신좌섭 옮김), 『이타적 유전자』, 사이언스북스, 2001, 30 – 34쪽)

(사례 2) 여성의 감정이입

시인, 극작가 그리고 철학자들은 오래전부터 여성들의 감정성에 주목해 왔다. 가끔은 경멸하는 투로 말이다. 이런 업신여김은 지금도 매우 흔하게 눈에 띈다. 예컨대, 1995년에 프로디지(Prodigy) 컴퓨터 네트워크를 이용하는 미국인 14,070명을 대상으로 한 여론 조사에서 설문의 대상이 되었던 남성들의 65퍼센트가 여성들이 지나치게 감정적이라는 의견을 보였다.

나도 역시 종종 우리 여성들이 그렇다고 생각한다. 많은 여성들처럼 나 역시도 연극이나 오페라, 영화, 퍼레이드, 교회 의식, 그리고 인간적인 순간들에 의해 쉽게 감동받는다. 그럴 때면 나의 뇌 속에서는 무슨 일인가 벌어진다. 나 스스로 우스꽝스럽다고 느껴지는

데도 저도 모르게 흐느끼게 된다. 이렇듯 여성들의 감정은 적절하지 못하거나 불편한 때에도 터져 나올 수 있다. 그럼에도 나는 여성들의 감정적 표현력이, 인류의 가장 경탄할 만한 특징의 하나인 감정이입을 자연적으로 선택하게 된 결과로 얻어진 부산물이라고 생각한다. 여기서 말하는 감정이입이란 다른 사람의 감정을 대신하여 경험하는 능력을 뜻한다.

감정이입, 감정적 민감성, 배려, 애착 등을 조사한 수백 종의 테스트에서 여성들은 유아에서부터 80대까지, 나이를 불문하고 소년이나 남성들보다 높은 점수를 얻는다. 어린 소녀들은 인간의 복제품이라고도 할 수 있는 인형을 꼭 껴안거나 어루만지면서 동정을 표현한다. 놀 때도 소녀들은 서로를 애정 어린 손길로 돌봐 주는 경향이 소년들보다 강하다. 심리학자인 일리너 맥코비와 캐롤 네이기 재클린은 "어느 곳, 어느 시대를 막론하고 여성들은 돌보려는 마음이 강한 성으로 인식되며 어린이들이나 병약자, 노약자를 중심으로 돌보는 일들을 완수하려는 태도가 남성들보다 뚜렷하다."고 보고한다.

프로이트는 여성들을 '도덕적 피학대자들'이라고 불렀을 만큼 지극히 자기희생적인 존재로 보았다. 심지어 평소에 남성이 여성보다 더 용감하고 더 지적이라는 지론을 굽히지 않았던 다윈까지도 여성들이 더 감정이입의 성향이 강하다는 데 동의했다. 그는 1871년에 썼듯이 여성은 "더 부드럽고 덜 이기주의적이라는 점에서" 남성들과 가장 두드러지게 다르다고 생각했다.

오늘날 과학자들은 여성들의 감정적 표현력과 감정이입 이면에 도사리고 있는 생물학적 요인들을 이해하기 시작했다. 1996년에 미국정신건강연구소의 심리학자인 마크 조지와 그의 동료들은 남성

10명과 여성 10명을 뇌주사(腦走査) 장치 속에 넣고, 그들에게 사랑했던 사람의 죽음이나 사랑했던 사람과의 이별, 질병 혹은 직장 생활에서 실망스러웠던 일 따위 슬펐던 사건들을 떠올리도록 주문했다. 실험대상이 되었던 사람들이 과거 혹은 현재의 쓰디쓴 경험을 회고하는 동안 조지는 그들의 뇌의 감정 및 사고 센터들의 활동성을 기록했다. 너무나 놀라운 결과가 나왔다. 슬픈 생각에 잠겨 있는 동안에 여성들의 뇌는 남성들의 뇌보다 활동성이 8배나 컸다. 이런 결과를 바탕으로 조지는 "여성들이 남성들보다 슬픔을 더 깊이 경험하는 것 같다."고 결론 내렸다.

신경 과학자인 아른 오만과 존 모리스, 레이 돌란 같은 신경과학자들이 발견한 것처럼, 여성들의 뇌는 훨씬 잘 통합되어 있기 때문에 활동성도 더 큰 것 같다. 이들 신경과학자들은 실험대상자들을 뇌주사 장치에 넣고 그들에게 화난 얼굴을 담은 슬라이드들을 보여주었다. 조사대상자들이 슬라이드를 보고 격노한 표정을 알아차리면 그들의 왼쪽 편도선이 활동적으로 변했다. 그렇지만 화난 얼굴을 제대로 볼 수 없을 만큼 슬라이드의 조명을 매우 빠른 속도로 켰다 껐다 하면 오른쪽 편도선이 반응을 보였다. 이런 자료들을 토대로 연구자들은 이런 결론을 내렸다. 왼쪽 편도선의 경우 뇌가 이런 감정적 반응들을 실제로 지각하고 그것을 의식적인 감각으로 바꿀 때 더욱 활동적이 되는 반면, 오른쪽 편도선은 무의식 속의 감정들을 일으킨다는 것이다.

여기에 중요한 사실이 담겨 있다. 오른쪽 뇌반구의 편도선은 왼쪽 뇌반구의 그것과 직접적인 커뮤니케이션 관계에 놓여 있지 않다는 점이다. 좌의 뇌반구의 편도선은 상호작용을 하기는 하지만, 그

네트워크는 어디까지나 에둘러 만들어졌다는 것이다. 더욱 훌륭하게 통합된 뇌를 가진 여성들의 경우에는 아마도 좌우 편도선 사이에 좀 더 많은 커뮤니케이션이 이뤄지지 않을까. 이런 사실이 여성들에게 그들의 무의식적인 감정들에 좀 더 쉽게 접근할 수 있는 능력을 부여할지도 모른다.

(헬렌 피셔(정명진 옮김), 『제1의 성』, 생각의 나무, 2000, 227-230쪽)

(사례 3) 세계화의 두 얼굴

부자들의 잉여 수입은 그 집단 내의 사회적 지위와 권력을 상징하는 트로피가 된다. 이 트로피를 위해 부자들은 더 많은 부를 축적하고, 이를 집중시킨다. 기업 차원에서 벌어지는 이러한 집중 과정에 사로잡힌 부유한 개인들은 궁극적인 '확실성', 다시 말해 독점화의 유혹에 빠질 수밖에 없다. 소용돌이치는 세계적 변화의 시대에 기업 생존은 경쟁, 그리고 불가피한 충격에 대비한 완충 장치인 예비 자원으로 지탱된다. 사회적으로 권력을 쥘 만한 위치에 있는 사람들은 자기 자신의 운명을 조종할 수 있고, 부자들은 가능하면 언제든지 '확실성'을 최대화하려 애쓰며, 우연에 좌우될 가능성은 최소한으로만 남겨두고자 한다. 빈자들은 반대로 자신이 통제할 수 없는 상황에 너무도 종속적이 되어 대부분의 사람들이 자신이 주체적으로 행동하여 사건을 스스로에게 유리하게 이끌 수 있다고 믿지 않는다.

재정적 안정성에도 불구하고 부유한 관리자들은 점점 더 시간이 부족하다고 느낀다. 그들은 종종 루이스 캐럴의 『거울나라의 앨리스』에 나오는 여왕처럼 세상을 바라보게 된다.

이렇게 시간에 쫓기는 느낌은 부자나 빈자나 마찬가지일지 몰라
도, 부자들은 너무 많은 소유물들과 너무 많은 재정적, 직업적, 사회
적 기회 사이에 끼어 있다는 인상을 더 강하게 갖는다. 그들은 스스
로 조장한 결과 때문에 자기 재산을 관리하는 일에 압도되어 점점
과도한 스트레스를 받게 된다. 이로 인해 다른 사람과 더불어, 다른
사람을 위해 보내는 시간은 줄어든다. 그들에게 시간은 상상하는
것보다 더 빠르게 쏜살같이 지나가 버리는 것 같다. 부자와 그들이
운영하는 회사는 일정 부분 스스로 초래한 속도의 덫에 걸려 있다.
예를 들어 '신(新)경제'의 디지털화는 데이터 이동 속도를 높여서
부유한 회사가 업무 프로세스를 전 세계적으로 분산시키는 일을 유
리하게 만든다. 대개 대기업 엘리트들은 이용 수단을 가진 자들에
게 무한대의 기회를 약속하는 한 세계에서 자신들의 물질적 번영과
계급 상승을 이루어 줄 거래에 끊임없이 몰두한다. 원하는 대로 될
수 있다는 '아메리칸 드림'의 약속은, 부자들에게 계속해서 불가능
에 도전하라고 부추긴다. 약속은 끝없는 전진을 멈출 수 없을 만큼
거대하다. 혹은 탐욕이 그러하다.

반면 극빈층들은 세계화 게임에서 점점 더 소외되고 있다. 먼저
기본 자원이 없으므로 투자, 직업 또는 보상을 얻지 못하고 있다.
학교, 직업 교육, 일할 기회가 없는 그들은 종속적인 경제의 그늘

속에 방치된다. 빈자들은 햇빛도 물도 제공받지 못한 식물처럼 시들어 간다. 그들은 인근의 풍족한 과수원에서 어쩌다 흘러나오는 물줄기로 간신히 연명한다('누수 경제학'). 그들은 부유하고 선진화된 지역의 '카지노 자본주의'의 밝은 빛과 경제적 자극에서 밀려나 어둠 속으로, 때로는 그늘진 나라로 추방된다.

'카지노 자본주의'는 세계화를 지배하고자 신속한 이윤을 위해 가장 쉽게 이용할 수 있는 지역을 목표로 삼는 '창조적 파괴'의 투기적 과정이다. 예를 들어 마이크로소프트는 타자기 시장을 '파괴한' 컴퓨터 운영체제를 창조한 다음 자신의 독점적 지위를 서버 시장과 비디오 게임 시장으로 확대하려 했다. 투기적 투자자는 새로운 혁신을 가져올 만한 곳에 재원을 공급한다. 이러한 혁신은 반대로 대규모 기업 생산에 맞춰진 오래된 업무 처리 방식을 파괴한다. 마치 자동차가 말이 끄는 마차를 대신하고, DVD가 CD를 대체하듯이 말이다. 이로써 경제 성장과 직업 기회는 만들어지지만 그 이면에는 전통과 사회 안정성이 상실되는 희생이 뒤따른다.

카지노 자본주의는 물론 카지노와 자본을 가진 나라에서 가장 잘 작동한다. 부유한 국가 안에서 빈자들이 투기를 맞보는 유일한 예가 바로 대중에게 희망을 파는 데 이용되는 복권이다. 복권은 재정적인 압박을 받는 국가나 정부가 빈자들로부터 돈을 짜내기 위해 사용하는 최후의 수단이다. 돈을 얻기보다는 잃을 확률만이 어마어마하게 높은 복권을 살 유혹에 가장 잘 넘어가는 사람들이 바로 교육을 받지 못한 빈자들이다. 그런데 빈자들의 복권에 대한 기대치와 유사하게 세계주식 시장이 중산층의 복권으로 변해 버릴 위험이 출현하고 있다. 중산층 사람들이 실제로 정확히 알지도 못하는 회사의 증서에 투기하는 것이다. 주요 기업이나 증권 회사의 소수 '딜러'나 정보 통제자들만이 은행과 증권 사기의 사슬에서 벗어났다는 사실은, 닷컴 붐 동안 부자가 된 다수의 외부자들이 있음에도 불구하고 주식 시장이 내부자의 이익을 위해 부정 조작된 카지노 게임이라는 이미지를 강화시킬 뿐이다. 예컨대 미국의 생명공학업체 임클론(ImClone)의 창업자인 샘 왁셀 박사가 자사의 주식이 곧 곤두박질칠 것을 알고 자기 딸에게 5백만 달러어치 임클론 주식을 매각하라고 말한 탓에 7년 3개월 징역형이 구형된 경우가 있었다. 이처럼 부자들은 시장의 깊은 수렁을 견디며 장기적으로 주식에 투자할 수 있지만, 이에 비해 수지를 맞추고자 단기적으로 돈을 회수해야 하는 개미 투자자들은 손해를 볼 수밖에 없다. 주식 시장에서는 항상 부자가 빈자를 생성한다. 예를 들어 미국 전자제품업체 타이코의 전직 CEO인 테니스 코즐로스키는 재직 기간 4년 동안 주식, 봉급, 보너스로 거의 4억 6,700만 달러를 챙겼지만 주주들은 타이코의 주가가 하락했을 때 920억 달러를 잃었다. 케빈 필립스는 『부와 민주주의』에서 1980년대와 1990년대의 기업 증식이, 황금시대의 극단성을 넘어 마침내 미국 노동자와 공동체가 성실성을 포기하게 만드는 광범위한 추세를 조성하고 확산시키는 역할을 했다고 입증했다.

모든 카지노 자본주의자들 중 최대 부호인 빌 게이츠조차 자본주의가 그 모든 역동성의 미덕에도 불구하고 세계적 재난과 같은 중대한 문제의 해결책을 안출하는 데 실패하고 있다고 시인했다. 분명히 지금 여기서 이루어진 이윤을 '노린' 투기의 논리는, 그때 거기서 발생한 질병에 대비하여 추측하는 논리와는 다르게 작동한다. 자본은 자기 증식에 집중하기를 좋아한다. 국제노동기구에 따르면

과거 10년 동안 54개국이 경제적으로 더 열악해졌으며, 최상위 20
퍼센트와 최하위 20퍼센트 사이의 격차가 더욱 벌어졌다고 한다.
자본은 자본이 이미 존재하는 곳이나 투자 수익이 매력적인 곳 혹
은 하락 위험이 적은 곳으로만 흐른다.

그러나 자본은 소득의 문제만이 아니라 가족이 소유한 것, 다시
말해 주택, 직업 안정성, 저축과 같은 자산의 문제이기도 하다. 자산
이 없는 사람은 경제적 안정도, 건강보험도, 심지어 신체적 안전을
도모할 수 있는 지역에서 기거할 수단조차 가질 수 없다. 이런 의미
에서 단순히 빈곤을 정의하는 데만 사용하는, 소득 한계에 초점을
맞추는 정부 통계는 많은 부분을 생략한다. 이러한 소득 척도만으로
는 측정조차 할 수 없는 취약성과 사회적 배척이 존재하는 것이다.

(로버트 A. 아이작(강정민 옮김), 『세계화의 두 얼굴』, 이른아침, 2006, 47 - 51쪽)

(사례 4) 거짓말의 두 얼굴

스펜서의 부모는 자식의 기짓말에 분노했다. 그러나 스펜서는 부
모가 듣고 싶은 이야기라고 생각되는 것을 말했을 뿐이있다. 만약,
재치 넘치고 유능한 로버트 헌트가 파일럿으로 가장하기 위해 쏟은
정성과 실력을 올바르게 활용했다면, 그는 아마도 성공한 사람이 되
었을 것이다. 한편, 미국 대통령의 사생활은 좀처럼 보장되지 않으므
로, 논리적으로 판단하자면 레이건 대통령의 거짓말이 들통 날 것
은 빤한 일이었으며, 그것이 초래할 부정적 결과도 당연한 것이었다.
타일러의 어머니도 말했듯이 거짓말은 어느 곳에나 존재하는 현

상이다. 우리는 매일, 매시간 우리에게 쏟아지는 정보 가운데 진실한 것을 추려내기 위해 안간힘을 쓴다.

'그가 정말 어제 밤늦게까지 일을 했을까?' '그 광고는 믿을 만한가?' '혹시 상술은 아닐까?' '판매원 말대로 정말 이 차는 고장 난 적이 없을까?'

모든 사람들은 끊임없이 정보를 수집하고 공유하는데, 우리는 이러한 정보를 즉시 그 효과와 정확성을 평가해야 한다. 멍청하거나 순진한 사람들은 듣고 읽는 모든 것을 진실로 받아들인다. 옛말 중에 이렇게 냉소적인 말도 있다. "귀로 듣는 것은 절대 믿으면 안 되며, 눈으로 본 것은 그 반만 믿어라!"

많은 사람들은 때때로 과거를 회상하며 지난 수십 년간 정직이 얼마나 타락했는지 깨닫는다. 비록 이러한 견해는 분명 논란의 여지가 있지만, 심지어 「워싱턴포스트」편집장 벤저민 브래들리같이 권위 있는 사람조차 공공연하게 그의 일생 동안 거짓말이 '엄청나게' 증가했다고 언급했다. 우리 사회에 거짓말과 사기행각이 만연해 있다는 데에는 의심할 여지가 없는 것이다.

(찰스 포드(우혜령 옮김), 『거짓말의 심리학』, 이끌리오, 2006, 17 – 18쪽)

(사례 5) 쾌락의 성

자발적이고 원초적이며 문명의 세례를 받지 않은 쾌락의 성은 두 가지 목표를 지향한다. 즉 성적 쾌락을 고조시키고, 성적 상호작용을 통해 개인의 힘을 높이고 싶어 한다는 것이다. 성적 쾌락에서 욕망은 고통에 이를 정도로 고조된다. 성적 쾌락은 아주 순간적으로 나타나며, 그 전도 없고 그 후도 없다. 성적 쾌락은 구속도 없고 의무도 없으며, 모든 규율과 강제를 뛰어넘는다. 그것은 또한 유희, 춤, 투쟁의 자질을 가지고 있다. 성적 쾌락은 그 자체가 모순적인데, 즉 어떠한 것에 대해서도 책임지지 않으며, 다양하게 해석할 수 있는 여지를 고수한다.

성적 에너지와 성적 매력은 성적으로 흥분한 상태에서만 작용하는 것이 아니라, 어떠한 인간적 상호 작용에나 포함되어 있는 한 측면이다. 사람이 동료 인간과 만날 때에는 그것이 어떤 경우이든 필경 다음 같은 물음, 즉 상대와 성적 관계를 가지게 될 수도 있지 않을까, 상대에게 자신이 어쩌면 성적 파트너로 보이지 않을까 하는 물음이 함께 떠오를 수 있다.

그러나 오늘날에는 성적 행동이 올바름을 재는 관습이 있기 때문에, ‘걸러지지 않은’ 성적 유혹의 행동은 대체로 용인되지 않는다. 사회는, 성에서 공격의 부분을 제거해야 하고, 성은 부드럽고 평화로워야 하며, 양 파트너가 같은 위치에 서고, 상대에 대한 정복 같은 것도 없으며, 상호 존중의 상태를 견지해야 하고, 법률적 동의에 유의해야 한다는 것이다.

허용되지 않는 간섭이나, 서로 간섭할 수 있는 위치에 있는 관계를 이용하는 것으로 여겨질 만한 행동, 예컨대 고정적인 연인 관계나 결혼 관계를 이용하여 성적 접촉을 강요하는 행위 같은 것은 일체 피해야 한다. 거절의 경우를 염두에 두어야 하는 것이다. 쾌락의 성은 공격적인 모습으로 연출될 때가 없지 않은데, 특히 남자와 여자는 성적 행동의 자발성 정도가 일반적으로 다르다.

여자들은 끌어들이고 밀쳐내는 유혹의 유희를 벌이고 싶어 하는 경우가 많다. 이러한 유희에서 여성은 도망치다가 붙잡히고, 선뜻 나서는 것 같다가는 다시 등을 돌린다. 여자는 남자에게 풀어야 할 수수께끼를 내고, 그에게 비밀을 남기려고 노력할 수도 있다. 때로 는 가식 없는 단도직입적인 행동과 우둔할 정도의 뻔뻔함 또는 수 줍어하는 와중에 은근히 드러내는 욕구 따위로 남자를 혼란스럽게 하거나 충격을 주려고 노력할 수도 있다. 유혹적인 옷차림과 행동 으로 이성에 대한 영향력을 시험하는 여자도 있을 것이다.

반면 남자는 육체의 힘, 근육의 위력, 반짝이는 지적 능력, 공격적 유머, 무모한 행동 따위로 사람들의 시선을 끌려고 애쓰는 경우가 많다. 그들은 다른 남자들 사이에서도 성적으로 인기가 많은 여자 를 자기편으로 끌어들여 제 능력을 확인하고 싶어 한다. 남자는 적 어도 상상 속에서라도 자신이 성적으로 능력이 있는 남자임을, 즉 여자를 취할 수 있고, 여자를 굴복시킬 능력이 있으며, 여성을 지배 하고 깎아내리고, 심지어 어떤 때는 강간하는 사내로서 자신을 느 끼고 싶어 한다.

자기 자신이 다른 사람에게 성적으로 영향을 미치는 것에 대한 쾌감은 극히 비상식적인 경지를 향해 에로틱한 모험을 추구하고, 난관과 저항 — 그것이 상대의 냉담함이나 상대에게 접근할 수 없 는 상태이든, 둘의 만남을 어렵게 하는 위험한 상황이든 — 을 극복 함으로써 더욱 상승시킬 수 있다. 또 성적 쾌락과 그 효과는 종종 파괴적인 행위, 예컨대 낯선 파트너와의 관계, 질투, 금기의 파기와 경계선 넘기 등을 통해 더욱 상승될 수 있다.

쾌락의 성은 그 본성상 성적 대상의 퍼스낼리티를 거의 지향하지

않는다. 성적 쾌감은 흔히 익명성을 통해 증폭된다. 사람들은 모르는 사람, 전혀 사랑하지 않는 사람, 또 사랑하고 싶은 마음이 추호도 들지 않는 대상, 심지어 경멸하고 개인적으로 거부하는 대상과도 섹스를 할 수 있으며 거기서 오히려 더 큰 성적 쾌감을 느끼기도 한다. 사람들은 성적 쾌감과 성적 효력을, 거칠고 열정적이며 한마디로 야수적으로 취하고 취함을 당하는 가운데 경험하려고 한다.

상대를 소유하는 행위는 고통의 경계, 상대에 대한 파괴에까지 이른다. 일본 영화 <감각의 제국>은 이 주제를 인상적으로 다룬다. 한 남자와 한 여자가 성적 탐닉 상태를 계속 고조시켜, 마침내 여자에 의해 남자가 거세당하고 끝내는 죽임을 당할 정도로 극단적으로 상승시킨다. 이러한 극단은 사도마조히즘적인 관계의 특징이기도 하다. 즉 여자 또는 남자 파트너를 완전히 지배할 수 있다는 상상으로의 사디즘과, 파트너에게 자신을 완전히 내맡긴다는 상상으로의 마조히즘 관계이다.

성적인 유혹에서 '걸러지지 않은' 남성적 양식은 강렬한 것이다. 즉 사랑하는 여자를 정복하고, 그녀를 길들이고, 그녀를 차지하고 복종시키는 양식 말이다. 이에 비해 여성적 유혹의 양식은 마음을 사로잡기 위한 것이다. 사랑하는 사람을 자기에게 끌어들이고 유혹해서 미치도록 만들고, 이성을 잃게 하고, 그가 대담한 행동을 하도록 도발하고, 덫에 걸리도록 유인해서 잡고는 놓아주지 않는다. 이 두 양식은 사랑의 대상을 파괴하는 단계에 이르기까지 상승될 수 있다.

그런데 그렇게 정력적인 성, 쾌락적인 성을 상상하는 것이 아직도 가능한가? 오늘날에도 유혹은 일종의 유희, 춤, 투쟁, 정복인가?

놀라운 자극을 바탕으로 해서 그 효과가 나타나고, 기본적으로 경계와 규칙을 침해하는 그런 것인가? 슈미트에 따르면 유혹에는 항상 침해요소가 내포되어 있다. 즉 상대에게 다가가서 그 상대에게 무엇을 원하며, 그에게서 무언가를 불러일으키며, 전혀 예상치도 못했던 상태로 그를 끌어가는 것이다. 성교 때, 그리고 격렬한 키스를 할 때 상대의 몸에 들어가는 것도 일종의 육체적 경계선을 넘어서고, 또 넘어서게 허용하는 행위인 셈이다. 성의 해방은 지속적인 불만 사항인 성적 냉담으로 귀결되는데, 이는 역설이다. 다시금 주창되고 있는 성적 퓨리터니즘과 혼전 순결은 성적 규범을 세운 한편, 그것의 은밀한 파괴를 부추기는 이중적 토대를 만들어 낼 것이다.

쾌락의 성에서 생명줄은 긴장, 흥분, 경이이다. 이런 의미에서 쾌락의 성은 동질성의 성과 근본적으로 다르다.

(위르크 빌리(심희섭 옮김), 『사랑의 심리학』, 이끌리오, 2003, 128 - 132쪽)

(사례 6) 우생학과 유전자 조작

이 논평에서 나는 우생학에 대한 글로버 교수의 두 가지 생각에 대해 전반적으로 논한 다음, 유전자 조작을 어느 정도까지 용인해야 하는지의 문제로 넘어갈까 한다. 특히 글로벌 교수가 언급한 소위 "본능적 거부가"에 대해 좀 더 설명할 수 있게 되기를 바란다. 우생학에 대해 강조하고 싶은 첫 번째 사항은 우생학이 대략 진보적, 좌익적으로 볼 수 있는 사상에서 기원했다는 점이다. 오늘날 우생학에 대해 생각할 때 사람들은 어김없이 나치를 떠올린다. 그러나 나는 그래서는 안 된다고 생각한다. 또한 19세기 말 20세기 초의 사상가들이(버트런드 러셀도 이 중 한 사람이었다) 소위 '인간 종족의 퇴보'에 대해 우려했다는 것을 알고는 마치 이들이 나치 같다는 생각을 하게 되는데, 그래서는 안 된다. 후진국의 원주민들이 지구상에서 사라지는 것에 대해 H. G. 웰스나 러셀의 생각을 읽고 우리는 이들의 비인간성에 놀라게 된다. 이들이 이런 생각을 했다는 사실이 서글프기는 하나 이들로서는 어쩔 수 없는 것이었으며 아리안족의 우월성이라는 난센스가 이들의 생각을 부추긴 것은 아니었다.

그보다는 빅토리아시대 말기 도시들에 살던 최하층의 사람들에게 도시생활이 미친 영향에 대한 반동이었다고 말해야 할 것이다. 50년 이후에나 등장하게 될 유전학적 지식이 부족했던 당시의 시각에서 볼 때 사회적 단절과 어지러운 주변 환경은 이들의 육체와 정신 모두에 말할 수 없이 유해한 동기로 작용한다고 보였을 것이다. 이러한 관계는 문란한 성관계를 부추기고 아기를 섬세하게 양육하는 것을 불가능하게 하며 미래의 보다 나은 삶보다는 당장의 쾌락에 탐닉하는 것을 당연시하게 만들었다. 당시의 지식인들은 이로부터 유전적으로 대물림하는 하층계급이 탄생할 것이라고 쉽게 단정했을 것이다. 이들은 양성우생학에 쉽게 매력을 느꼈을 것이며 영국과 미국에서 가족계획을 주장하던 사람들은 행복한 결혼뿐만 아니라 보다 건강한 아기를 출산하는 결혼에 큰 관심을 가졌다. 이런 무해한 동기가 정신이상자나 정신박약아들에게 강제로 불임시술을 행한 음성 우생학을 그토록 쉽게 지지하게 되었다는 사실은 참으로 이해하기 어려운 일이다. 20세기 초 20년 동안 정박아 검출 프로그램이 운용되었던 방식을 살펴보면 이것이 얼마나 임의적이고 잔인하고 비인간적이었던 것인가를 쉽게 알 수 있다. 특히 20세기 초 15년 동안 엘리스 섬을 거쳐 갔던 비참한 외국인들에 대한 통계는 이에 대해 다시금 생각하게 만든다.

나치가 아닌, 평생 인간적이고 지성적으로 살려고 애썼던 사람들이 이러한 프로그램을 만들었다는 사실에 이르러서는 도대체 자신들이 무슨 일을 저지르고 있는지 스스로 깨닫는 것이 그토록 힘든 일이었을까 묻지 않을 수 없다(오늘날 영국과 미국의 이민제도에 대해서도 아마 똑같은 이야기를 할 수 있을 것이다. 웬만큼 인간미를 갖추었다고 생각되는 정치가들이 이런 고착화된 비인간적 시스템을 유지하고 있다는 사실은 이해하기 힘든 것이다.). 불임법은 뉴저지 주 법률에 오늘날까지도 남아 있다. 다른 여러 주들에서도, 시대착오적인 고집불통이 아니라 진보적 성향을 가진 인물들에 의해 그러한 상황이 연출되었다. 어떤 특정 진보주의에는 흑백 인종 간의 결합에 대한 거부감 정도는 아니지만 무질서에 대한 비이성적 거부감, 즉 동유럽으로부터의 이민자들, 성적으로 혹은 도덕적으로 비정상적인 사람들, 저능아 등을 이상하고 도저히 이해하기 힘든 사람으로 보고 기피하는 그런 거부감이 내재되어 있다.

이러한 사실을 상기시킨 이유는 다음과 같은 질문을 이끌어 내기 위해서다. 유전공학적 개입은 선한 동기를 깔고 있는데 이조차도 세상을 보다 질서정연하게(가능하다면 더 행복하게) 만들려고 하는 비이성적 욕구의 발로는 아닐까? 달리 보면 이는 단순한 원칙을 복잡한 세상에 적용시키려는 욕구와 더 관련이 있을지도 모른다. 오늘날 과학자들은 자신들이 수용하고 있는 단순한 공리주의적 사고를 다른 사람은 받아들이지 않는다는 사실을 이상할 정도로 모른다.

출산하게 되면 틀림없이 근이영양증에 걸릴 태아를 부모가 유산시킬 수 있도록 하는 것이 좋은 생각이냐고 물으면 의사들은 그렇다고 대답하고 대부분의 사람들로 아마 동의할 것이다. 논의를 좀 더 진전시켜 만일 '동성애 유전자'가 존재하고 태아가 그 유전자를 지니고 있다고 하자. 의사들은 부모가 이러한 태아도 유산시킬 수 있는 선택권을 가져야만 한다고 말할 것이다. 나는 이를 '단순한 공리주의'라 부른다. 이때 나는 모든 중요한 가치들을 선택의 문제로 몰아넣는 견해와 그러한 선택은 선택하는 자에게 불완전한(아마 가장 신뢰할 만한 것일지는 모르지만) 인도자밖에 되지 않는다는 비판적 견해 사이에서 아슬아슬한 줄타기를 하고 있는 셈이다. 글로버 교수는 당연히 우생학이 저지른 만행으로부터 논의를 시작했고 나치의 잔인무도함을 끈질기게 물고 늘어졌다. 하지만 다른 한편으로 그는 어느 정도의 유전공학적 개입에 대해서는, 다시 말해 태어날 후손의 특성을 부모가 원하는 대로 개입하여 어느 정도 변화시키는 것에 대해서는 그렇게 적대적이지 않은 태도를 보였다. 나 자신 이러한 것에 대해 본질적으로 반대하고 있지는 않지만, 나는 이 논의를 좀 더 진전시킬 필요가 있다고 생각한다. 유전 질환을 가진 태아를 지우지 않고도 그 질환을 없앨 수 있는 방법을 알고 있다면 우리는 그 기술을 적용해야 한다는 생각에 모두 동의한다고 생각하는데 여기서부터 시작해 보자. 보다 우수한 아기를 낳기 위해 조작을 가하는 문제와는 달리, 이는 고통을 없애고 해악을 줄인다는 우리의 일반적인 정서와 잘 부합한다. 고질적 유전질환을 가진 태아를 지우고 결함부분을 제외하고는 모든 면에서 동일한 다른 아기를 새로 가지는 경우에서 발견할 수 있는 철학적 난제 — 과연 누가 이런 개입의 수혜자인가 ─ 와도 맞닥뜨리지 않는다. 태아기에 유전자 개입을 받고 탄생한 아기는, 개입하지 않았다면 고질적 질환을 가진 채 태어났을 바로 그 아기이기 때문이다.

본능적 반응을 여러 갈래로 복잡하게 일으키는 경우는 우수한 아기를 만들고자 유전공학적 개입을 할 때이다. 이는 인간 복제의 가능성을 논의할 때 핵심적 논제가 되는 부분이기도 하다. 복제 논쟁에 참여한 사람들의 지나친 주장들을 김빠지게 하는 재치 있는 주장들도 다양하게 제기되었다. 예를 들어 복잡하고, 많은 비용이 들고, 시간도 많이 걸리며 무엇보다 재미없는 과정을 통해 복제 아기를 생산하는 작업에 우리 모두가 참여해야 한다는 생각은 성교가 주는 즐거움을 단 5분만 떠올려도 사라지고 만다. 혹은 대다수가 쉽사리 동의하는 과정을 통해 부모의 양쪽을 복제보다 훨씬 흥미로운 방식으로 혼합해 만들 수가 있는데 애매하게 부모의 한쪽만을 복제할 이유가 과연 있을까? 나아가 복제가 가져다주는 매력 자체가 너무 과장된 면이 있다. 우리 대부분은 우리가 저질렀던 실수를 우리의 또 다른 버전들은 저지르지 않기를 바라고, 이들이 우리가 행하고 향유했던 것보다 더 좋은 것들을 행하고 향유하면서 살기를 원한다. 그러나 이는 곧 부질없는 생각임이 드러난다. 만일 복제된 후손이 우리와 똑같다면(따라서 우리가 저질렀던 실수도 똑같이 저지르는 존재라면), 자기 자신에 대한 자긍심으로 가득 찬 부모를 제외하고는 누구에게나 끔찍한 실망만을 안겨 주게 될 것이다. 이와 달리 복제된 아기가 우리와는 다르다면, 우리는 이제까지의 방법으로도 이런 아기를 가질 수 있는데 구태여 복제를 사용할 이유가 없는 것이다.

아마 이런 논의는 너무 손쉬운 것일지도 모른다. 현재의 복제 기술은 그러한 몽상을 실현시키기에는 아직 요원하며 따라서 이러한 생각을 현재로서는 할 필요도 없을 것이다. 이제 다시 돌아가서 좀 다른 질문을 던져 보자. 우생학의 한계에 대해 공중보건의 일반적인 경우와 마찬가지의 한계를 적용한다고 하자. 공중보건의 경우 천연두, 디프테리아, 홍역과 같은 질병을 박멸하기 위해서는 흔쾌히 예방접종을 하며, 또한 구강보건을 위해 수돗물을 불소화하는 데는 괘념치 않는 반면, 강제적으로 식이요법을 실시하고 이를 법률로 규정하는 것에는 심한 거부감을 느낀다. 이와 유사한 한계를 우생학에 적용하면 우리 후손들이 유전적으로 타고나는 재능에 대한 인위적 조작의 한계선을 어디에 그어야 되는가라는 질문을 던질 수 있을 것이다. (질병에 대한) '방어적' 수단이 '공격적' 혹은 '진보적' 수단에 비해 윤리적으로 덜 부담스러운 선택이 될 것이라는 사실을 변호하기는 어렵지 않다. 그러나 한계선에서 멀어지면 멀어질수록 예기치 않은, 불쾌한, 나아가 고통스러운 부작용이 발생할 소지는 더 많아지게 된다. 예를 들어 체중이 미달하고, 폐와 같은 핵심 장기들이 미발달된 상태로 태어나는 조산아들을 구할 수 있는 새로운 기술의 효과에 대해 회의적으로 생각하는 사람도 있다. 보다 효율적이지만 눈에 잘 드러나지 않는 일반 의료서비스에 대한 지원도 모자라는 현 상황에서, 돋보이기는 하지만 엄청난 자금이 소요되는 치료 기술에 비이성적일 정도로 투자하는 것은 불편해하는 것이다. 이는 공리(公利)를 생각할 때 매우 솔직한 고민인 것이다.

그러나 이러한 불편한 마음은, 결과적으로 우리에게 커다란 해악을 끼치는 방식으로 물질세계를 다루는 데 따른 위험과 연관된 것이다. 이러한 해악을 구체적으로 설명하기는 힘들지만 본능적 거부감이 이를 말해 줄 것이다. 정도가 심한 조산아를 구하는 것은 영웅적인 행동이기는 하나 뭔가 잘못된 시도 — 노환으로 죽어가는 환자를 소생시키는 것이 영웅적이기는 하나 뭔가 미진한 느낌을 주는 것과 유사한 경우이다 — 라고 느끼는 이유 중 하나는, 이런 문제에 다른 식으로도 접근할 수 있기 때문이다. 사망한 노인 환자를 애도할 수 있듯이 사망한 조산아도 애도할 수 있다. 이들을 죽음으로 이끈 정황들을 바꿀 의도로 이들이 겪은 과정을 되돌리려는 시도를 하지 않고도 이들을 애도할 수 있는 것이다. 우리 모두가 결국은 세상을 떠나가듯이 어떤 사람은 세상에 제대로 태어나 보지도 못한다는 사실을 받아들이는 것이 조산아의 죽음에 대한 적절한 태도라고 볼 수도 있다. 가능성의 한계를 끌어올리려고 부단히 애쓰는 것은 그 결과가 미진할 뿐만 아니라 심지어는 부정적 결과를 낳게 될 뿐일지도 모른다. 조산아는 아주 약한 의미에서 그 생명을 상실한 것으로 볼 수 있다. 인생을 살아가는 중간에 생명이 잘린 것이 아니라 아예 출발선에조차 들어서지 못했기 때문이다.

가장 소중한 것을 잃고 실의에 빠진 한 어머니에게 이는 냉담하고 무정한 말이라고 생각될지도 모른다. 그렇지만 어머니들이 그렇게 하도록 권유하는 것이 꼭 냉정한 일만은 아니다. 영웅적으로 구한 아이가 나중에 뇌가 손상된 것으로 판명된다거나 혹은 길지도 않을 생애를 병마의 고통 속에서 보내게 된다면(실제 많은 경우 그러하다) 아기의 어머니가 다른 판단을 하도록 권유했어야 하지 않을까 생각해 볼 수도 있다. 환자의 가족이 노환으로 죽어가는 노인의 생명을 겨우겨우 연명시키고 있다면, 이렇게 힘들게 연명시키기보다는 차라리 일찍 편히 가시도록 하는 편이 낫지 않을까라고 생각해 보는 것이 꼭 냉정한 일만은 아닐 것이다.

가능한 것이면 모든 것을 다 이루어야 한다는 프란시스 베이컨식의 발상이 가진 문제는, 이러한 성취가 인간의 상황을 개선하는 데 과연 도움이 될 것인가이다. 태어날 아기의 머리카락 색깔을 바꿀 수 있는 능력은 전혀 무해한 것이라고 대부분 생각할 것이다. 그렇다고 할지라도 사려 깊은 부모는 자신이 골라 준 머리 색깔을 과연 자식도 좋아할지, 나아가 자식이 성장해서 30년 후쯤 소송도 불사하는 나이가 되면 혹시 이 문제로 자식에게 피소당하지나 않을지 우려를 하게 될 것이다. 어쨌든 머리 색깔은 '기호의 문제'이고 해가 될 것은 없으며 따라서 부모의 이러한 허영은 관대하게 채워 줄 수 있는 것이라고 생각해 볼 수도 있을 것이다.

이 논의를 좀 더 밀고 나가 앞으로 태어날 아기의 모든 특질이 제어 가능하다고 가정해 보자. 아기를 가진다는 것이 어느 순간 지금까지 해 온 것과는 달리 우편주문상품 카탈로그에서 장난감 하나 골라 주문하듯 되지는 않을까? 이렇게 극단적으로 되면 인위적 개입을 인권 차원에서 옹호했던 목소리도 설득력을 잃게 될 것이다. '헝겊 조각' 인형같이 유전자 조작으로 온통 뜯어고쳐 만든 아이를 원하는 여인을 위해 의료적 개입이 이루어진다면, 의료적 개입의 본질은 심각하게 왜곡될 것이다. 아이는 장남감이 아니라는 바로 그 사실 때문에 우리는 아이를 갖는 것에 대해 진지하게 생각해야만 한다.

그러나 우리가 기술을 끝까지 밀고 나가 이렇듯 장난감 소비하는 형태로 아기의 종류를 선택하는 것이 가능하게 된다면, 무엇보다 그렇게 하는 목적 자체를 훼손하는 것은 아닐까?

(앨런 라이언, 「우생학과 유전자 조작」, 『유전자 혁명과 생명윤리』(생물학 사상
연구회 옮김), 아침이슬, 2004, 155 - 162쪽)

<u>(사례 7) 최전선의 민주주의(사적인 것의 공공화가 어떻게 정치적
인 공간을 파괴시키는가)</u>

우리는 아리스토텔레스로부터 오이코스와 에클레시아의 차이점을 배웠다. 즉 우리가 신뢰하는 타인을 직접 얼굴을 맞대며 만나는, 온화하지만 때로는 드센 사적인 영역과 우리들이 공유하는 삶의 형식, 즉 우리가 개인적으로 아주 드물게 찾아가지만 우리의 모든 삶과 관계된 공공의 사안들이 규제되는 먼 곳에 놓인 영역 간의 차이점이 그것이다. 여기에 더해 또 다른 세 번째 영역이 존재한다. 세 번째 영역은 앞에서 언급한 양자 사이에 존재한다. 아고라가 바로 그것이다. 아고라는 완전히 사적인 것도 아니고 완전히 공적인 것도 아닌 공간이며, 동시에 일정한 정도로 양자의 일부를 포괄하고 있는 영역이다. 아고라에서는 참으로 어려운, 평화로운(그리고 유용성을 제공하는) 공존의 경지와 같이 '공적인 것'과 '사적인 것'이 서로 만나고 서로를 알게 된다.

아고라는 민주주의의 고향이다. 아고라의 맥박은 이곳을 찾는 사람들의 방문객 수, 그리고 머무는 기간에 따라 측정된다. 방문을 통해 오이코스와 에클레시아 사이의, 즉 사적인 것과 공적인 것 사이의 번역작업이 수행된다. 민주주의는 결국 두 영역 사이의, 사적인 문제가 공적인 문제로 변환되고 공공안녕이 사적 기획과 과제로 변형되는 지속적인 변역과정이 실행되는 것을 말한다.

일반적인 다른 모든 번역에서처럼, 민주주의 역시 결코 완벽하지 않으며 항상 개선될 수 있던 가능성을 갖고 있다. 또한 다른 모든 번역에서처럼 번역과정은 양쪽에 새로운 가능성들을 제시한다. 슐라이어마허는 우리에게 해석이란 끝없이 순환하는 '해석학적 동심원'으로 구성되어 있다는 사실을 가르쳐 주었다. 번역 역시 마찬가지라고 생각할 수 있다. 민주주의는 하나의 '번역이라는 동심원'이다. 번역이 멈추면 민주주의도 끝난다. 번역이 자신의 본래적인 모습을 드러내지 않는다면, 민주주의는 그 어떤 번역도 완결된 것으로 볼 수 없으며 따라서 더 이상 작업이 계속될 수 없다고 간주할 수밖에 없다. 따라서 한 사회가 민주주의 사회인가를 알고자 한다면 번역작업이 아직 종결되지 않았을 것이라는 절대로 완전히 벗어날 수 없는 의심, 즉 아직 충분히 민주주의적이지 않다는 의심을 통해 알 수 있다.

프랑스의 철학자 코넬리우스 카스토리아디스가 주장하듯이 "평의회와 인민에게 좋은 것으로 비춰진다."라는 말이야말로 민주주의의 핵심을 가장 잘 파악하게 해 준다. 아테네 사람들은 이 말을 그들이 공표하고 따르고자 했던 모든 법률의 앞자리에 마치 서문처럼 첨가했다. '좋다'가 아니라 '좋은 것처럼 보인다'이다. 오늘 좋은 것처럼 보이는 것은 내일, 평의회와 인민이 새롭게 아고라에서 모일 때는 더 이상 좋은 것이 아니게 될 것이다. 에클레시아와 오이코스 사이의 대화는 결코 끝나지 않는다.

번역 가능성과 실행 가능성은 동일한 조건에, 즉 사회와 그 구성원에게 동시에 주어지는 자율성에 의존한다. 시민들은 자율적이어야 한다. 자신의 견해를 형성할 수 있어야 하고 다른 사람들과 공동으로 자신의 견해를 검토할 수 있어야 하며, 말 속에 자신의 삶을 채워 넣을 수 있는 자유가 있어야 한다. 사회 또한 자율적이어야 한다. 법을 만들고 동시에 이 법에 깃든 선(善)을 위해서는 자유에 대한 진지하고 엄정한 인식 이외의 다른 어떤 보장도 있을 수 없다는 것을 알 수 있도록 자유로워야 한다. 그러나 이 두 자율성은 서로 영역들이 중첩되어 있으며 모든 필수적인 것들을 포괄하고 있다는 전제하에서만 서로를 보완하며, 이를 통해서만 공동의 삶은 좋은 것이 된다. 또한 다음과 같이 말할 수 있을 것이다. 즉 평의회와 인민 간의 대화를 의미 있게 만드는 것은 양측에게 '좋은 것처럼 보이는' 것이 실제로 양측에게 복무하고 양측으로부터 지배받는 법으로 만들어질 것이라는 기대이다. 자율성 행사가 의미를 갖기 위해서는 시민들이 사회 역시 마찬가지로 자율적이라고 생각해야만 한다.

이러한 양면적인 자율성이 민주주의를 구성하고 있기 때문에, 민주주의는 오늘날 이중적 위협에 노출되어 있다. 첫 번째 위험은 에클레시아, 즉 '좋은 것처럼 보이는' 것이 어떤 것인가를 규정하고, 규정된 것을 현실에서 실행하는 공적인 힘이 갈수록 무기력해짐으로써 발생한다. 이 첫 번째 위협과 연관되어 있는 두 번째 위협은 에클레시아와 오이코스, 즉 공적인 관심과 사적인 문제들 사이의 번역 기술이 사라져감으로 인해 발생한다. 민주주의의 생존은 현재 이 두 전선 사이에서 결정되고 있다.

첫 번째 위협에 대해 먼저 살펴보자. 권력은 점점 더 정치로부터 분리되어 왔다. 마뉴엘 카스텔리가 말한 바 있듯이, 권력은 흐르는 물처럼 흘러간다. 그러나 2백 년 동안 계속된 민주주의의 역사적 과정 동안에 확립된 모든 정치적 기제들은 고착화되었다. 오늘날 권력은 전 지구적이고 탈영토적이지만, 정치는 영토에 기초해 있으며 따라서 정치적이다. 권력은 그 어떤 것으로부터도 방해받지 않고 전자시그널의 속도로 움직인다. 폴 빌리오에 따르면 역사의 종언이란 말도 안 되는 과장이라고 볼 수 있지만, 우리는 분명 지리의 종언을 목도하고 있다. 거리는 더 이상 아무런 문제도 되지 못한다. 그러나 정치는 이와 달리 국가만을 자신의 도구로 갖고 있다. 여기에서 국가의 주권은 예전과 마찬가지로 공간적 개념으로 정의되며, 따라서 이 공간 내로 제약된다. 권력은 여전히 의무를 회피하거나 수행하지 않을 수 있는 능력에 따라 측정된다. 이와 반대로 권력의 부재란 진행되고 있는 발전을 중지시키거나 그 속도를 떨어뜨릴 수 있는 능력의 부재를 말한다. 의무로부터 항상 피해 갈 준비를 갖추는 것이 바로 전 지구적 권력들의 핵심 전략이다. 야구에서 치고 달리기, 즉 재빠르게 공격하고 도망가기가 바로 그것이다.

제도화된 정치적 통제와 인간적 삶을 위해 중요한 조건들이 결정되는 공간의 균열은 계속해서 벌어지고 있다. 이 공간은 더 이상 지금까지 민주주의의 과정을 구현하고 제도화했던 유일한 총체성으로서 주권국가의 권력 내에 놓여 있지 않다. 지금까지 이 교열을 집단적으로 메우고자 했던 주권국가의 모든(당연히 못 내켜 하던) 시도들은 철저히 실패로 돌아갔다. 이행되지 않고 있는 우루과이라운드에서 한 협정, 유전자조작 또는 복제와 같은 근본적인 문제들에 대한 공동의 관점을 확립하고자 했던 시도들이 보여주었던 근본적인 무능력은 바로 이러한 실패상을 여실히 보여주고 있다. 이런 점에서 유고에서 벌어진 전쟁은 전환점이라고 할 수 있다. 이 전쟁은

또한 현대 역사의 상당한 기간을 세계질서와 민주주의의 기초로 작
용해 온 국가주권의 최종적 사망신고라고 볼 수 있다. 유고전쟁은
주권의 인정이라는 원칙을 토대로 시작되었으며, 동시에 세계화에
대한 해결로 제시되었던 유엔을 무의미한 것으로 선언한 격이 되었다.
요약하면, 전 지구적 민주주의는 그 어떠한 흔적도 찾아볼 수 없다.

영국 사회학자 앤서니 기든스는 근대적 삶이 어떻게 확장되었는
가를 명확히 보여주기 위해 크리슈나 신의 은유를 사용하고 있다.
이러한 은유가 근대의 역동성을 얼마나 적절하게 표현하고 있는지
는 모르겠지만, 어쨌든 이 은유는 세계화의 논리를 정확하게 묘사
하고 있다.

당연히 종교적 희열은 오늘날 야심찬 권력을 찬양하는 궁정시인
혹은 프랜시스 후쿠야마나 토머스 프리드먼 같은 그들의 나팔수에
국한된다. 우리가 살고 있는 범속한 시대의 이성적인 정치가들에게
국정지표의 업데이트만으로도 충분할 것이다. 피에르 부르디외가
"대안은 존재하지 않는다(There is no alternative)."라는 말의 축약형
으로 제시한 "티나 원칙(Tina – Pinzip)"은 갈수록 국가행위의 신중
함을 드러내는 표식이 되었다. 전 지구적 자유시장을 옹호하는 사
람들의 교리는 다음과 같다. "우리는 전 지구적 자유시장을 더 이상
억제할 수 없다. 만약 네가 전 지구적 자유시장을 막아낼 수 없다면
그 편에 서라."

어떤 식으로 움직이든 간에, 기본적으로 동일한 결과를 가져온다.
정치적 혜지(慧智)는 금융 및 상업자본이 자유롭게 움직일 수 있는
문을 활짝 열어주고, 막강한 유목민들을 위해 가능한 한 친절하고
매력적으로 나라를 변화시키기 위해 사용될 뿐이다. 이를 위해 각

종 규제는 최소화되고 노동시장과 금융시장의 유동성은 극대화된다. 바꿔 말하면, 에클레시아는 자신이 갖고 있는 권력을 포기하기 위해 자신의 권력을 사용한다. 정부는 소의 모양을 한 불의 신 몰륵 Juggemaut을 자신들이 원하는 방향으로 유도하기 위한 경쟁으로 내몰리고 있다.

독일의 사회학자 클라우스 오페는 몇 년 전에 우리가 안고 있는 복잡한 사회 현실은 그 작동기제에 대한 그 어떠한 비판적 성찰도, 아무런 실천적 결과도 낳지 못할 정도로 경직되었다는 견해를 표명한 바 있다. 그러나 스테이크가 질기다는 사실을 스테이크의 입장에서 보면 칼이나 치아가 갖고 있는 날카로움을 반영할 뿐이라고 볼 수 있다. 식탁 위에 칼이 놓여 있지 않고, 건강한 치아든 병든 치아든 이가 차례차례 다 빠져 버렸다면, 그 누구도 더 이상 스테이크를 먹을 수 없다. 따라서 오늘날 주어진 모든 정치적인 과제 중 가장 골치 아픈 것은 "무엇을 해야만 하는가."라기보다는 "우리가 어떤 사실을 알았을 때, 누가 그것을 하게 될 것인가."이다.

행위를 실천하는 척도가 도구의 강도에 있다면, 대부분의 이성적인 사람들은 그들의 지역적 에클레시아에게 그다지 많은 치적을 기대하지 않는다. 왜냐하면 사람들은 지역적 에클레시아가 활동할 수 있는 여지가 얼마나 좁혀졌는지를 명확히 알고 있기 때문이다. 공동의 이해를 토의하기 위해 아고라에서 하는 집회는 오이코스의 번영을 진정으로 원하는 모든 이들에게 점점 더 시간낭비처럼 비춰질 뿐이다. 에클레시아의 전문정치인들 역시 아고라에 참석할 이유가 없다고 생각하게 된다. 그리고 그들 역시 마찬가지로 사물을 있는 그대로 받아들이고, 홀로 각자 자신이 갖고 있는 칼과 의치를 이용해

스테이크를 알아서 잘라 먹으라는 말 이상의 도움을 줄 수는 없다.

　아고라는 황폐화되었다. 그러나 오랫동안 계속 빈 채로 버려져 있지는 않았다. 아고라는 다시 채워졌다. 그러나 이제는 오이코스로부터 터져 나오는 음성으로 채워지게 되었다. 재치 있는 영국 소설가인 피터 유스티노프는 "마담, 우리는 자유로운 나라에 살고 있습니다. 우리는 공적인 장소에서 당신의 사생활에 대해 당신과 함께 이야기를 할 권리를 갖고 있습니다."라고 이야기한 바 있다. 프랑스 사회학자 알랭 에렌부르는 1983년 10월의 어느 수요일 저녁을 프랑스 문화사(그리고 문화사 이외의 영역에 있어서도)에서 하나의 전환점으로 보고 있다. 그날 저녁 비비안이라는 여자는 많은 시청자 앞에서 남편 미첼이 조루로 고통받고 있으며, 충격적이게도 그녀 또한 성교 시에는 한 번도 쾌감을 느껴본 적이 없다고 고백했다.

　엄청난 파급효과를 가져온 이 사건 이후부터 셀 수 없이 많은 토크쇼들은 지구상의 모든 방송국들이 인간세계에서 벌어지는 일들을 보여주는 가장 중요한 창이 되었다. 시청자들이 이 창을 통해 보는 것이 이전에는 한 번도 세상에 알려지지 않은 사적인 경험을 고백하는 사람들이다. 그리고 시청자들은 동시에 우리 모두가 누구나 동일한 고민으로 번민하고 있으며, 이러한 고민을 자신의 오감과 끈기로 헤쳐 나가야 하고, 동시에 백화점에서 찾아볼 수 있는 각종 정교한 물건들이 고민을 헤쳐 나가는 데 도움을 줄 수 있다는 교훈을 지겹도록 듣게 된다.

　이제 사적인 것은 공적인 것과의 상호작용을 통해 자신을 드러내지 않는다. 사적인 것은 모두가 지켜보는 가운데 널리 확산되었지만, 그렇다고 이러한 확산이 새로운 단계의 질적 도약으로 이어진 것은 아니다. 그렇지만 사적인 것은 이러한 과정을 통해 자신의 사사성Privatheit을 더욱 강화하게 될 것이다. 비비안이나 미첼과 같은 '보통사람들'이 수다를 떠는 방송 내지 인기연예인, 정치가, 그리고 기타 유명인들의 사생활에 대한 독점적 가십은 사적인 어려움과 그에 대한 사적인 치료 이외의 모든 사적인 것에 겨누어져 있는 공적인 삶의 허무함과 희망의 허망함에 대한 공적인 교훈이다. 오늘날 고독한 개인들은 단지 고독한 개인들을 만나기 위해 아고라로 향한다. 그들은 자신들의 고독을 진정시키고 동시에 다시 한 번 확인하면서 집으로 돌아간다.

　이것이 바로 민주주의의 미래를 얽어매는 고르디우스의 매듭이다. 점점 커가는 공적 기관의 무력함으로 인해 사람들은 공동의 요구와 입장에 대한 이해관심을 잃어가게 된다. 그러나 그러는 사이에도 사적인 고통을 공적인 문제로 번역하는 능력의 퇴행과 의지의 소멸은 계속되어, 이러한 무력감을 가져왔고 그 결과로 인해 더욱 강력해지는 전 지구적인 힘이 더욱 쉽게 자신의 활동을 해나가게 해 준다. 이 매듭을 푸는 데에는 알렉산더의 통찰과 용기가 필요하게 될 것이다.

(시그문트 바우만, 「죄선선의 민주주의」, 『세계화 이후의 민주주의』,
권터그라스 외 다수(이승협 옮김), 평사리, 2005, 41 - 50쪽)

(사례 8) 사랑의 관계는 서로 응답한다.

　사업이나 업무상 관계와 달리 사랑 관계는 인간적 성장의 가장 개인적이고 가장 내밀한 영역, 마르틴 부버의 표현대로 '너'에게서 생성되는 '나'를 겨냥한다. 인간은 자신의 가장 내적인 가능성을 이해하고 긍정해 주는 사람, 자신의 불안과 약점을 드러내도 수치심을 주지 않을 사람, 자신을 내맡긴다는 불안이나 자신의 감정을 나쁘게 이용할지 모른다는 불안감 없이 안도감을 줄 수 있는 사람, 요컨대 어려울 때 자신을 보호하고 배려해 주며, 성공했을 때는 자랑스러워하고 실패했을 때는 충실히 도와줄 사람을 자신의 파트너로 바란다.

자신이 잘못을 저질렀을 때나, 맞서지 않고 도망가려 할 때 질책을 받으며 비판적인 견지에서 자극을 받고 싶어 하기도 한다. 서로 함께 길을 찾고 장애와 난관을 극복하며, 인생의 우여곡절을 함께 헤쳐 나가고 싶어 한다. 사람들은 자신이 입은 옷에 관심을 보이고 옷에 검불이 묻었다거나 나쁜 냄새가 난다고 알려 주며 자신의 슬픔이나 고단함을 알아채는 사람, 예컨대 안나 또는 토마스라는 이름의 나에게 관계를 맺는 사랑의 파트너를 만나고 싶어 한다.

나는 니들먼과 마찬가지로, 인간은 누구나 자기 자신의 가치에 대해 확신하지 못하는 불안정한 존재이며 또 누구나 자신의 결점과 약점 때문에 고민하며, 또 이렇게 불안정한 요소들을 어떻게 하면 극복할 수 있을지 모색하는 존재라는 관점을 출발점으로 삼는다. 두 사람 사이를 묶어내는 특별한 매력의 요소는 비단 강인함이나 아름다움, 지성 같은 잘난 자질만이 아니다.

감추어진 불안이나 약점 그리고 이러한 것을 극복하려는 갈망은 때때로 잘난 자질보다 더 특별한 매력이 된다. 자신이 상대방의 자기 길 찾기에 뒷받침을 해 줄 수 있다는 가능성에 더 특별하게 마음이 사로잡힐 수 있는 것이다. 일반적으로 사람들은 상대방이 자신의 본모습을 실현할 수 있게 돕고 싶어 한다.

존재의 한 장 한 장을 펼쳐 내고 발산시키는 내밀한 영역에서, 개인은 상대의 응답에 의존한다. 파트너는 이를테면 공간을 제공하는 셈인데, 여기서 공간이라 함은 개인이 자신의 내밀한 가능성을 펼치는 틈새라고 할 수 있다. 그것이 좋게 전개되거나 나쁘게 전개되는 문제는 상대방이 얼마나 적절하게 응답하는지, 아닌지와 연관되어 있다.

사랑의 관계에서 남자는 여자가 자신을 남자로 대하기를, 자신의 남성적 잠재력을 자극하고 불러내기를 바란다. 남자는 여자에게서 존중받고 찬사받기를 바라며, 자신의 남성성이 사용되기를 바란다. 여자도 마찬가지다. 남자가 자신의 여성성을 요구하고 확인하기를 바라며, 그가 자신의 개인적 잠재력을 펼칠 수 있는 공간을 열어주고 개인적 잠재력을 전개하는 자신을 긍정해 준다고 느끼고 싶어 한다.

사랑하는 두 사람은 상대를 아무 조건 없이 돕지는 않는다. 그들은 서로 상대방의 개인적 존재가 펼쳐지기를 자극한다. 두 사람은 사랑하는 마음에서 서로 지지해 줄 뿐 아니라, 서로에 대해 기대도 하고 때로는 아주 날카로운 비판자가 되기도 한다. 한편 두 사람 사이에 때로 불쾌한 일은 미리 기피하고 대결을 회피하며 적당히 타협하려는 경향도 교차된다. 이렇게 상대가 응답을 보내지 않으면 다른 도리를 쓸 길이 없다. 서로 관계를 맺기로 한 사람들은 상대의 태도와 상대가 만들어 내는 작용에 영향을 받지 않을 수 없기 때문이다.

사랑의 관계라는 테두리 안에서는 상대의 다름과 자신의 다름이
전제가 된다. 개인의 잠재력을 펼쳐 내고 쓸모 있게 하는 과정에서
개인적 존재의 전개를 서로 자극하는 것은 단순히 진화생물학적 견
지에서 놓고 봐도 의미가 있다.

(위르크 빌리(심희섭 옮김), 『사랑의 심리학』, 이끌리오, 2003, 41 - 44쪽)

<u>(사례 9) 문명의 전쟁에서 인간의 대화로</u>

지난 세기 초반에는 '생존을 위한 투쟁'이 강대국의 엘리트들을
매료시켰다. 그것은 다윈의 진화론을 조악하게 변형시킨 정치모델
로, 역사를 강대국들 간의 생존을 위한 투쟁으로 설명했다. 피로 얼
룩진 지난 세기의 초반은 이 이데올로기가 세계 발전에 미친 결과
를 보여준다.

문명의 전쟁이란 명제와 함께 새로운 오도(誤導)의 이론이 시장
에 등장했다. 이는 사회다윈주의를 좀 더 큰 사회적 단위에 적용시
킨 것에 지나지 않는다. 이 '학설'은 국가들 간의 적대감이 아니라
문명, 아니 좀 더 정확히 말해서(그리고 좀 더 노골적으로 표현하면)
종교들 간의 적대감을 부추기고 있다. 모슬렘들, 유교 신봉자들, 서
방 기독교인들과 기독교 정교를 믿는 신자들, 그리고 힌두교도들은
하버드 대학교수인 새뮤얼 헌팅턴의 진단에 따르자면 잔인한 전쟁
으로 나아가는 길을 걷고 있다. 이를 피할 수 있는 가능성은 단 하
나, 이들이 서로 뒤섞이지 않고 고립된 채 살아가는 지혜를 얻는 길
뿐이다. 문명적 순수화가 평화의 전략으로 높이 평가된다.

현실을 바라보면 의문이 생긴다. 이 조야한 이론이 언론 매체에서 성공을 거둘 수 있었던 것은 어떤 정황 덕분이었을까? 현재 지구상에서 벌어지고 있는 폭력적 갈등을 살펴보면 국경 분쟁, 영토 분쟁, 자원에 대한 권리 주장을 둘러싼 경쟁, 인종 갈등 등 전통적인 갈등의 원인이 지배적이다. 인종 갈등의 경우 문제가 되는 것은 상이한 민족집단들 간의 세력 갈등, 차별, 분리 추구 등이다. 순수하게 '문명적인 갈등'은 없다. 다만 종교적 차이가 기존에 이미 존재하는 갈등을 심화시키고 더욱 강력한 폭력을 사용하도록 이끌었다는 점이 관찰된다.

그렇다고 해서 나의 의도를 오해해서는 안 된다. 상이한 문명에 속한 사람들이 하나의 사회 안에서 살 수 있는 방법 혹은 상이한 문명권의 국가들이 평화롭게 공존할 수 있는 방법을 찾는 문제가 현대의 핵심 과제가 아니라고 말하려는 것은 아니다. 오히려 그 반대로 나는 공존의 방법에 대해 심사숙고해야 한다고 생각한다. 문명의 차이가 가장 큰 갈등의 원인은 아니지만 갈등을 심화시키기 때문에 위험한 역할을 수행할 수 있다. '낯선 것'을 합리적으로 대할 수 있으려면 우선 그에 대해 알아야 한다. '기독교 – 서양'의 문화유산에 편향된 학습 및 교육 프로그램으로는 지구화의 도전에 대응해야 할 우리의 지도층, 여론 형성층과 확대 재생산층에게 적절한 준비를 시켜 주지 못한다. 서양의 고등학생들은 여전히 라틴어와 고대 희랍어를 배우느라 분주하지만 인도와 중국의 역사에 대해서는 들을 기회조차 없다. 불교 혹은 신도(神道)는 두말할 필요도 없고 이슬람도 스페인의 무어족, 시칠리아의 사라센족, 비엔나 앞의 터키 등 위협적인 모습으로만 배울 뿐이다. 이렇게 해서는 성숙한 만남을 위한 토대가 마련될 수 없다.

　다른 문명에 대한 일반교양이 점차 고등학생들의 필수과목이 되고 문화학과 지역학이 대학에서 중요시된다고 한번 가정해 보자. 그때서야 비로소 진짜 작업이 시작될 것이다. 무엇보다도 가장 중요한 과제는 여러 문명들의 사상체계와 가치체계들 간의 공통점과 근본적인 차이점을 연구하는 것이다. 이때 한 가지 주목해야 할 사항이 있다. 세계문명은 어느 것이나 대단히 유연하며 해석의 폭이 넓다는 것이다. 그렇지 못했다면 인간의 삶의 조건들이 포괄적으로 변해 온 수백 년, 아니 수천 년의 세월을 견뎌내지 못했을 것이다. 세계문화의 적응력에 대한 좀 더 심오한 근거는 모든 문명전통이 사용해야 했던 매체, 즉 언어의 본질에 있다. 언어는 '동시적으로나 통시적으로 유연하다.' 간단히 말해서 언어적 표현은 — 가족, 근면, 질서 등 특정한 사회적 가치에 대한 입장 표명이 그렇듯이 — 어느 시대에나 특정한 틀 안에서 해석이 가능하여 논쟁을 벌이고 의견일치를 볼 수 있다. 이것이 언어의 통시적 유연성이다. 시간에 따른 의미변화는 더욱 복잡하다. 특정한 세기의 가치와 단어와 가치의 의미는 오직 그 시대의 빛 아래 인간이 언어를 이해한 방법에 달려 있다. 위대한 종교들의 성전은 그 생성의 시기에는 오늘날 우리가 읽어낼 수 있는 것과는 전혀 다른 의미였다. 따라서 정치적인 종교 — 근본주의는 그것이 어떤 특성을 띠건 간에 — 엄청난 비극이며 소위 본래적인 진리를 위하여 수백만 명의 인간을 희생시킬 준비가 되어 있다. 하지만 '본래적인 것', 완전히 다른 역사적 환경에서 생성된 것은 더 이상 본래적 의미로 이해될 수 없기 때문에 이는 사고의 현혹에 불과하다.

다시 우리의 출발점으로 돌아가자. 문명들이 전승되는 언어는 해석이 가능하기 때문에 현대도 별다른 문제없이 언어 안에 자취를 남길 수 있다. 그렇지 않다면 중국, 인도네시아, 이란, 이집트, 나이지리아, 케냐에서 인권 존중, 그러니까 소위 서양문명과 밀접히 연관된 가치관을 요구하는 명확한 목소리가 들리는 현실을 설명할 수 없을 것이다. 참정권, 민주화를 요구하는 외침이 또렷하다. 또 전 세계 여성들은 차별의 종식을 요구하고 있다. 저 끔직한 할례로부터 공적인 삶을 향한 완벽한 참여로 나아갈 것을 요구하는 것이다. 문명들이 진정 그렇게 서로 상이하다면 이 지구적 '요구의 물결'은 도저히 설명 불가능한 현상일 것이다.

문명은 발전하며 상호 교류 과정에 있다. '지구화'의 개념 아래 기록되는 국제 경제 및 통신관계의 긴밀화는 이 교류를 전례 없는 방법으로 집중화하였다. 그리고 모든 세계 지역에서는 크게 나누어 두 가지 반응이 나타나고 있다. 한편으로는 비현실적인 부정("독일은 이민국이 아니다.")에서부터 폭력적인 정치 근본주의에 이르는 반응으로 낯선 것의 침투에 저항하고 이를 근절하려는 방식이다. 다른 한편으로는 낯선 문명의 내용과 관행에 대한 활발한 관심 등 새로운 것에 대한 여러 가지 적응 시도를 볼 수 있다. 물론 지역적으로 중점은 다르지만 공동의 기반 위에 서 있는 세계적 인권 운동은 문명 간의 경계를 지우고 문명들의 교류와 일치를 추구하는 가장 고귀한 예이다.

따라서 근본주의적 경계 설정은 동전의 한 면일 따름이다. 이는 과거로, 그리하여 막다른 골목으로 이끈다. 공통점을 중시하는 태도가 좀 더 의미 있는 투자이다. 이를 위해서는 건강한 자의식이 전제되어야 한다. 이중국적자는 애국심의 분열로 심각한 피해를 야기할 수 있다는 공포에 찬 반응은 우리의 사회모델이 얼마나 큰 장점을 가지고 있는지 명확히 알지 못하기 때문이다. 우리의 사회모델도 우리가 알아야 할 약점이 있지만, 현재와 미래의 과제에 대처하는 데에 있어서 현재 타의 추종을 불허한다. 칭찬이 자자했던 아시아의 길은 — 동남아시아 지도자들이 선포한 '아시아의 가치'와 함께 — 경제위기와 함께 그 한계를 경험했다. 소련의 모델은 이미 10여 년 전에 끝났고 이란의 '이슬람 공화국'에서도 근대주의자들이 서양과 다리를 놓으려 필사적으로 애쓰고 있다. 아프가니스탄의 이슬람에서는 석기시대가 엿보인다. 우리는 열등감 콤플렉스에 시달릴 필요가 없으며 불안에 떨며 사방을 방어할 태세를 갖출 이유가 없다.

인권문제에서 가장 중요한 국면은 아마 남녀평등이 될 것이다. 세계의 많은 지역에서 여성은 천부 인권과 시민권을 박탈당한 가장 커다란 집단이다. 전 세계적인 여성의 권리 강화만큼 문명의 접근을 단번에 약속해 주는 영역은 없다. 이 점에서 서구는 남녀평등의 요구를 내세울 수 있을 뿐만 아니라 또한 남녀평등을 실현시킬 빛이 있다는 것도 명확한 사실이다. 여러 교회 내에서 여성의 사회 진출이 봉쇄되어 있는 한, 서구 역시 근본주의를 완전히 극복하지 못한 것이다. 그럼에도 불구하고, 아니 바로 그 때문에 외교정책의 일환으로서 인권정책과 민주화 원조를 포기할 수 없다.

이와 동시에 서구는 세계 여러 지역에서 개별적인 세력들이 행하는 제국주의적 추구를 차단하는 데 도움이 되어야 할 것이다. 다양성은 문명들이 서로 평화롭게 교류할 수 있는 가장 훌륭한 전제이다. 이슬람 세계의 국가들도 — 헌팅턴이 처방하고 싶어 하는 바와 같이 — '하나의 핵심국'(헌팅턴에게는 터키)에 복종하고 싶어 하지 않는다. 지역적 세력 균형을 유지하려는 시도는 문명 간 대화를 위해 — 잘 눈에 띄지는 않지만 — 매우 중요한 도움이 된다.

경제 협력은 문명들을 좀 더 가까이 근접시키는 또 하나의 과정이다. 물론 지구화란 축복만은 아니다. 오히려 그 반대이다. 하지만 지구화는 상이한 사회들 내에 존재하는 동형의 실천들을 부각시킬 뿐만 아니라(예를 들어 경쟁, 혁신, 현대 통신기술의 침투 등) 교류와 밀접한 협력에 대한 대중적 관심을 드러내 보여준다. 이 세력들에 완전히 의존하지 않으면서도 이에 기반을 두는 것은 문명 간 대화 진흥에 중요한 원칙이다. 천박한 마르크시즘이 천명한 것처럼 '의식'이 기계적으로 '존재'에 의존하지는 않지만, 경제적 실천과 세계관, 가치관과 지향성은 언제나 관계가 있다. 이란의 시장상인과 중국의 섬유제조업자 경기가 국제무역에 의존되어 있다는 사실이 아무런 영향도 미치지 않을 수는 없다. 국제무역은 세계에 대한 이들의 사고의 영향을 미치며 이슬람이나 공산주의 혹은 국가주의적 표어에 의혹을 품게 만든다.

마지막으로 비정부기구가 중요한 역할을 수행하고 있다. 정부와 무관한 사회 조직들은 어느새 전 세계적 현상이 되었다. 특히 아시아에서 이들은 지난 10년간 놀랍게 비약했다. 이들은 무비판적으로 서구의 모델을 모방하지 않는다. 그러나 이들은 그 실천에 있어서 — 환경, 여성, 인권기구, 소수민족국가로서 — 인간의 근본적인 권리와 결정에 대한 참여권을 체현하고 있다. 국제적, 문명 초월적 교류에 대한 이들의 관심은 끝이 없다. 비정부기구들의 다양한 협력은 공식적인, 그리하여 강하게 예식화된 만남을 넘어서 문명들 간의 생산적인 대화에 대한 희망을 보여준다.

'문명의 전쟁'은 역사의 '자연법칙'이 아니다. 그것은 우리의 현재를 특징지어 주지도 않으며 피할 수 없는 미래의 운명도 아니다. 종국에 가서 그런 결과가 온다면 그것은 파국적인 국가 운영의 실책 때문일 것이다. 동맹을 맺고 경제적으로 협력하는 것, 비정부부문을 강화하고 인권, 특히 여성의 권리를 진흥시키는 것, 그리고 물론 관용이야말로 문명 전쟁을 문명 공존으로 바꾸는 가장 훌륭한 방법이다.

(하랄트 뮐러(이영희 옮김),『문명의 공존』, 푸른숲, 2000, 311－317쪽)

(사례 10) 인간 본성에 대한 도전적 고찰

사람들은 누구나 다 인간 본성에 관한 나름의 이론을 가지고 있다. 사람들은 다른 사람들의 행동을 예측해야 하는데, 이를 위해서는 무엇이 사람들을 움직이는가에 대한 이론이 필요하다. 우리가 사람들에 대해 생각하는 방식에는 인간 본성에 대한 암묵적인 이론 ― 행동은 생각과 감정에 의해 야기된다는 이론 ― 이 깊이 잠재해 있다. 우리는 우리 자신의 마음을 성찰하고 동료들이 우리와 똑같다고 가정함으로써 그리고 사람들의 행동을 관찰하고 일반화시킴으로써 그 이론을 완성한다. 게다가 우리를 둘러싼 지적 환경, 즉 권위자들의 전문 지식과 당대의 인습적 지혜로부터 다양한 개념들을 흡수한다.

인간 본성에 관한 우리의 이론은 삶의 많은 측면들을 분출해 내는 샘이다. 우리는 다른 사람을 설득하거나 위협할 때 또는 정보를 주거나 속이려 할 때 그 이론을 참조한다. 우리는 그 이론이 충고하는 바에 따라 결혼 생활을 해 나가고, 자녀들을 기르고, 우리 자신의 행동을 통제한다. 학습에 대한 전제들은 우리의 교육 정책을 이끌고, 동기 부여에 대한 전제들은 경제, 법, 범죄와 관련된 정책들을 주도한다. 그것은 또한 사람들이 쉽게 성취할 수 있는 것, 희생이나 고통을 통해서만 성취할 수 있는 것, 결코 성취해서는 안 되는 것 등을 설명함으로써 우리의 가치관에 영향을 미친다. 우리의 다양한 삶과 정치 체제 속에는 인간 본성에 대한 여러 이론들이 복잡하게 얽혀 경쟁하고 있으며, 역사적으로도 수많은 갈등의 원천으로 작용해 왔다.

수천 년 동안 종교는 인간 본성에 대한 주요 이론들을 배출했다. 예를 들어 유대－기독교의 설명들은 현재 생물학과 심리학에서 연구하는 주제와 많은 부분에서 겹친다. 인간은 신의 형상으로 창조되었고, 동물과는 무관하다. 여성은 남성의 파생물이고, 따라서 운명적으로 남성의 지배를 받는다. 마음은 비물질적인 것이고, 어떤 신체 구조도 갖지 못하는 힘을 가지고 있으며, 신체가 죽은 후에도 계속 존재할 수 있다. 그리고 마음은 몇 가지 요소로 구성되어 있는데 여기에는 도덕성, 사랑의 능력, 어떤 행동이 도덕적 이상과 일치하는가를 판단하는 사고 능력, 어떻게 행동할 것인가를 선택하는 결정 능력이 포함된다고 한다. 결정 능력은 인과법칙을 따르기보다는 죄악을 선택하는 선천적 경향의 지배를 받는다. 우리의 인지·지각 능력이 정확히 작용하는 이유는 신이 그 속에 현실과 대응하는 이상을 주입했기 때문이고 그 작용을 외부 세계에 맞게 조정하기 때문이다. 정신 건강은 신의 목적을 인식하고, 선을 선택하고 죄를 회개하며, 신을 사랑하고 신을 위해 동료 인간들을 사랑하는 것에서 비롯된다.

유대-기독교 이론은 성서에서 말하는 사건에 기초를 두고 있다. 성서에 따르면 인간은 독자적으로 창조되었기 때문에 인간의 마음과 동물의 마음 사이에는 공통점이 전혀 없다. 여성의 창조에 관한 두 번째 이야기에서 이브는 아담의 갈빗대로 만들어졌기 때문에 여성의 설계는 남성의 설계에 그 바탕을 두고 있다. 인간의 결정은 특정한 원인에서 비롯된 불가피한 결과가 아니라고 추정된다. 신이 아담과 이브에게 선악과를 먹은 책임을 물었다는 것은 그들이 다른 행동을 선택할 수 있었음을 의미하기 때문이다. 여성은 이브의 불복종에 대한 벌로 남성의 지배를 받고, 모든 남성과 여성은 최초의 부부가 지은 죄를 물려받는다.

유대-기독교의 개념은 여전히 미국에서 가장 인기 있는 인간 본성 이론이다. 여론 조사에 따르면 미국인의 76퍼센트가 성서의 창조 이야기를 믿고, 79퍼센트가 천사와 악마를 비롯한 영적인 존재들을 믿고, 67퍼센트가 어떤 형태로든 사후 세계가 존재할 것이라고 믿는 반면, 단 15퍼센트만이 다윈의 진화론이 지구상에서 출현한 인간의 기원을 가장 적절히 설명하는 이론이라 믿는다. 우익 정치인들은 이 종교적 이론을 분명히 채택하고 있으며, 공식적으로 반대하는 주류 정치인은 한 명도 없다. 그러나 우주론, 지질학, 생물학, 고고학 등과 같은 현대 과학에 대한 지식을 가진 사람이라면 누구나 성서의 창조 이야기가 실제라고 믿는 것은 불가능하게 되었다. 그 결과 유대-기독교의 인간 본성 이론은 더 이상 학자, 언론인,

사회 분석가와 그 밖의 지식 분야 종사자들에게는 공개적으로 인정받지 못하는 이론이 되었다.

그럼에도 모든 사회는 그 나름의 인간 본성 이론과 함께 유지되며, 우리의 주류 지식인 사회에도 하나의 명확한 이론이 존재한다. 그 이론은 공공연히 표명되거나 채택되는 경우가 거의 없지만, 거의 모든 신념과 정책의 핵심을 이루고 있다. 버트런드 러셀은 이렇게 썼다. "사람은 누구나 자신을 편안하게 해 주는 확신의 구름에 둘러싸인 채 살아간다. 그 구름은 여름날의 파리 떼처럼 그를 따라 이동한다." 오늘날 지식인들의 경우 그 확신의 많은 부분이 심리학 그리고 사회적 관계와 관련되어 있다. 나는 그 확신들을 '빈 서판'(tabula rasa)에 지칭하고자 한다. 그것은 인간의 마음은 어떤 고유한 구조와도 무관하며, 사회나 그 자신이 그 위에 원하는 것을 마음대로 새겨 넣을 수 있다는 개념이다.

인간 본성에 대한 이 이론, 즉 인간 본성이 거의 존재하지 않는다는 이론이 바로 이 책의 주제이다. 모든 종교에는 인간 본성에 대한 이론이 포함되어 있고 인간 본성에 대한 이론들이 각각의 종교 안에서 자신의 역할을 수행하는 것처럼, 현대 지식 세계에서는 빈 서판이 세속 종교가 되었다. 그것은 가치의 원천으로 간주되며, 따라서 그 이론이 무에서 생겨나는 복잡한 마음이라는 믿기 힘든 기적에 근거하고 있다는 사실은 문제시되지 않는다. 회의론자들과 과학자들이 그 학설에 도전하면 어떤 신자들은 신앙의 위기에 빠지고 또 어떤 신자들은 이교도와 불신자들을 향해 격렬한 공격을 퍼붓는다. 그러나 많은 종교적 전통들이 결국에는 과학의 명백한 위협들 (가령 코페르니쿠스와 다윈의 혁명적 이론)을 참고 받아들였듯이,

우리의 가치관도 빈 서판의 종말을 이기고 꿋꿋이 살아남을 것이다.

(스티븐 핑커(김한영 옮김), 『빈 서판』, 사이언스북스, 2004, 25 - 28쪽)

<u>(사례 11) 비열함의 찬양(Lob der Niedertracht)</u>

생태학적으로 아직 사람의 손길이 닿지 않은 평화로운 한 작은 시내의 질척거리는 가장자리에서 전갈과 개구리가 서로 마주쳤다. 전갈은 맞은편 냇가로 건너가고 싶었다. 하지만 헤엄을 칠 수가 없었기 때문에 개구리에게 자신을 등에 업고 물 위를 건너게 해달라고 부탁했다. 친절한 동물이기는 하지만 매우 영악했던 개구리는 전갈의 부탁을 정중히 거절했다. 누구나 알고 있듯이 개구리는 전갈이 자신의 등을 찌를 경우, 그것은 곧 자신처럼 작은 동물에게는 치명적인 결과를 가져다줄 것이라는 점을 너무도 잘 알고 있었기 때문이다.

이런 개구리의 태도를 보고 전갈은 웃으면서 다음과 같이 응수했다. "도대체 그런 논리가 어디 있느냐? 만약 내가 너를 찌른다면 너는 죽는다. 하지만 나는 헤엄을 치지 못하기 때문에 나 역시 너와 함께 빠져 죽을 것이다. 따라서 나는 너를 찌르지 않을 것이다."

전갈의 이 말은 영특한 개구리를 설득시켰다. 개구리는 논리적으로 생각할 수 있을 뿐 아니라 인정이 많고 착했던 까닭에, 자신의 등에 전갈을 태우고 기분 좋게 반대편 물가로 헤엄쳐 갔다. 그러나 시내의 중간쯤 가장 깊은 곳에 도달했을 무렵, 개구리는 갑자기 무엇인가가 자신의 목덜미를 찌르고 있는 것을 알았다. 개구리는 치명적인 상처를 입은 채 물 속으로 가라앉으면서 전갈을 향해 머리를 돌리고 물었다. "논리, 도대체 논리가 어디 있느냐?"

이에 대해 전갈은 '논리'라고 응수한 후, 물을 뱉어 내면서 다음과 같이 결론지었다. "논리! 그것은 어쨌든 나의 특성이다!"

(발터 레제 – 쉬퍼(선우현 옮김), 『하버마스』, 거름, 1998, 103 – 104쪽)

(사례 12) 안티히어로(Antihero)를 위한 예찬

우리는 승리자들을 경탄하면서도 미워한다. 간혹 끌리는 승리자들이 있긴 해도 정을 느끼지 못한다. 오히려 우리가 연민을 느끼고 공감하는 이들은 실패하거나 승리를 사기당한 사람들이다. 또한 마치 추락하기 위해 정상에 올랐다는 생각이 들 정도로 정상을 밟자마자 다시 내려와야 했던 수많은 사람들에게도 깊은 연민의 정을 느낀다.

세상사를 가만히 지켜보면 집요하고 끈질긴 사람일수록, 혹독하고 과감하게 밀어붙이는 사람일수록 정상에 좀 더 쉽게 두달하는 것을 알 수 있다. 필지는 예전에 백괴사전에 실린 사람들은 어떤 유의 사람일까 궁금한 마음에 『승리자*Die Sieger*』라는 책을 쓴 적이 있다. 그 책에서 이런 결론을 내렸다. 백과사전에 이름이 실린 사람들은 그렇지 않은 사람들보다 거칠고 비정하고 역겨운 사람일 가능성이 훨씬 높다고.

유명해지고자 야심이 없는 사람들은 대개 그렇지 않은 사람들보다 편하고 유쾌한 사람들이다. 우리는 어떤 운명의 시련이 닥쳐도

밝은 표정으로 감내하는 사람들에게 박수갈채를 보낸다. 하지만 『쥐트도이체 자이퉁*Süddeutsche Zeitung*』에서 썼듯이 착한 패배자란 혹시 '이상하게 느낄 정도로 고상한 성품의 소유자들'이 아닐까? "그런 사람은 대개 지루하다! 테니스 경기를 해도 상대를 완전히 눌러 버리기 위해 하는 것이 아니라 한가하게 바람이나 쐬려고 하는 사람들이다." 이 풍자에 따르면 어떤 사람들에게 상이 돌아갈지는 너무나 분명하다.

서커스에서는 착한 패배자가 어릿광대 코너로 제도화되어 있고, 동화에서는 우리를 매혹시키는 장치로 사용된다. 서커스의 어릿광대는 늘 하는 일마다 실패하고, 바보처럼 조롱을 당하거나 상대방 속임수에 넘어가면서도 이런 모든 것을 웃으면서 참아 내거나, 아니면 눈물을 보여 우리에게 웃음을 자아낸다. 그림형제의 동화에 나오는 행복한 한스는 금덩어리를 자꾸만 더 값싼 것과 바꾸어 나간다. 처음에는 말과 바꾸더니, 그 다음에는 말을 소와 바꾸고, 소를 돼지와 바꾸고, 돼지를 거위와 바꾸다가 마지막에는 숫돌 하나밖에 남지 않았다. 그런데 그마저도 우물 속에 빠뜨리자 이제야 한스는 더 이상 갖고 갈 것이 없게 된 것을 기뻐하며 신에게 눈물을 흘리며 감사하였다. "아, 세상에 나처럼 행복한 사람이 또 있을까!" 그래, 이건 동화니까 그렇다 치자. 현실에서는 어떤 패배자도 행복하지 못하다. 다만 좋은 패배자는 비록 실패하더라도 의기소침하지 않고, 세상에 분풀이도 하지 않는다. 권투 선수 막스 슈멜링이 그런 사람이다. 그는 자신의 마지막 패배를 기분 좋게 받아들이고 75년 정도를 더 살면서 독일에서 가장 인기 있는 스포츠 스타가 되었다. 1930년대에 헤비급 세계챔피언에 오른 슈멜링은 1936년에 이제껏 한 번도 진 적이 없는 '갈색폭격기' 조 루이스를 물리쳐 열광적인 환호를 받았다. 그러나 1938년에 루이스와 다시 맞붙어 1회 KO패라는 치욕스런 패배를 당했다. 하지만 독일인들은 슈멜링을 웃고 있는 얼굴로만 기억하고 있다.

얀 필립 렘츠마는『복서 무하마드 알리의 스타일』에서 이렇게 썼다.

패배란 견디기 어려운 것이다. 파산해 버린 사업가, 마지막 순간에 발이 봉에 걸려 기록 달성에 실패한 높이뛰기 선수, 링에서 흠씬 두들겨 맞은 복서, 아내가 도망간 남편. 이들 모두는 고통으로 울부짖고 싶어 한다.

그러나 슈멜링은 분명 이런 유의 패배자들과는 달랐고, 그들과 같은 고통으로 시달리지 않았다.

하지만 유명한 패배자들이 내면으로 얼마만큼 절망에 시달렸는지는 알 수 없다. 아버지 요한슈트라우스와 이사크 바벨은 분노로 치를 떨었고, 렌츠는 자신의 상황을 냉정하게 판단하지 못할 정도로 광기에 사로잡혔으며, 뷔히너는 찬란한 미래를 앞두고 갑작스레 죽어야 했던 것을 아쉬워했을지도 모른다. 하인리히 만도 절망의 세월을 보냈던 것처럼 보인다. 철학자 카를 야스퍼스는 그를 이렇게 어두운 색채로 묘사했다.

좌절 속에서 세상에 대한 불신을 안고 쓰러져 갔다.

반면에 불굴의 정신으로 운명에 저항한 이들도 있다. 예를 들어 세계적으로 유명한 몇몇 운동선수들은 다시 일어서기 힘든 좌절을 겪은 뒤에야 비로소 빛을 발하기 시작했다.

보리스 베커는 청소년기에는 아주 형편없는 테니스 선수였다. 오죽하면 클럽 감독이 그를 여자선수들 틈에 끼워 연습을 시켰겠는가? 하지만 베커는 그런 역경을 딛고 결국 세계 정상에 우뚝 섰다. 올림픽대회 400미터 허들 종목에서 두 번이나 우승을 일구어 내고, 1977년부터 1986년까지 122차례나 대회에 참가해서 한 번도 지지 않았던 에드윈 모제스도 학창 시절에는 달리기 대회에서 한 번도 일등을 차지한 적이 없는 소년이었다. 그런 그가 이렇게 말했다. "모든 패배 속에 승리가 숨어 있다." 패배가 승리의 밑거름이라는 것이다.

만일 헨리 포드에게 이런 철학이 없었더라면 오늘날 포드 자동차사는 존재하지 않았을지 모른다. 그는 서른아홉에 두 번의 도산으로 폭삭 망한 다음 이렇게 말했다. "실패는 새롭게 출발할 기회를 준다. 그것도 좀 더 영리하게 출발할 기회를."

정치에서도 이러한 신조는 처칠의 경우처럼 아주 놀라운 성공으로 이끌기도 했다. 하지만 히틀러의 경우처럼 살인적인 복수로 나타나기도 했다. 아돌프 히틀러는 빈 미술아카데미에 두 번이나 지원해서 떨어졌다. 그 뒤 배고픈 떠돌이 신세로 이곳저곳을 방황하다가 마지막에는 부랑자 숙소에서 그림엽서를 그리며 근근이 연명했다. 독일 역사학자 요하임 페스트는 이렇게 썼다.

그(히틀러)는 굴욕감과 극심한 좌절감에 빠져 있었다. 그가 훗날 학살. 가혹함. 잔인함. 약육강식의 논리를 신봉하게 된 데에는 당시 부랑자 숙소에서 깨달았던. 그 잊히지 않는 세상의 더러운 논리가 많은 영향을 끼쳤다.

토마스 만 역시 이렇게 말했다. "히틀러는 수없이 좌절한 한 부적격한 인간의 복수심이 곪아터져 세계를 잔인하게 짓밟아 버렸다."

사실 복수는 모든 민족의 주요 과제였다. 프랑스는 1871년 프로이센에 무릎을 꿇고 알자스로렌 지방을 내준 뒤 복수를 맹세했고, 이것이 제1차 세계대전이 발발하는 데에도 일정 정도 영향을 미쳤다.

1865년 미국의 남북전쟁에서 양키에게 패한 남군은 복수할 기회를 잡지 못했다. 전쟁 직후 남부 주민들은 굶주림에 허덕였고, 땅은 황폐해졌으며, 무기를 든 군인이라고는 8,000명밖에 남지 않았다. 오늘날까지 서양의 수많은 독자와 영화 관객들이 남부군에게 애정을 느끼는 것은 아마 '패배자 보너스'가 작용한 때문일 것이다. 마거릿 리첼은 바로 이 남부의 패배를 가장 성공한 작품인 『바람과 함께 사라지다』로 만들었다.

남부는 곧 "모든 패배자들에게 크나큰 위안이 되었다." 볼프강 시벨부시가 자신의 연구서 『패배의 문화*Die Kultur der Niederlage*』에서 쓴 내용이다. 이를 다른 말로 풀이하면 '패자는 새로운 권력자들보다 문화·도덕적으로 더 우월하다는 확신'을 갖게 되었다는 것을 뜻한다. 이와 관련해서 1866년 남부에서는 에드워드 폴러드의 소설 『잃어버린 이유*The lost cause*』가 인기를 끌었다. 폴러드는 이렇게 썼다.

> 패배는 단지 남부가 그것을 통해 자신의 도덕적·정신적 정체성을 상실하고, 자신의 우월한 문화를 의식하지 못할 때 나쁜 것이 된다.

우리가 『일리아스』, 『에다』, 『니벨룽겐의 노래』에 등장하는 비운의 영웅들을 보면서 깊은 감동을 받는 것도 어쩌면 이런 논리의 영향일지 모른다. 1835년 알라모 요새에서 멕시코 대군에 맞서 마지막 순간까지 결사 항전하다 최후를 맞은 미국인 전사 187명에 대한 이야기는 다섯 번이나 영화화되기도 했다(미국과 멕시코가 텍사스를 차지하기 위해 벌인 전쟁 중에 있었던 것이다). 또한 프랑스 외인부대 장교들은 매년 4월 30일이면 병사들 침대로 아침식사를 가져다준다. 외인부대의 전설이 되어 버린 카메론 전투를 기념하기 위해서다. 1863년 65명의 프랑스 용병들이 카메론에서 2,000명의 멕시코 군을 상대로 10시간 동안 처절한 사투를 벌였다. 마지막 남은 네 명의 용병들은 최후의 총알까지 발사한 뒤 소총에 대검을 꽂고 적군을 향해 돌진했다. 실러가 쓴 시 「그리스 신들」에는 이런 구절이 나온다.

시 속에 영원히 살아 있으려면 삶에서는 쓰러져야 할지니!

우리는 이런 것들을 더 이상 비장하게 생각하지 않는다. 하지만 비정한 처단자였던 체 게바라가 살해되지 않았더라면 그렇게 큰 인기를 누릴 수 있었을까? 페테르부르크에서 반란을 일으킨 수병들을 무참하게 도륙한 트로츠키가 스탈린에 의해 그렇게 마지막까지 쫓기며 죽임을 당하지 않았더라면 대중의 연민을 살 수 있었을까? 또한 메리 스튜어트처럼 최후의 순간까지 의연함과 품위를 잃지 않은 사람들도 후세의 존경을 받는다.

1992년 고르바초프가 실각한 후 한스 마구누스 엔첸스베르거는 가치 판단의 새로운 기준을 제시했다. 즉 고르바초프를 '퇴각의 영웅'으로, '단절의 전문가'로 대접할 것을 주장한 것이다. 그때까지는 전혀 인정받지 못한 새로운 가치의 탄생이었다. 1945 – 1951년까지 영국 수상을 지내면서 영국 식민지를 독립시킨 클레멘트 애틀리와 프랑스 식민지를 본국에서 분리시킨 샤를 드골도 그러한 새로운 가치의 선도자들이었다.

상상이기에 가능한 사유의 아름다운 일탈이겠지만, 만일 에이브러햄 링컨 대통령이 남부 주들을 피와 총으로 제압할 생각을 하지 않고 그냥 저들이 원하는 대로 연방에서 이탈하도록 내버려 두었다면 어떻게 되었을까? 사실 링컨의 가장 중요한 목표는 미연방을 유지하는 데 있었다. '노예제도야 있든 없든' 상관없었다. 1963년판 브리태니커 백과사전에 나오는 설명이다. 끔찍한 남북전쟁이 없었더라도 노예제도는 상당히 이른 시간 내에 불합리한 태도로 판명되었을 것이다. 기독교 국가로는 브라질이 가장 늦게(1888년) 노예제도를 폐지했으니까.

어쨌든 남북전쟁이 없었더라면 62만 명의 병사들이 무고하게 희생당하지 않았을 것이고, 수백만 가구도 파괴되지 않았을 것이며, 한창 번창하는 주들도 황폐화되지 않았을 것이다. 그리고 어쩌면 미국이 두 나라로 분리되었을지도 모른다. 그랬다면 그중 한 나라는 지상에서 가장 괜찮은 나라들 가운데 하나가 되었을지 모른다.

승리자로 가득 찬 세상보다 나쁜 것은 없다. 그나마 삶을 참을 만하게 만드는 것은 패배자들이다.

(볼프 슈나이더(박종대 옮김), 『위대한 패배자』, 을유문화사, 2005, 383 – 390쪽)

(사례 13) 모뎀은 역시 칼만 못하다.

정보화 시대의 위력은 1989년 중국에서 느닷없이 발휘되었다. 당국이 천안문 광장 대살육에 뒤이어 운동권에 대한 탄압을 벌이자, 이에 항의하는 전 세계의 많은 사람들이 외신보도 내용과 연대의 뜻을 담아서 보낸 메시지가 팩스에 쇄도했다. 정보 독점에 익숙해 있던 중국 관리들에게는 이런 상황이 충격적인 경험이 되었지만, 대응은 여느 때처럼 효능 면에서 한참 뒤지는 방식을 동원했다. 즉 중국 전역 어느 곳이건 팩시밀리가 있는 장소에는 빠짐없이 감시병을 배치했던 것이다. 그러자 그나마 외부에서 조금씩 흘러 들어오던 정보는 끊어지고 말았다.

오늘날과 같은 디지털시대에는, 전자통신 수단이 결국 권위주의 정권의 파멸을 가져올 것이라는 점은 이제 진부한 이야기가 되고 말았다. 테크노 자유주의자들(techno – libetarian)은 정보의 유동성이 너무 강하기 때문에 통제가 불가능하다고 주장한다. 정보는 공중채널로 흘러 들어가 위성을 거쳐 극초단파 중계를 통해 이동전화와 팩시밀리, 텔레비전, 라디오, 무선호출기, 모뎀 등으로 들어가게 된다. 이치로 따지자면 정보는 개방성의 강화를 의미하고 또 개방성의 강화는 자유의 확대를 뜻한다.

루퍼트 머독도 과거에는 이런 이치를 믿는 사람이었다. 그래서 그는 1993년 미국 방송관계자들이 모인 자리에서 이렇게 말했다. "텔레비전이 전 세계에 미친 영향은 아무리 과장한다 하더라도 지나침이 없다. 레흐 바웬사는 동유럽 공산주의 체제의 붕괴라는 놀라운 사태를 야기한 요인이 무엇인가라는 질문을 받고 TV 수상기를 통해 손으로 가리키면서 이렇게 말했다. '그 사태는 온통 거기서 비롯되었다.'" 만약 자기 스스로가 어쩌다 공산국가를 이끄는 위치에 놓여 있지만 않다면, 그것은 근사한 생각이다. 그러나 공산국 가운데 하나인 중국의 경우, 이런 이야기가 달가울 리 없었다. 머독이 이런 연설을 한 후 중국 정부는 <스타-TV> 위성방송망의 중국 대륙 송출을 금지한다고 발표했다. 그러나 머독은 즉각 자신의 태도를 바꾸어 중국인들을 달래기 위해 <스타-TV>의 BBC 월드 서비스 방영을 제외시켰다.

많은 낙관주의자들은 머독을 통해 드러난 이런 교훈을 받아들일 수 없을 것이다. 방송이란 것이 겉보기처럼 그렇게 자유로운 것이 못 된다는 교훈 말이다. 전자 방식에 의한 정보 교류는 어느 특정한 정부의 통제를 벗어난 듯이 보이는 경우에도 교묘한 방법은 물론, 노골적인 방법으로도 얼마든지 통제될 수 있다. 특히 수많은 이상향적 기대를 이어받은 인터넷은 앞으로 실망감을 안겨 주는 점이 많음이 드러날 것이다. 많은 과학기술자들은 인터넷을 자유사상가들의 일종의 가상적 천국, 즉 제약과 거리낌이 없는 정신적 변경(邊境)으로 묘사했다. 그러나 무질서가 곧 평등상태를 의미하는 것은 아니다. 그런 변경의 무법천지에서는 영리하거나 힘세 또는 무자비한 자가 항상 우위를 차지하기 마련이다. 검열로부터 자유롭다는 것은 동시에 위협과 괴롭힘, 그릇된 정보로부터 보호받지 못한다는 점을 의미하는 것이기도 하다.

지금까지 이런 점을 여실히 보여준 가장 섬뜩한 사례는 정부가 아닌, 종교집단과 관련된 것이었다. 사이언톨로지교의 신도였던 사람이 비밀에 붙여진 이 종교단체의 교리내용을 인터넷에 게시하자,

이 종교단체는 가상공간에 있는 적대세력에 대해 전면적인 공격을 펼치기 시작했던 것이다. 이들은 소송을 제기해 비판적인 사람들의 디스크를 압수하기까지 했다. 또한 일종의 가상공간 요원을 내보내 인터넷 토론 그룹들 사이에서 제기되는 비판적 언급들을 삭제하고 대신 등골이 오싹하게 하는 경고 메시지를 끼워 넣었다.

다른 형태의 공격은 배후에서 벌어지는 것으로서 수백 또는 수천 건의 쓸데없는 메시지로 적을 포격하는 식이다. '스패밍'으로 알려진 이런 공격 방식은 애리조나의 두 변호사 마사 시걸과 로렌스 켄터에게 널리 활용된 것인데 이들은 수천 개의 토른 그룹에 전자 광고문을 보낸 뒤에 그런 공격을 받은 것이다. 가상공간의 순수성을 지키려는 사람들은 시걸과 켄터의 이 같은 행위에 격분해 분노를 표시하는 전자우편 공세로 이들을 질리게 만든 데 이어, 이들이 그런 공세를 피해 전자주소를 옮겨도 계속 뒤쫓아 욕설을 펴붓는 공격을 멈추지 않았다.

일반 시민들이 적대적인 사람들을 질식시킬 수 있다면 정부는 그렇게 할 수 있는 훨씬 큰 힘을 지니고 있다고 하겠다. 머독의 경우에서 볼 수 있는 것처럼 전자세계는 겉보기처럼 아무런 장벽이 없는 것은 아니다. 디지털시대의 국경 없는 새로운 변경으로 인식되는 인터넷마저 울타리를 쳐서 얼마든지 막을 수 있다. 중국과 베트남, 싱가포르는 인터넷 접속을 허용하기는 하되, 접속수단은 정부나 또는 정부 관리들이 쉽사리 감시할 수 있는 소수의 사기업만이 제공한다. 인터넷에서 누리는 외관상의 자유라는 것이 사실은 가장 위험스런 특성일 수도 있다. 즉 개별적으로 고립되어 있는 반대파들을 공개석상으로 끌어냄으로써 인터넷이 자유가 아닌, 통제의 수단이 되게 만드는 것이다. 웹을 관리하는 데는 더욱 교묘한 방법들이 있다. 싱가포르에서는 정부 요원들이 인터넷 토론 그룹을 감시하는데, 한 관리의 주장에 따르면 불온분자들을 가려내려는 것이 아니라 "정부의 견해가 반영되는지 확인하려는 것"이라고 한다. 앞으로 시민들 사이에서 벌어지는 토론에 끼어들 필요가 있다고 판단하는 정부들이 더욱 늘어날 것인가?

싱가포르 이외에 그런 조치에 신경을 쓸 필요성을 느끼는 국가는 거의 없을 것이다. 가상공간이 부유층과 식자층 또는 영어를 할 줄 아는 사람들에 한정되어 있는 한, 디지털시대의 자그마한 불길이 그리 멀리 번질 위험성은 거의 없을 듯하다. 인터넷이 앞으로 언젠가는 일당지배를 위협하게 될 것인가? 아직까지는, 독재자들이 이를 비웃고 있다. 시사잡지 '템포'를 무자비하게 탄압한 인도네시아 정부는 인터넷상에 디지털식 비전이 등장했다는 사실에 대해 전혀 걱정하지 않는 눈치다. 펜은 칼보다 강할지 모른다. 그러나 펜이나 칼 중 어느 것도 모뎀을 거쳐 들어오는 정보를 얼마든지 막을 수 있다.

(『TIME. Essay Collection 97』, 140 – 142쪽)

(사례 14) 세계주의적 민족

국민국가는 전통적인 국가의 속성이던 확실치 않은 '변경(frontiers)' 대신에 '국경(borders)'이 발전되면서 최초로 형성되었다. 국경은 지도에 명확히 그어진 선이다. 국경은 민족의 영토를 나타내며, 이를 침범한다는 것은 그 민족의 통합성에 대한 공격으로 간주된다. 국가는 다시 국경보다는 변경을 갖게 될 것이다. 그러나 과거와 동일한 이유 때문에 그러한 것은 아니다. 초기 국가들은 부적절한 정치적 기구를 지니고 있기 때문에 변경을 갖고 있었다. 초기 국가들은 외곽의 주변에서 권위를 내세울 수 없었다. 오늘날 국가들의 국경은 다른 지역들과의 유대와 모든 종류의 초국가적 집단들과의 관계로 인해 변경이 되고 있다. 유럽연합이 바로 그 원형이다. 그러나 세계의 다른 지역에서도 이런 경계의 유연화가 일어나고 있다.

민족의 정체성은 이중성 혹은 다중적 소속에 관용을 베풀 수 있어야만 좋은 영향 요인이 될 수 있다. 잉글랜드인인 동시에 영국인이요 유럽인이며, 동시에 세계적 시민 의식을 지닌 개인들은 이것들 중 어느 하나를 가장 중요한 정체성이라고 여길지도 모른다. 그러나 그것들 중 어느 하나의 특별한 정체성을 가진다고 해서 다른 정체성을 받아들이는 데 방해가 되어서는 안 된다. 외국인에 대해 혐오적인 민족주의는 이것과는 정반대로 다음과 같은 입장을 갖는다. "민족은 하나이고 나누어질 수 없다." 민족은 문화적 보호주의를 내세우고, 그것이 '운명'을 지니고 있다는 점, 즉 그 민족이 다른 민족과 독립되어 있을 뿐만 아니라 다른 민족들보다 우월하다는 것을 가정한다. 그러나 민족은 운명을 지니지 않으며 모든 민족들은 예외 없이 '혼혈민족(mongrel nations)'이다. 민족은 자연으로부터 주어진 것이 아니다. 민족은 초기의 종족 공동체와 어느 정도의 소원한 연관을 갖고 있다 하더라도 상대적으로 최근 역사의 산물이다. 민족들은 모두 다양한 문화적 부분 집단들로부터 형성되었다.

정치철학자인 데이비드 밀러는 민족주의에 관한 그의 저작에서, 민족과 민족주의에 대하여 좌파들이 널리 받아들이고 있는 두 개의 견해를 반박한다. 하나는 민족주의가 본질적으로 감정 혹은 정서의 문제이며 합리적인 내용이 결여되었다는 견해이고, 다른 하나는 민족주의가 본질적으로 좌파들이 가치들에 적대적인 우파의 신조라는 것이다. 밀러는 우리는 이미 상이한 형태들을 제대로 구별할 수 있는 반면, 이런 견해들을 갖고 있는 사람들은 민족주의를 단일한 것으로 다루는 경향이 있다는 것이다. '민족성의 원리(the principle of nationality)'는 수많은 주장에 기초한다. 민족적 정체성은 개인적 정체성의 확실한 원천이다. 민족의 일원이 되는 것을 그들의 정체성의 요소로 개인이 경험하는 것은 환상이 아니다. 그들이 정체성을 위협하는 세력에 대항하여 그들의 정체성을 보호하려는 것은 도덕적으로 옹호할 만하다. 민족은 관련된 사람들이, 외부 사람들에게는 항상 그렇지도 않지만, 다른 구성원들에게 특정한 의무를 지고 있는 윤리 공동체이다. 민족은 자기 결정을 위한 초점을 제공한다. 민족은 시민들이 일반적으로 중요한 사안을 그들 스스로 결정하도록 허용하는 국가 구조를 발전시켜야 한다.

민족은 또 다른 특성으로 인해 이러한 세 가지 요소들을 각별히 일관성 있게 결합한다.

"민족은 자발적인 결사가 아니라 그 안에 있는 대부분의 구성원들이 태어나서 살다가 죽는 공동체이다. 그리하여 우리는 운명 공동체 내부에서 동포들과 결속을 이룬다. 게다가 이러한 공동체들은…… 스스로를 역사적으로 확장된다고 인식한다. 따라서 우리의 의무는 현재의 구성원들뿐만 아니라 과거와 미래의 구성원들에게도 주어진다. ……우리는 문화적 다원주의와 현대 문화의 변환성을 받아들일 수 있는 민족적 정체성을 형성하려고 애쓰는 동시에 민족성의 원리를 고수해야 한다.”

그러나 어떻게 이런 일이 일어날 수 있는가? 민족 개념이 종족적·문화적 다원주의와 공존할 수 있는가? 이런 질문에 대한 보수주의적 민족주의의 대답은 이렇다. ‘통합된 민족(unitary nation)’은 최고의 위치에 군림해야만 한다. 즉 ‘한 민족(one nation)’이 과거로부터 전수된 것이고 문화적 오염으로부터 보호되어야만 한다. 민족 공동체의 값어치는, 어떤 우파 학자가 주장하듯이, ‘신성성, 완고성, 배타성이며 또한 삶의 의미가 복종과, 그리고 적에 대한 경계에 기인한다는 의식’이다.

자유지상주의자들과 일부 좌파의 급진적 다중문화주의는 매우 상이한 노선을 취하고 있다. 이들은 보다 광범위한 연대를 위해 아무리 많은 비용이 들더라도 문화적 다원주의를 포용해야 한다는 입장이다. 이런 견해에서 민족 정체성은 다른 문화적 주장들에 대해 어떤 우월성도 가지지 않는다. 사실, 민족 정체성은 종종 기원이 불분명하고, 인위적으로 구성되었으며 지배 집단의 이익에 이용된다고 여겨진다.

(앤서니 기든스(한상진·박찬욱 옮김), 『제3의 길』, 생각의 나무,
2005, 203－206쪽)

(사례 15) 최고의 의지력

1. 순수한 의지는 헌신적이고 창조적이라고 생각할 수 있다. 그 능력은 내부의 어떤 약함으로 한정되지는 않을 것이며, 스스로의

힘으로 발휘될 것이다. 그래도 아직 그것은 지배자일 것인가? 만일 그렇다면 그것은, 다른 사람과의 그 관계가 지위를 확보하기 위해 부정(모든 가치를 파괴)해야 할 처지에 놓이기 때문일 것이다. 왜냐하면 의지는 예속된 존재에 행사되지 않고는 지배할 수 없기 때문이다.

지배와 예속은 상호적이고 불가분한 것이다. 역사를 통해 줄곧 발견되는 인간 상황을 지배와 예속은 보여준다. 그중 어느 것도 진정으로 힘은 아니다. 노예는 주인에게 필요 불가결할지라도 또는 사고의 내면적 자유를 스스로는 누릴지라도 그는 권력의지의 최고의 수준에 다다를 수는 없다. '지배 – 예속'의 관계에서 벗어날 필요가 있을 것이다.

2. 최고의 순수한 의지에는 지배할 필요 없이 스스로 의지가 될 수 있는 힘이 있을 것이다. 진정한 힘은 스스로, 즉 아무 것도 부족함이 없고 적이 없는 그대로 존재해야 할 것이다. 그 힘은 싸울 필요가 없을 것이다.

플라톤이 모든 실재의 근본으로 상정하는 선은 헌신하는 것으로 이해할 수 있고, 그것은 존재와 명료함을 준다. 이 기본적(그것 자체는 원칙이 없는) 원칙은 따라서 스스로 존재하고, 그 파급 효과에 의해 이데아는 탁월함을 얻는다. 여기에서 이 표현의 요구에 응하는 것이 '권력의지'일 것이다. 이것이 플라톤의 한 제자가 이 원칙을 순수하고 절대적인 의지라고 여긴 이유이다(플로티노스).

3. 그러면 우리는 어떻게 통상적인 평범함을 초월해서 이러한 '권력의지'의 범위 내에 존재할 것인가? 우리는 어떤 부정적인 계기도 더 이상 유지해서는 안 될 것이다. 차라투스트라의 "예"는 유일하게 기쁜 힘으로만 나타나야 할 것이다. 그런데 사실 본질적인 욕망

의 틀림없는 증거가 되는 것은 허구가 아닌 다른 것인가?

실제로 존재하였고, 또 주요한 증언을 하는 존재에 대한 설명을 베르그송에서 찾아볼 수 있다. 그것은 신비주의자들이고, 베르그송은 그들의 행동을 요약하고 있다. 그들을 특징짓는 것은 그들이 해야 하는 것에 대해 아주 단순하고 명확한 시각을 가지고 있다는 것, 그리고 장애와 복잡성을 알지 못하는 것처럼 보이는 실천력으로 그들이 해야 하는 것을 한다는 것이다. '거부할 수 없는 압박'이 그들의 내면에 있고, 그들을 이끈다. 그것이 그들을 '가장 거대한 사업'에 투신케 한다. 그들에게는 또한 그늘 없는 희열이 있다. 이 존재들에게는 적이 없고, 따라서 투쟁이 없다고 말할 수 있다. 플라톤에 따르면, 그들은 진심으로 선을 지향하는 존재들이다. 의지적인 욕구의 약동은 그들에게 전적으로 긍정적이고, 힘(권력)은 기쁨과 일치한다.

진정한 힘은 의지와 다르지 않다. 거기에는 어떠한 이중성도 없다. 의지는 힘을 원할 필요가 없다. 왜냐하면 의지는 힘과 일치하기 때문이다. 만약 그렇지 않다면 의지는 투쟁과 부정에 머무를 것이고, 의지에 반대된다고 생각되는 것을 파괴해야 한다고 믿을 것이다. 진정한 '권력의지'는 의지와 창조의 완벽한 통일이다.

(루이 밀레(이대희 옮김), 『의지, 의무, 자유』, 동문선, 1999, 56－58쪽)

(사례 16) 예측 불가능성과 약속의 힘

용서는 아마도 종교적 맥락에서 또 사랑과의 연관성 속에서 발견되었기 때문에, 공론 영역에는 비실재적이어서 허용될 수 없는 것으로 간주되어 왔지만, 이와 달리 약속의 능력에 내재하는 안정화의 힘은 전통이 늘 인식해 왔던 것이다. "계약은 지켜야 한다." (*pacta sunt servanda*)는 불가침성을 핵심으로 하는 로마의 법적 체계까지 거슬러 올라갈 수 있다. 또는 우르 출신의 아브라함을 그 발견자로 볼 수 있다. 성서가 말해 주듯이, 그 이야기는 모두 신과 약속을 맺으려는 열정적인 동인을 보여준다. 그는 마치 다른 이유가 아니라 오로지 광야의 세계에서 상호 간의 약속이 지키는 힘을 시험하기 위해 자신의 고향을 떠난 것 같다. 마침내 신 자신도 그와 약속을 하는 데 동의했다. 어쨌든 로마 이후의 다양한 계약이론은 약속을 하는 힘이 수 세기에 걸쳐 정치사상의 핵심을 차지했다는 사실을 증명해 준다.

약속의 행위를 통해서 적어도 부분적으로 제거될 수 있는 예측 불가능성은 이중의 본질을 가진다. 예측 불가능성은 인간 마음의 어두움, 즉 오늘의 이 사람이 내일 어떻게 될지 모른다는 인간에 대한 기본적인 불신에서 발생하며, 동시에 모든 사람이 동일한 행위 능력을 가지는 동등한 사람의 공동체 내부에서는 행위의 결과들을 예견할 수 없다는 불가능성에서 비롯된다. 자기 자신을 의존하거나 자신에 대한 완전한 믿음을 갖지 못하는 인간의 무능력은 자유를 얻기 위해 치러야 하는 대가이다. 자신이 행한 것에 고유한 지배자로 남아 그 결과들을 인식하고 미래를 의지하는 것이 인간에게 불가능한 것은 인간의 다원성, 실재성 그리고 타인과 함께 세계에서 거주하는 기쁨을 위해 치러야 하는 대가이다. 세계의 실재성은 현존하는 모든 존재가 서로에게 보장해 준다.

약속의 능력은 인간사의 이러한 이중적 어둠을 극복하는 기능을 한다. 그래서 약속의 능력은 자기 지배와 그에 따른 타인 지배에 의존하는 지배 형식의 유일한 대안이 된다. 약속의 능력은 정확히 비주권의 조건에서만 주어지는 자유가 존재한다는 사실에 상응한다. 계약과 약정에 의존하는 모든 정체체제에 내재하는 위험이자 장점은, 지배와 주권에 의존하는 정치체제와 달리, 그것들은 인간사의 예측 불가능성과 인간의 신뢰 불가능성을 그대로 내버려 두며, 그것들을 단순히 매체로서 사용하여 그 안에 예측 가능성의 섬을 만들고 신뢰성의 이정표를 세운다는 점이다. 약속이 불확실성의 바다에서 확실성의 섬과 같은 성격을 상실하면, 다시 말해서 미래의 모든 근거를 확보하여 모든 방향에서 안전한 길을 닦는 경우처럼 약속의 능력을 잘못 사용한다면, 약속은 구속력을 상실할 것이고 모든 일은 실패할 것이다.

앞에서 우리는 사람들이 함께 모여서 '조화롭게 행위할 때' 권력은 발생하며 흩어질 때 사라진다는 사실을 언급했다. 사람들을 함께하도록 만드는 힘은, 사람들이 함께 모이는 현상 공간과 이런 공적 공간을 존재하게 하는 권력과는 구별되는, 상호약속 또는 계약의 힘이다. 주권은 개별적 인격의 실재든 집단적 민족의 실재든 간에 하나의 고립된 실재가 주권을 장악할 경우 그것은 항상 거짓으로 밝혀지는데, 약속을 함으로써 서로 구속하는 많은 사람들의 경우에 주권은 제한된 실재로 여겨진다. 주권은 미래의 예측 불가능성에서 비롯되는 제한된 독립성 안에서 존재한다. 그래서 주권의 한계는 약속을 하고 지키는 능력 자체에 내재하는 한계와 동일하다. 공동체의 주권은 다소 마법적으로 사람들을 북돋우는 동일한 의지에 의해서가 아니라 약속을 타당하도록 하고 구속력이 있게 하는, 모두가 동의한 목적에 의해 제한되고 유지된다. 이러한 주권은 어떤 약속에도 구속되지 않고 어떤 목적도 원치 않는 완전히 자유로운 사람들보다 우월하다는 확실한 사실에서 가장 잘 드러난다. 이 우월성은 마치 미래가 현재인 것처럼 그것을 처분할 수 있는 능력에서 비롯된다. 즉 권력이 효력을 미칠 수 있는 차원을 거대하게 그리고 참으로 기적과 같이 확대할 수 있다는 데 기인한다. 니체는 도덕적 현상에 대한 비상한 감수성으로, 모든 권력의 원천을 고립된 개인의 권력의지에서 찾는 그의 근대적인 편견에도 불구하고 약속의 능력(그가 그렇게 부르듯이 '의지의 기억')에서 인간의 삶을 동물의 삶과 가르는 바로 그 차이를 발견했다. 지배가 생산과 사물세계의 영역에 해당되듯이 주권이 행위와 인간사의 영역에 해당된다면, 이때 양자의 중요한 차이는 주권이 함께 결합한 다수에 의해서만 성취될 수 있는 반면 지배는 고립되어도 성취 가능하다는 점이다.

도덕이 모레스(*mores*)의 총합계 이상의 것인 한, 즉 전통에 의해서 공고하게 되고 동의에 근거하여 타당성을 가지며 세월의 흐름에 따라 변하는 관습과 행동기준 이상의 것인 한, 그것은 — 적어도 정치적으로는 — 기꺼이 용서하고 용서받으며 약속을 하고 지킴으로써 행위가 초래하는 수많은 위험을 이겨 내는 선의지에 스스로를 의존할 수밖에 없다. 이러한 도덕적 계명들은 외부에서, 즉 보다 높은 것이라 가정되는 능력이나 행위가 도달하지 못하는 경험들로부터 추론되어 행위에 적용되지 않는 유일한 것들이다. 반대로 이 계명들은 행위와 말의 양식으로 타인과 함께 살고자 하는 의지에서 직접 발생한다. 그래서 이것들은 새롭고 무한한 과정을 출발시키는 능력 속에 설치된 통제 메커니즘과 유사하다. 행위와 말이 없다면 그리고 탄생성에 대한 명료한 이해가 없다면 우리가 생성의 영원한

순환 속에 영구히 움직여야 하듯이, 우리가 행한 것을 원상회복하고 우리가 야기한 과정을 적어도 부분적으로나마 통제하는 능력이 없다면 자동적인 필연성의 희생자가 될 것이다. 이 필연성은 우리 이전의 자연과학이 자연과정의 두드러진 특징으로 생각한 냉혹한 법칙의 모든 징표들을 가지고 있다. 우리가 이미 알고 있듯이, 죽을 운명의 인간에게 이러한 자연적 불행은 그 자체 순환하며 영원할지라도 단지 재앙일 뿐이다. 만약 운명이 역사과정의 피할 수 없는 징표라는 것이 사실이라면 역사에서 이루어진 모든 것이 운명적으로 파멸의 길을 걷는다는 것도 마찬가지로 사실일 것이다.

그것은 어느 정도 사실이다. 인간사는 그대로 내버려 둔다면 탄생과 죽음 사이에서 보내는 삶의 가장 확실하고 유일하게 신뢰할 만한 법칙의 사멸성의 법칙을 따를 수는 있다. 행위능력은 냉혹한 일상적 삶의 자동적 과정을 중단시킴으로써 이 법칙을 방해한다. 역으로 이 일상적 삶은 생물학적 삶의 순환과정을 간섭하고 방해한다. 새로운 어떤 것을 해석하고 시작하는 능력, 즉 인간이 반드시 죽는다 할지라도 죽기 위해서 태어나는 것은 아니라 시작하기 위해서 태어났다는 사실을 항상 상기시켜 주는 행위의 내재적 능력이 없다면, 죽음을 향해 달려가는 인간의 생애는 필수적으로 인간적인 모든 것을 황폐하게 하고 파괴시킬 것이다. 그러나 자연의 관점에서 볼 때 탄생과 죽음 사이의 인간 삶의 직선적 운동은 공통적인 자연규칙인 순환운동을 유일하게 벗어나 있는 것이며, 따라서 세계의 과정을 규정하는 것처럼 보이는 자동적 관점에서 볼 때, 행위는 기적과 같은 것으로 보인다. 자연과학의 언어에서 '규칙적으로 발생하는 것은 무한할 정도로 비개연적인 것'이다. 사실상 행위는 기적과 같이 작용하는 인간의 능력이다. 이런 능력을 통찰한 나사렛 예수는 독창성과 전례가 없다는 점에서 사유 가능성에 대한 소크라테스의 통찰과 비교되는데 그가 용서하는 힘을 기적을 일으키는 보다 더 일반적인 힘과 연계시켰을 때 그리고 이 둘을 같은 차원이자 인간이 도달할 수 있는 것이라고 보았을 때, 그는 행위의 기적적 성격을 잘 알고 있었음에 틀림없다.

인간사의 영역인 세계를 그것의 정상적이고 '자연적' 황폐화로부터 구원하는 기적은 궁극적으로 다름 아닌 탄생성이다. 존재론적으로는 이 탄생성에 인간의 행위능력이 뿌리박고 있다. 달리 말하면 기적은 새로운 인간의 탄생과 새로운 시작, 즉 인간이 탄생함으로써 할 수 있는 행위이다. 이 능력의 완전한 경험만이 인간사에 희망과 믿음을 부여할 수 있다. 그러나 고대 그리스는 인간 실존에 본질적인 두 특징인 믿음과 희망을 완전히 무시하고 '믿음'을 가지는 것을 매우 공동적이지 못한 덕으로 평가절하 했으며 '희망'을 판도라 상자에 있는 악 중의 하나로 간주했다. 이 세계에서 믿음을 가질 수 있고 이 세계를 위한 희망을 가져도 된다는 사실에 대한 가장 웅장하면서도 간결한 표현은, 복음서가 그들의 '기쁜 소식'을 천명한 몇 마디 말에서 발견할 수 있다. "한 아이가 우리에게 태어났도다."

(한나 아렌트(이진우 · 태정호 옮김), 『인간의 조건』, 한길사, 2005, 308 – 312쪽)

(사례 17) 전망

예술사학자이며 미학자인 피에르 프랑카스텔은 그의 저서 『화화와 사회』에서 인간의 모험, 특히 예술 영역 안에서의 인간의 모험에 대해 신뢰하고 있음을 표명하였다. "예술가들은 언제나 그러했던 것처럼 오늘날에도 사회 안에서 특별한 부류를 형성한다. 그들은 어떤 가능성과 그와 비슷한 것에 대한 욕구를 직접적으로 감각적인 형태로 표현할 수 있는 능력을 가진 사람들이다."

저자는 간접적으로 그리고 거의 헤겔리엔 형식을 띠고 미학의 역할을 규정하고 있다. 가령 예술품이 인간 계획의 감각적인 표현이라면 미학적 사유는 개념으로, 이론적 표본으로 예술의 구체적인 행위를 밝혀내는 것이며, 그것은 본래 지극히 개인적인 심미적 경험을 순수 사색적인 목적이 아니라 타인, '모든 그룹' ― 프랑카스텔의 표현으로 ― 과 나눌 수 있도록 비평하고 해석할 목적으로 그러한 것이다.

그러나 오늘날의 사회는 어제의 그것과 별반 닮아 있지 않으며 또한 미학은 최근 2세기 반의 역사 속에서 그 방법과 대상에 목도할 만한 변화를 경험하였다. 지난 30년 동안의 동시대 예술은 프랑카스텔이 예상했던 예술 창조와는 전혀 다르게 변화하였다. 20세기 말의 현재 예술을 르네상스로 시작해서 인상주의를 통과하여 입체파와 같은 선상으로 연장된 진전과정 안에 가입하려는 것은 위험한 일일 것이다. 아무리 예술창조의 다양한 현상을 포괄하는 위대한 미학학설도 요즘에 와서는 낡아빠진 이론일 뿐만 아니라 터무니없는 이론이 되어 버렸다. 후기 산업사회 안에서의 문화적·예술적 활동의 위상과 또 그것이 사회체계와 국가·예술시장·미디어와 맺고 있는 복합적인 관계들은, 18세기에 가까스로 얻게 된 심미적 자율성이라는 사고 자체를 더욱 역설적으로 만들어 놓고 말았다.

심미적 경험을 차별화할 수 있는 취미판단을 조장하는 것보다는 이익을 고무하고 교환하는 것에 심혈을 기울이는, 우선적으로 소비와 커뮤니케이션으로 편중한 문화적 논리가 점차적으로 요구된다고 하겠다. 그 안에서 지난 역사 속에서는 볼 수 없었던 현상을 기대하고 있는, 우리가 '동시대 예술의 위기'라고 부르는 것은 바로 이탈적인 예술과 때로 그 자체가 이탈된 예술이 아마도 겪고 있을 합법성의 부재 앞에서 예술계와 관중이 느끼는 불안감을 가리키는 말이다.

그렇지만 그것을 가지고 예술의 내재된 죽음이나 그로 인한 미학의 소멸을 도출해 내는 것은 너무 성급한 일일 것이다. 예술의 미래는 끊임없이 외부 세계에 행사하는 인간의 능력에 달렸다고 말하는 피에르 프랑카스텔의 낙관적인 견해에 전적으로 동의하지는 않더라도 늘 '신화와 관습의 영역' 안에서 발휘하는 예술가들의 능력을 믿어 볼 수는 있을 것이다. 그리고 프랑카스텔이 생각하는 것처럼 만약 예술품이 집단적인 커뮤니케이션을 요할 뿐만 아니라 숨겨진 관례 또한 필요로 한다면 심미적 성찰은 언제나, 때론 난해하고 번번이 말이 없는 그리고 언제나 신비한 예술품과 관객 사이에 가로놓인 피할 수 없는 통과요지가 될 것이다.

(막 지메네즈(임연 옮김), 『동시대 미학』, 서광사, 2003, 161 - 162쪽)

<u>(사례 18) 신앙을 포함하고 있는 이성</u>

이성 그 자체의 능력을 지닌 이성은 신앙의 능력을 가지고 있다. 이성은 신앙이 무슨 이유로 그 고유한 합리성을 결단코 무너뜨릴 수 없는지를 이해할 수 있다. 그러므로 이성이 합리적이라고 파악된 곳에서조차도, 신앙의 행위를 통해서 이성은 종교적인 신앙까지도 이해할 수 있어야만 한다.

이성에 속해 있는 신앙의 합리적인 행위의 이름으로 이성은 종교적 신앙을 이해할 수 있어야만 한다. 그러나 이성은 난관을 극복할 수 없으며, 믿음이 될 수 없다. 이성은 신학을 대신하는 철학의 고전적 환상에 다시 빠지게 될 것이다. 그렇다면 이성에 있어서 신학적 믿음을 이해하고 있다는 것은 무엇을 의미하는가?

세 가지 측면에서 그러하다. 우선 객관적인 이성이 이 분야에서 완전히 제외됐다 할지라도, 철학적 이성은 신앙을 이해할 수 있다. 이성은 이성 자체를 바탕으로 실행되는 비판적인 움직임 속에서, 성전 속에서 믿기로 결심한 (또는 믿을 수 없는) 부분에 정신을 쏟을 수 없는 자신의 무능함을 느낄 수 있다. 그런 방법으로 이성은 신학적 이성에 이성 자체에 대한 권한을 넘겨주어, 신학적 이성에 대체되지 않기를 바라고 있다. 특히 이성은 그것보다는 훨씬 더 강한 것이라고 생각되지 않는다. 일시적인 판단 중지를 하는 것에 대한 절대 중립적인 자세에서도, 이성은 믿을 수 있는 행위를 생성할 수 있다. 이성은 믿을 수 있는 행위를 실행도 하지 않고서 믿음의 행위에 대한 경험을 개념화하기 위해 믿을 수 있는 행위를 흉내 낼 수 있다. 사람들은 이를 흉내 내는 것이라고 말하고 싶을 것이다. 이성은 성전 속에 나타난 신앙의 행위가 성서에 몰두하는 사람들을 위해 어떻게 세상의 실체를 견고히 해 주고 있는지를 이해할 수 있기 때문에 그것은 가능하다. 예를 들어 "너희도 가려느냐?"(너희의 신앙이 지속될 것인가?)고 묻는 그리스도와 "주여, 영생의 말씀에

계시매 우리가 뉘게로 가오리이까?”(환영받을 정도로 그대는 현실 그 자체의 길을 끝없이 열어 주는 것을 말하고 있습니다)라고 대답하는 베드로 사이의 대화를 이성은 끝까지 따를 수 있다. 그러므로 이성은 신학적 신앙의 행위를 실행하는 사람들의 행동을 중요하게 여기며 신뢰할 수 있다. 왜냐하면 이성은 신학적 이성 행위를 하는 사람들이 감내한 위험을 측정할 수 있기 때문이며, 그리고 그 어떤 단순화된 해석을 하도록, 즉 그 어떤 미신적인 생각을 하도록 내버려 두지 않는 위험을 측정할 수 있기 때문이다.

이런 면에서부터 이성은 자신이 가지고 있는 고유하고 합리적인 신앙을 더 잘 이해할 수 있다. 신학적 이성의 행위 앞에서 우유부단함을 넘어설 수 없음을 인지하였기에, 이성은 그 자신 속에도 그와 똑같은 이상한 우유부단함이 있음을 인지할 수 있을 것이다. 이성은 가장 결단력 있는 판단이 이성의 고유한 영역을 벗어나 있음을 파악할 수 있으며, 결단을 내리는 것도 바로 이성임을 알 수 있다. 이성은 이유를 말할 수는 없으나, 이성 자체를 확실히 인식하고 있을 필요가 있다. 우리가 애매함을 조금도 없앨 수 없으면서, 마치 사정을 잘 알고서 — 신앙에서와 마찬가지로 이성에서도 물론 — 결정을 내린 것처럼 사실 모든 것은 그렇게 일어나고 있다. 우리는 전적으로 우리의 잘못으로 실수할 것이다. 우리는 우리가 내린 결정에 대한 모든 책임을 지고 있다. 아무 것도 우리의 결정을 보장해 주지 않기 때문이다.

결국 이성은 신앙이 신학적으로 완성했던 개념들을 철학적으로 받아들일 수 있다. 따라서 아우구스티누스로 만족하기 위해, 기호에 대해 아직도 심사숙고하고 있는 것을 창시했던 것은 바로 성사(聖

事)에 대한 반성인 것이다. 특히 우리는 그곳에서 사물과 기호, 즉 현대 언어학 입문을 나타내고 있는 1911년의 ≪일반언어학 강의≫에서 기호와 기표란 이름으로 페르디낭 드 소쉬르가 다시 언급한 사물과 기호 간의 결정적인 구분을 찾을 수 있다. 더욱이 성서를 여러 언어로 해석해야 하는 필연성은 성서에 나타나 있기에, 언어에 대한 고찰을 하도록 이끌었다. 플라톤에 의해 그리스어로 부당하게 인식된 특성은 일소되었다. 그런데 이 특성은, 수학이 수학 장르에서 완벽한 것이었던 것처럼 언어 장르에는 완벽한 언어가 있었음을 믿도록 하면서 사고를 제한하고 있었다. 또한 삼위일체를 그러니까 '하나=삼이 절대적인 신의 삶이다'라는 불가능한 것을 생각하려는 눈에 띄는 노력은 헤겔의 저서에까지 영향을 미칠 것이다. 변증법의 세 단계(긍정, 부정, 부정의 부정)는 삼위일체의 삼위(성부는 긍정이고, 영혼은 비어 있는 상태로 십자가에서 죽은 성자는 부정이며, 죽은 자를 죽게 해 줌으로써 성자를 소생시킨 성신은 부정의 부정이다)를 계승하고 있다. '하나님의 형상 대신 창조하신' 인간에 대한 아우구스티누스 학파의 의문은, 결국 기억(성부의 이미지를 지닌 무궁무진한 유산)과 지혜(언어, 즉 성자의 이미지를 지닌 하나님의 말씀)와 삼위 간의 의지(욕망, 다른 두 삼위, 즉 성부와 성자를 향한 그리고 두 삼위 간에 일어나는 성신의 사랑)로 인간에 대한 이해를 시작하였다. 이런 이해는 절대로 지나치지 않으며, 인간에 대해 이야기되고 있는 것을 우리는 아직도 이를 바탕으로 이해하고 있다. 예를 들면 ≪표현과 사물≫의 끝부분에서, 미셸 푸코는 '바다의 끝에 있는 모래의 얼굴처럼 지워질' 인간에 대한 관심은 소멸될 것이라고 예견하고 있다. 그러나 그는 그 자리에 무엇이 오리라 생각하고 있는 것일까? 그것은 세 가지의 심급일 것이다. 삼위일체의 세 가지, 즉 성자의 죽음, 성신의 희망, 성부의 계율을 무의식적으로 모방한 죽음과 희망 그리고 계율이 있을 것이다.

(알랭 퀴노(최은영 옮김), 『이성의 한가운데서』, 동문선, 2000, 64 - 67쪽)

(사례 19) 병든 에로스

우리가 논의해 온 에로스는 그것이 아직도 창조적 원동력이며 인간과 신을 연결하는 다리였던 고전시대의 것이다. 그러나 이 '건강한' 에로스는 타락했다. 에로스에 대한 플라톤의 이해는 에로스가 힘차고 원초적인 창조자라는 헤시오도스의 에로스관과 에로스가 병든 어린애가 된 후세의 타락한 형태 사이의 중간적 형태였다. 에로스의 이 세 가지 측면은 인간 경험의 심리학적 원형(原型)들의 정확한 반영이다. 즉 어느 시대건 우리들은 각자 에로스를 창조자로, 중재자로, 평범한 플레이보이로 경험하는 것이다. 우리 시대는 결코 사랑의 진부화를 경험하고 열정이 없으면 사랑은 병든다는 것을 발견한 최초의 시대가 아니다.

이 장의 첫머리에 인용한 매력적인 얘기에서 고대 그리스인들이 인간 영혼의 원형에서 솟아나오는 통찰을 신화의 원형적 언어로 표현한 것을 보았다. 아레스와 아프로디테의 아들 에로스는 '얇고 가벼운 날개와 장난기 넘치고 보조개 팬 장밋빛 얼굴에 작고 살이 토실토실한 채 성장하지 않았다.' 그에 놀란 어머니는 '사랑은 정열이 없으면 자라나지 않는다.'는 교시를 받는다. 신화는 다음과 같이 계속된다.

그리스인들이 그들의 가장 심오한 지혜를 표현하고자 했던 이 천
진난만한 문장 속에는 오늘의 문제에 대한 몇 가지 중요한 지적이
숨겨져 있다. 그 하나는 에로스가 아프로디테의 아들인 동시에 아
레스의 아들이라는 점이다. 이것은 사랑이 공격적인 성격과 떨어질
수 없는 관계에 있다는 것을 뜻한다.

또 한 가지 의미는 헤시오도스의 시대에 힘 있는 창조자로서 불
모의 땅에서 푸르른 나무들이 솟아나게 하고 사람에게 생명의 정신
을 불어넣었던 에로스가 이제는 어린아이로 퇴행하여 장밋빛 얼굴
에 살이 토실토실한 장난꾸러기로, 때로는 활과 화살을 가지고 노
는 단순하고 살찐 아이로 되어 버렸다는 것이다. 우리는 고대의 회
화에서와 마찬가지로 17, 18세기의 회화에서도 에로스가 쇠잔한 큐
피드의 모습으로 그려진 것을 볼 수가 있다. "고대 예술에서 에로스
는 아름다운 날개를 가진 젊은이로 표현되다가 차츰 어려져서 헬레
니즘시대에 이르러서는 어린아이가 되고 말았다." 알렉산더 격의
시행에서 에로스는 장난이 심한 어린아이로 퇴행하고 있다. 에로스
가 이렇게 타락한 데에는 그 자체 내에 어떤 요인이 있을 것이다.
왜냐하면 이런 모습은 그리스 문명이 해체되기 오래전의 신화에까

지 등장하기 때문이다.

이것은 또한 우리 시대에 있어서 무엇이 잘못되고 있는가에 대한 핵심을 찔러 주고 있다. 즉 에로스가 정열을 잃었고 활기가 없으며 어린아이와 같고 진부한 것이 되어 버렸다는 점 말이다.

흔히 신화는 그리스인들에게나 우리에게나 다 같이 진실인 인간 경험의 근원에 있어서의 모순, 즉 우리가 한때 힘찼고 존재의 근원이었던 에로스로부터 벗어나 장난기가 서린 섹스로 이행하고 있다는 점을 밝혀 준다. 이제 에로스는 지위가 떨어져 부드러운 구름다리 위에서 인생을 끝없이 관능적인 것으로 자극하는 일을 맡은 예쁜 바텐더로서 포도주를 파는 역할밖에는 하지 못한다. 그는 섹스에서건 출산에 있어서건 힘의 창조적인 사용을 뜻하는 것이 아니라 순간적인 만족을 뜻하게 되었다. 참으로 기적 같은 일이지만 우리는 신화가 오늘날에 일어난 일, 즉 에로스가 섹스에 있어서도 흥미를 잃었다는 점을 정확히 예고했음을 발견한다. 어떤 신화에서 아프로디테는 에로스를 찾아 활과 화살로 사랑을 널리 퍼뜨리는 본연의 일을 깨우쳐 주려고 애쓰고 있다. 반면에 그는 십대의 건달이 되어 가니메데와 카드놀음을 하고 있다.

생명을 부여해 주는 화살의 정령은 가 버렸다. 남자와 여자에게 생명의 혼을 불어넣던 창조자는 사라졌다. 훌륭한 주신제도 열광적인 춤도 가 버렸다. 과장된 약 선전이 남발되는 현대 기계 문명의 시대에는 신비로움도 가 버렸다. 목가적인 흥취마저도 가 버렸다. 에로스는 이젠 정말 플레이보이인 것이다. 그는 펩시콜라에 취해 있다.

문화란 항상 에로스를 길들여 그 사회의 필요에 두드려 맞춤으로써 그 자체를 소멸시키는 짓이나 한단 말인가? 에로스를 새로운 존재를 만들기 위해 낡은 것들을 부숴 버리는 그 창조적 힘이 소멸될 때까지 약화시키는 짓이나 한단 말인가? 에로스는 영원한 안락, 희롱거리, 유복함, 그리고 궁극적으로 무력감에 이르도록 하는 짓이나 한단 말인가?

이와 관련하여 우리는 옛날 세계에 있어서 에로스와 '기교' 사이의 '전쟁'이라는 새롭고도 특수한 문제와 부딪히게 되었다. '섹스'와 기교 사이에는 전쟁이 없다. 기술 과학적 발명들은 산아제한용 약품과 산아제한의 방법에 관한 책들에 잘 드러나 있듯이 섹스를 안전하고, 손쉽고, 능률적인 것으로 만든다. 섹스와 기교는 함께 연합하여 일상생활을 '조정'한다. 즉 주말에 긴장을 완전히 방출시킴으로써 월요일에 빡빡한 세상사를 더욱 잘 행할 수 있게 해 준다. 관능적 욕구와 그것의 충족은(나중까지 그럴지 안 그럴지는 별개의 문제이지만) 적어도 순간적 감정에 있어서는 기술적인 것과 갈등하지 않는다.

그러나 기교와 '에로스'가 양립할 수 있는지 또는 지속적인 전쟁 없이 공생할 수 있는지는 전혀 분명치 않다. 시인과 마찬가지로 사랑하는 사람은 톱니바퀴와 같은 일관작업에 있어서 위협적 존재이다. 에로스는 현존하는 형태들을 부수고 새로운 형태들을 창조하는데 이것은 자연적으로 기교에 대한 위협인 것이다. 기교는 규칙과 예측 가능성을 필요로 하며 시간 계획에 따라 운용된다. 야성(野性)의 에로스는 시간의 모든 개념과 제한에 대항하여 투쟁한다.

에로스는 문화 창조의 추진력이다. 그리고 문화는 자기 조상인 에로스에 작용하여 에로스적 충동을 훈련시킨다. 이러한 사실은 의식의 고양과 확장을 고무시킨다. 에로스적 충동은 몇 가지 규율을 행할 수 있고 행해야만 한다. 모든 충동의 자유로운 표현이라는 복음은 마치 둑이 없는 강물이 사방으로 넘쳐흘러 낭비되듯이 경험을 여기저기로 분산시키기 때문이다. 에로스의 규율은 우리가 발견할 수 있고 우리들을 모든 견디기 어려운 불안으로부터 막아 주는 '형식들'을 제공한다. 프로이트는 에로스를 규율하는 일은 문화를 위해 필요하며 그것은 문화 창조의 힘인 에로스적 충동의 억압과 승화에서 비롯된다고 믿었다. 프로이트와 몇 번 안 되는 의견의 일치를 보였던 드 루쥐망도 이 의견에는 뜻을 같이했다. 그는 잊지 않고 다음과 같이 말했다.

> 소위 청교도적 경향이라 불리는 성적 규율이 유럽의 초창기부터 우리에게 부과되어 오지 않았다면 지금의 우리 문명은 저개발국이라고 알려진 국가들보다 더 발전된 것이 아무것도 없을 것이며 의심할 여지없이 더 낙후되었을 것이다. 즉 현대 세계를 낳는 일, 즉 조직화된 노작뿐만 아니라 테크놀로지 또한 없었을 것이다. 그리고 에로티시즘의 문제도 없었을 것이다. 에로틱한 글을 쓰는 사람들은 순진하게도 이러한 사실을 망각하고 자기네들이 시적이고 도덕적인 정열에 대해 쓰고 있다고 생각하지만 사실 그들은 시적이고 도덕적인 정열을 '인생의 사실들'의 본질로부터 소외시키고 있으며 그들의 콤플렉스는 경제사회, 문화와 연관을 맺고 있다.

그러나 여기에는 기술에 대한 숭배가 감정을 파괴하고 정열을 침식하며 개인의 동일성을 말살한다는 문제점이 나타나는데 이것이 바로 현대의 기술적 서구인들이 직면한 도전이다. 사랑하는 사람이 아무리 기술적으로 유능하다 할지라도 에로스가 없다면 단순한 흘레의 갈등에 좌절된 나머지 결국 성불능자가 되는 것이다. 그는 자기가 하고 있는 행위에 대해서 너무도 잘 알고 있는 까닭에 도취될 힘을 잃는다. 이러한 점에서 기교는 의식을 축소시키고 에로스를 감퇴시킨다. 도구는 더 이상 의식의 확대일 수 없고 단지 그것의 대체물일 뿐이며 사실 의식을 억압하고 단절하는 경향을 띤다.

문명은 항상 사회가 다시 해체되지 않도록 하기 위해 에로스를 길들여만 하는가? 헤시오도스는 창조력이 작용하고 사람들이 혼란 속에 살면서도 그 혼란을 어떤 새로운 것으로 만들어야만 했던, 강렬하게 불화가 조장되면서도 문화의 근원과 또한 잉태와 탄생의 순간에 보다 근접했던 시기인 B.C. 6세기에 살았다. 그러나 안정에의 욕구가 점차 늘어감에 따라 에로스의 다이몬적이고 비극적인 요소들은 묻혀 갔다. 바로 여기에 문명 몰락의 비밀이 드러나 있는 것이다. 우리는 쇠잔한 아테네인들이 그들보다 원시적인 마케도니아인임을, 이번에는 마케도니아인들이 로마인임을, 그리고 로마인들은 훈족임을 자처한 사실을 알고 있다. 그렇다면 우리는 황인종과 흑인종임을 자처할 것인가?

에로스는 문화의 생명력의 핵심이며 그 심장이요 영혼이다. 따라서 긴장의 방출이 창조적인 에로스의 자리를 차지할 때 문명의 몰락은 보장된 것이나 다름없다.

(롤로 메이(박홍태 옮김), 『사랑과 의지』, 한벗, 1981, 94 − 98쪽)

(사례 20) 칸트 윤리학 비판

공허하다

칸트의 윤리 이론은, 특히 도덕적 판단의 보편화 가능성이라는 개념은 공허하다는 비판을 때때로 받는다. 그의 이론은 그저 도덕적 판단의 구조를 보여주는 틀을 제공할 뿐, 현실적 도덕적 결정에 직면한 사람들에게 아무런 도움을 주지 못한다는 말이다. 그 이론은 무엇을 행해야 할지 결정하고자 하는 사람들에게 거의 도움을 주지 못한다.

그러나 이 비판은 정언명법의 다른 형태, 즉 사람을 목적으로 대할 것이며, 결코 수단으로 대하지 말라는 칸트의 주장을 소홀히 하고 있다. 이 형태의 정언명법에서 칸트는 분명 자신의 도덕이론에 어떤 내용을 주고 있다. 그러나 비록 그의 보편화 가능성 논제와 수단/목적 공식의 조합을 가지더라도, 칸트의 이론은 많은 도덕적 문제들에 만족할 만한 해결책을 제시하지 못한다.

예를 들어 칸트의 이론은 의무의 갈등을 쉽게 해결할 수 없다. 예를 들어 만일 내가 항상 진실을 말해야 할 의무를 가지면서 동시에 나의 친구들을 보호해야 할 의무를 가진다면, 칸트의 이론은 두 개의 의무들이 상충될 때 내가 과연 어떻게 해야 하는지를 말해 주지 못한다. 만일 도끼를 들고 있는 미친 사람이 내게 나의 친구가 어디 있냐고 묻는다면, 내 마음은 우선 그에게 거짓말을 하는 쪽으로 기울 것이다. 진실을 말하는 것은 나의 친구를 보호해야 하는 의무를 어기는 것이 될 것이다. 그러나 다른 한편으로 칸트에 따르면 거짓말을 하는 것은 그러한 극단적 상황에서조차도 비도덕적 행위가 될 것이다. 나는 결코 거짓말하지 말라는 절대적 의무를 가지기 때문이다.

비도덕적 행위도 보편화 가능하다

칸트 이론에서 보이는 또 하나의 약점은 이것이 몇몇 명백하게 부도덕한 행위들을 허용하는 듯이 보인다는 점이다. 예를 들어 "네 일을 방해하는 자는 누구든 죽여라."와 같은 준칙은 아무런 문제없이 보편화될 수 있을 것 같다. 그런데 이러한 준칙은 분명히 비도덕적이다.

그러나 이런 종류의 비판은 칸트에 대한 비판으로는 실패했다. 왜냐하면 이 비판은 이것에 명백하게 모순되는 수단/목적이라는 또 하나의 정언명법을 무시하기 때문이다. 당신의 일을 방해하는 사람들을 죽이는 것은 이들을 그 자신들의 목적으로 대하는 것이 아니다.

몇 가지 다른 비판들

비록 칸트 윤리 이론의 대부분이 ─ 특히 다른 사람들의 이익을 존중한다는 생각 ─ 일리가 있기는 하지만 몇 가지 일리 없는 측면들이 있다. 먼저 그것은 몇몇 엉뚱한 행위들을 정당화하는 듯이 보인다. 도끼 든 미치광이에게 거짓말을 함으로써 자신의 친구를 놓치게 하기보다는 그가 어디 있는지 말해 주는 행위와 같은 것이 그 일례이다.

둘째로, 그 이론이 동정심, 동감 및 측은함과 같은 감정들에게 부여하는 역할이 부적절한 것 같다. 칸트는 이런 감정들을 도덕과 무관한 것으로 처리해 버린다. 그에게 도덕적 행위와 유일하게 관련된 동기는 의무의식뿐이다. 어려움에 처한 어떤 사람에게 동정을 느끼는 것은 어떤 시각에서는 칭찬할 만하다고 여겨질 수 있는데도 칸트에게는 도덕과 아무런 관련이 없는 것이 된다. 이와 대조적으로 많은 사람들은 동정심, 동감, 죄스러움 및 자책감과 같은 명백히 도덕적인 감정들이 존재한다고 생각한다. 칸트처럼 이런 감정들을 도덕에서 분리해 내는 것은 도덕적 행위의 중심 요소를 무시하는 것이다.

셋째로 칸트의 이론은 행위의 결과를 고려하지 않는다. 이것은 고의는 아니지만 무능함으로 인해 다수의 죽음을 불러들인 선의의 바보들이 칸트에 따르면 도덕적 비난을 면할 수 있다는 것을 의미한다. 이들은 일차적으로 이들의 의도에 따라 판정될 것이다. 그러나 어떤 경우에서는 행위의 결과가 도덕적 가치의 평가에 관련되는 것 같다. 당신의 젖은 고양이를 말려 주고자 전자오븐에 집어넣은 선의의 가정부에 대해 당신은 어떻게 느끼겠는지 생각해 보라. 그러나 이 점에 있어 칸트에게 공정하기 위해 지적하지만, 그는 사실 어떤 종류의 무능함은 유죄라고 여겼다.

의무론적 윤리설에 대한 이러한 마지막 종류의 비판이 설득력 있다고 생각하는 사람들이라면 결과주의라고 알려진 윤리이론이 대단히 호소력을 지닌다고 여길 것이다.

(나이절 워버턴(최희봉 옮김), 『철학의 주요문제에 대한 논쟁』, 간디서원,
2003, 101 – 104쪽)

(사례 21) 도덕이 항상 선한 것은 아니다.

모든 것은 선한 사람들에 의해
철두철미하게 왜곡되어 있다(니체).

도덕은 미묘한 문제며, 특히 우리 자신이 순수한 양심을 갖고 있다고 생각하고 도덕적으로 올바르게 행동한다고 확신할 때 그렇다. 하지만 도덕은 종종 악에 대한 구실로 받아들여질 수 있으며, 그럴 때 악은 나중에 가서야 악으로 밝혀지는 경우가 흔하다. 이에 대한 사례는 이 책에서 몇 가지 제시했으며, 성전은 그중 하나에 지나지 않는다. 우리가 살인자와 살해자를 두려워하고 사이코패스 내지 소시오패스, 청부 살해자들, 아동 성학대자, 강간범 등을 겁내는 데는 그럴 만한 이유가 있다. 이들은 수가 많고 종종 우리 이웃에 살고 있으며, 자신의 악한 행위를 숨기는 능력을 갖춘 경우가 너무 많다. 그러나 마찬가지로 그들보다 덜하다고 할 수 없는 악행을 선을 가장해 부추기는 도덕가는 *도덕 근본주의*를 두려워해야 할 이유 역시 충분하다.

도덕 근본주의는 특정한 문제에 국한되지 않는다. 이것은 최근에 예를 들어 전 미국 대통령 빌 클린턴에 대한 탄핵에서 명확히 드러났다. 클린턴을 기소한 특별검사의 역할은 정말 매력적이었다. 수개월에 걸쳐 오로지 타인의 사생활을 열성적으로 파헤쳐 그에 관해 수백 쪽의 보고서를 작성했고, 더구나 타인의 도덕상의 과오를 입증하려는 광적 목적을 추구하는 인간의 머릿속에는 무슨 생각이 들어 있을지 나 자신에게 따져 본다. 클린턴은 이 역경(일시적으로?)을 극복했지만, 이 모든 것은 도덕이 엄격한 나라에서 어떤 고통스럽고 불합리한 일이 일어날 수 있는지를 보여준다.

나는 이 책을 "윤리학은 무엇에 도움이 되어야 하는가?" 하는 질문으로 시작했다. 윤리학은 철학 분과로서 우리에게 우리 생활에 대한 인식을 전해 주고, 인간의 어떤 행동이 일반적으로 선호되거나 거부되는지 보여주며, 그렇게 해서 도덕과 비도덕에 대한 결론을 도출하는 것이다. 그러나 엄밀하게 규정하자면, 윤리학의 존재가 가능하고 가치 있는 이유는 오직 다음 사항들 때문임이 밝혀져야 한다.

- 인간은 자신의 행위에 대한 단순한 인식을 넘어, 자신의 행위를 비판적으로 성찰하고 올바른 행동을 하는지 스스로 따져 볼 수 있기 때문이다.
- 인간은 자신의 행동과 그에 대한 비판적 성찰에서 보편적 규범을 이끌어 내기 때문이다.
- 그리고 거기서 많은 사람들이 전혀 다르게(그때그때의 규범에 맞지 않게) 행동한다는 사실을 매번 깨닫기 때문이다.

다시 말해, 윤리학은 악을 전제로 하며, 더 정확히 표현하자면 가장 넓은 의미의 일탈행동을 대상으로 한다. 그래야만 윤리학은 실제로 투입될 수 있다. 선과 관련된 모든 인식 대상은 악을 필요로 하며, 인간은 자신이 속한 공동체가 원래 기대하는 바와는 전혀 다르게 행동하기도 한다는 경험을 필요로 한다.

이 책에 '왜 우리는 악에 끌리는가'라는 제목이 붙은 것도 우연이 아니다. 악이 우리의 마음을 끈다는 사실은 굳이 따져 보지 않더라도 전제가 가능하다. 물론 우리는 여러 가지 악행들에 대해 즉각 혐오를 느끼기도 한다. 그러나 그 후에 적어도 가상 세계, 특히 텔레비전과 영화에서는 우리 대부분이 범죄영화를 멋지다고 인정하는 것이다. 우리는 간혹 자신을 그 범인과 동일시하기도 하지만, 그 범인이 유죄로 밝혀지거나 정말로 혐오스러운 인물인 경우 그가 제거되는 것에 종종 안도감을 느낀다. 어쩌면 에코의 주장이 옳은지도 모른다. 그는 대부분의 사람들이 범죄물을 좋아하는 이유는, 그것이 여러 가지로 추측하는 모험이 벌어지고, 수수께끼 같은 사실이나 정황에 대해 가설을 세우는 내용이기 때문이라고 주장한다. 풀리지 않는 과학 문제들에 있어서도 물론 추측의 모험이 벌어진다. 그렇지만 대부분의 사람들이 난해한 과학 관련 의문들보다는 범죄물을 더 선호한다고 확신해도 좋을 것이다. 왜냐하면 범죄영화나 범죄소설 속에서 한 인간이 어떤 악한 짓을 하는지와 그 행위의 진상을 밝히는 일이, 가령 특정 화학물질이 다른 물질에 어떻게 반응하는가 하는 문제(하지만 이는 살인사건과 관련해 중요할 수도 있다)보다는 대부분의 사람들에게 흥미롭기 때문이다.

적어도 선과 악이 무엇인지 알고 있다고 주장하는 사람들은 수천 년 전부터 악에 맞서 싸우고 있다. 오늘날 전반적으로 *가치가 상실*되었다는 한탄이 자주 나오고 있으며, 무엇을 기준으로 삼아 행동해야 하고 *보편타당한* 가치의 본질은 무엇인지를 심각하게 묻는 사람들도 있다. 그러나 오늘날 보편타당한 가치는 이전 시대에서와 마찬가지로 찾기 어렵다. 오히려 훨씬 힘들다고 할 수 있다. 경제, 과학, 기술이 오늘날 그 모든 분야에서 급속히 발전함에 따라 우리의 도덕적 무력감도 그만큼 높아진다. 따라서 무엇이 도덕적으로 옳은 것인지 정해져 있고 명백히 알 수 있었던 시대는 지나갔다. 오직 특정한 공동체 내에서만 정도의 차이가 있으나 전과 마찬가지로 모든 사람들에게 인정받는 가치와 규범이 존재하는데, 이 역시 무시되는 경우가 너무 많다.

그러나 여기서 발생하는 심각한 문제의 본질은 보편타당한 도덕을 요구하는 것이 도덕 근본주의를 초래할 수 있다는 데 있다. 그렇게 되면 이 근본주의는 다시금 다른 전제를 달고, 도덕적으로 비난받아 마땅한 것으로 통하는 모든 것을 허용하기 때문이다. 이에 대한 사례로는 다시 한 번 광적인 낙태 반대자들을 생각해 보면 될 것이다. 이들은 생명의 보호가 최고의 관심사라고 여기지만, 임신중절 수술을 해 준 의사들을 죽이는 일도 서슴지 않는다. '생명의 보호’라는 이름으로.

우리가 개인의 생명은 최고의 가치라는 최소한의 윤리적 요구에 동의한다 하더라도, 아쉽게도 모든 개인들의 보호는 아직 보장되어 있지 않다. 자신의(근본주의적) 기대에 호응하지 않는 무고한 사람들은 언제든 죽일 각오가 되어 있는 소수의 근본주의자들이 끊임없이 나타날 것으로 우려된다. 이렇게 볼 때 사실상 도덕이 항상 선한(유익한) 것은 아니며, 도덕은 스스로가 추구하는 것과 정반대로 바뀔 수도 있다.

윌슨은 일반 이타주의자들이 갖는 보상에 대한 기대가 얼마나 강한지 명확히 지적하기 위해 *도덕적 공격성향*이라는 표현을 사용한다. 항상 우리의 도움을 요구하지만 자신은 어떤 반대급부도 제공할 마음이 없는 사람들에 대해 우리는 짜증을 내거나 공격적인 반응을 보이기도 한다. 우리는 자신이 이타적 행동을 베푼 사람들로부터 간접적으로나마 어떤 것을, 적어도 감사의 표시만으로도 받기를 원한다. 나는 윌슨의 표현을 기꺼이 받아들인다. 이 표현은 어떠한 일이 있더라도 자신의 도덕관을 관철시키려는 근본주의자들의 태도에도 붙일 수 있기 때문이다. 매키는 인간적 태도가 도덕의 핵심에 속한다고 주장한다. 그러나 이것은 모든 도덕의 핵심이라고 보아서는 안 된다. 인간은 정말로 인간적 소망이 없더라도 특정한 도덕관을 추구할 수 있다.

나치에게도 나름의 도덕이 있었지만, 그들에게서 인간애를 떠올리게 하는 것은 눈곱만큼도 찾아볼 수 없다. 전 세계의 근본주의적 도덕수호자들은 어떤 특정한 도덕을 따른다. 예를 들면, 낙태나 혼전 성관계 반대가 그것이다. 그러니 이들은 인간 생명의 가치를 경시하기도 하기 때문에, 우리는 그들이 철저하게 인간적인 태도를 가졌다고는 인정할 수 없다. 전 미국 대통령을 기소한 특별검사는 특정한 도덕원칙에 따라 행동했지만, 한 인간을 파멸시키는 데 모든 노력을 기울였기 때문에 그 역시 인간적일 수 없다. 간단히 말해, 도덕성과 인간애는 동일한 것이 아니며, 심지어 대립될 수도 있다. 극단적인 경우에 어떤 도덕주의자는 남의 죽음을 옹호할 수도 있으며 몸소 죽일 수도 있다. 그리고 지난 역사와 현재의 상황이 자명하게 보여주듯이 이 극단적인 경우는 결코 드문 일이 아니다.

그러므로 도덕은 항상 선한 것은 아니며, 모든 인간에게 선한 것도 아니다. 한 강간살인범이 체포되어 강력범 수용소에서 무기징역을 살도록 판결이 내려지면, 그 살인범은 자유로울 때 가졌던 여러 가지 가능성들을 박탈당하기는 하지만, 결국 다른 사람들은 그에게서 폭행을 당하지 않게 된다. 이 경우에 대개 우리는 한 인간의 구금을 비인간적으로 여기지 않을 것이다. 그러나 그렇지 않은 경우들도 많다. 예를 들어 불법 성관계를 가졌다고 해서 어떤 처녀나 부인을 돌로 쳐서 죽이는 경우를 들 수 있다. 이 끔찍한 행위가 누구에게 도움이 된단 말인가? 그렇게 해서 누구를 보호하려는 것인가? 그러므로 도덕이 모든 수단을 다 정당화해 주는 것은 아니며, 인간성을 파괴하면서까지 이행되어서는 안 된다.

인류의 심각한 위험 중의 하나는 이전부터 각 위대한 지도자들이 더 높은 질서를 근거로 끌어 붙이고, 현 상태가 신의 뜻에 의한 것이라고 주장하면서, 신, 자연, 조국, 역사 내재적 법칙성 등의 이름으로 그들의 모든 행위를(도덕적으로) 정당화한다는 점이다. 자신의 거룩한 일을 위해 수많은 인간을 동원할 수 있는 선동가들의 능력 때문에, 그리고 인간이 선동정치에 쉽게 속아 넘어가기 때문에, 도덕은 역사 속에서 오늘날까지도 집단적 광기를 초래해 왔다. 이 광기는 전쟁에서 사망하고 부상당한 인간의 생생한 수치로 뚜렷하게 드러난다. 위대한 지도자, 예언자, 세계 개혁가들의 광란 행위에 희생된 사람들의 정확한 수는 아무도 알지 못한다. 역사의 매 순간마다 어떤 나라가 다른 나라와 전쟁을 벌이거나 내전을 벌이고 있었으며, 무수히 많은 사람들이 갖가지 방식으로 죽고 부상당하고 불구가 되었다. 그리고 이런 일은 늘 그런 것은 아니지만 아주 빈번하게 더 높은 정의의 이름으로 벌어졌고, 지금도 그러하다. 이 정의 역시 무고한 인간을 거듭 단두대에 세웠다. 중요한 것은 그때마다 내세운 도덕이 널리 인정받을 수 있다는 점이다.

현대 국가는 자기 나라 국민들에게 안전을 보장한다고 한다. 역으로 국민들은 자기 나라로부터 보호받기를 기대한다. 그래서 법과 질서가 필요한 것이다. 그러나 한 국가가 정말 심각한 범죄(국제적 마약조직, 무기 거래, 대규모의 경제범죄 등)와 범죄자들에 대해 방관할수록, 그만큼 국가는 세부적인 면에서 법과 질서라는 원칙을 철저하게 이행한다. 아무리 사소한 개인범죄도 강력하게 처벌되며 모든 것에 대해 법률이 마련되고, 시민 공원에 볼일을 보는 사람이나 자리가 없어 불법 주차를 하는 사람 할 것 없이 처벌을 받는다. 그러나 이러한 일들을 처리하는 것은 비교적 쉽다. 이는 국제적 마약 조직을 소탕하는 것보다는 훨씬 쉬울 것이다. 또 국제적 무기 거래를 차단하는 것보다도 더 쉽다. 이러한 거래에서는 국가의 요직을 차지하고 있는 사람들도 이득을 보기 때문이다. 돈의 위력도 여기서 한몫한다.

이 모든 일들은 누구나 인정하듯이 그리 고무적인 현상은 아니다. 그러나 진화론적 관점이 우리가 사회적(따라서 도덕적) 행동을 고찰하는 데 도움이 되는 이유가 있다. 한편으로 이 모든 일들을 말하자면 좀 더 너그럽게 다루게 해 주고, 다른 한편으로 주변 사람들과 기관들의 이중도덕을 간파해 그들로부터 자신을 보호해 주기 때문이다. 왓슨은 이에 대해 몇 가지 실질적인 제안들을 내놓았는데, 실제로 이것은 매우 유익하며, 쉽게 믿는 경향이 있는 사람들은 눈이 번쩍 뜨일 것이다. 의역하자면 그 제안들은 다음과 같다.

- 스스로 더 높은, 공정한 정의 같은 것이 분명히 있을 것이라는 생각을 직감적으로 주입하는 것을 경계하라.
- 자신의 애국적 목적에 이용하기 위해 당신에게 족벌주의를 호소하는 모든 사람들을 조심하라.
- 신도 단체(혹은 최근에는 여신도 단체)로 자처하는 모든 운동에 주의하라. 이들은 대부분 이전에 발생론을 반대하던 사람들이 이룬 단체에 지나지 않는다.

이에 대한 보충으로 나는 한 가지 규칙을 더 추가하고 싶다.

- 오직 당신을 위해서만 존재한다고 설득하는 모든 사람들과 단체들에 주의하라.

매우 보편적인 원칙은 이런 내용이 될 것이다. 너무 요란하게, 그리고 너무 자주 공중도덕 등과 같이 자신과 관계없는 도덕에 호소해 마음을 사려 하고, 자신이 확고한 도덕원칙에 따라 생활하고 있음을 너무 노골적으로 보이는 사람들에 주의하라. 이런 사람들은 어쩌면 대단히 불만스럽고 불행한 사람들일지도 모른다. 원래는 남들 역시 만족스럽거나 행복하게 살지 않기를 바랄 따름이다. 러셀이 주장했듯이 한 인간에게 있어서 행복의 핵심 비결은, 가능한 한 폭넓게 관심을 키우고 주변 사람들과 일을 다정하게 대할 수 있는 능력을 폭넓게 발전시키는 것이다. 이는 매우 현명한 일이다. 반면 이러한 능력이 없고, 대신 끊임없이 엄격한 도덕원칙을 준수할 것을 고집하는 사람들은 언제나 약한 위험한 인물들이다.

그 어떤 문화권에도 진정으로 모든 것, 이론적으로나마 생각할 수 있는 인간의 모든 행동 방식들에 대해 구속력을 갖는 도덕적 대처법은 존재하지 않듯, 인류 전체가 신뢰할 수 있는 대처법이란 전혀 없다. 도덕과 비도덕은 결국 우리가 그것을 어떻게 여기느냐 하는 것에 지나지 않기 때문이다. 그러나 우리는 도덕 명령이 천사의 혀(달변)로 전해지는 것이 아니며, 도덕적으로 올바르게 행동하는 인간이 천사의 모습으로 다가오는 것이 아니라는 사실을 깨달아야 한다. 인간은 결코 천사가 아니기 때문이다.

수백만 년 전, 계통발생 사상 우리 선조들은 나무에서 내려와 자신도 모르는 사이에 호모 사피엔스가 되도록 한 진화의 길로 접어들었다. 이것은 정해져 있던 일이 아니었다. 호모 사피엔스의 탄생은 자연의 의도에 속해 있지 않았다. 왜냐하면 자연에는 의도라는 것이 없기 때문이다. 그러나 인간 자신은 의도적으로 행동할 수 있는 능력이 있고, 많은 경우에 세상 자체가 그 의도에 따라 설계되었으며, 합목적적 질서로 충만한 것이 분명하다고 믿는 경향이 있다. 로렌츠가 올바르게 지적했듯이 이 믿음은 위험하다. 이 믿음은 각 개인에게 책임이라는 부담을 덜어주기 때문이다. 만약 말 그대로 모든 것이 운명에 의해 예정되어 있다면, 우리는 근심할 문제가 전혀 없다. 선동가들과 위선자들이 너무나 자주 근거로 끌어들였고 이미 수백만의 목숨을 끔찍하게 앗아간 더 높은 가치체계가 주어져 있다는 믿음은 위험하다.

우리가 어떤 도덕적 기준을 내세우든 상관없이, 우리 세계에는 말로 표현할 수 없을 정도로 많은 비도덕이 존재하는 것이 사실이다. 당연히 우리는 그것을 내버려 두어서는 안 된다. 그러나 인명의 희생을 요구하는 도덕은 이제 포기해야 할 것이다!

(프란츠 부케티츠(염정용 옮김), 『왜 우리는 악에 끌리는가』, 21세기북스,
2009, 240 – 249쪽)

(사례 22) 독자 여러분께 드리는 글

독자 여러분, 안전벨트를 단단히 매 주세요. 지금부터 모순과 충돌합니다. 사랑 때문에 그러는 거예요. 아마 많이 흔들릴 걸요.

먼저 말씀드릴 게 있어요. 사랑에 반대할 생각을 한 사람이 누굴까요? 아무도 없어요. 아시다시피 사랑이란 모든 것을 좌우하는 신비스러운 원동력입니다. 우리 생각을 좌우하고 평생의 결정사항을 좌우하는 엄청난 힘을 가지고 있지요. 마치 깡패 두목 같아요. 갖다 바치라는 게 한두 가지가 아니죠. 충성까지 바치라고 하잖아요. 그러면 우리는 얼씨구나 하고 따라갑니다. 막강 파워의 권력자 밑에서 꼼짝 못 하는 비실비실한 신하처럼, 머슴살이하러 들어간 하인처럼 말입니다. 새로운 강제 징집제인 셈이죠. 여러분은 물어보나마나 사랑이란 말에 꼼짝 못 하고 끌려 나온 게 분명합니다. 그런데 막상 행진 명령이 떨어지자, 몸과 마음을 다 바쳐 목적을 이루겠다고 맹세하기를 거절할 생각인 거지요.

사랑에 반대할 수 있는 방법은 없어요. 우리 현대인들은 만족감을 찾고, 관계 맺기를 갈망하고, 사랑하고 싶고 또 사랑받고 싶기 때문입니다. 그렇게 하지 않으면 안 되는 존재가 되었기 때문입니다. 사랑이란 생명유지에 필수적인 혈액이에요. 세상의 다른 모든 것들은 수도꼭지에서 나오는 그저 평범한 물일 뿐이고요. 우리는 사랑이라는 건물의 안으로 너무나 들어가고 싶은 나머지 혈관 앞에 엎드려 있습니다. 사교 생활 좀 해 보려고 애쓰는 사람들이 호화로운 회원제 클럽 인구의 대기선에 줄 서 있는 모습과 다를 바 없지요. 여기에 들어갈 수만 있다면 우리의 가치를 확실하게 인정받고, 자기 자신에 대해 좀 더 흥미를 느낄 수 있게 되는 거지요.

하지만 이런 시각들은 규격품처럼 너무 한결같아서 좀 걱정스럽지 않나요? 이것이 의견 차이가 전혀 받아들여지지 않을 만한 주제, 단 하나의 진리만이 허용될 수 있는 그런 별난 주제는 아니잖아요? (냉소적인 사람들과 상상력이 없는 사람들, 그러니까 화끈하게 믿는 철저한 신봉자들에게도 마찬가지지요.) 가장 강력하게 조직된 종교에도 가끔은 이단자들이 나타난다는 사실을 생각해 보세요. 모든 이데올로기에는 그것을 배신하는 자가 나오게 마련이죠. 성스러운 존재로 대접받는 힌두교의 소들도 도살자를 만날 날이 있다니까요. 비판이 허용되지 않는 신성불가침은 세상에 없다는 것이죠. 그런데 유일하게 사랑만은 그렇지 않습니다.

그래서 사랑에 반기를 드는 논쟁을 벌여 볼 필요가 있습니다. 논쟁은 문화적인 신앙심에 흠집을 내어서 기존에 자연스럽게 받아들여지던 지식을 거꾸로 뒤집어 보기 위해 존재합니다. 사랑 같은 신성불가침한 주제에 대해서까지도 말이죠. 사람들이 안심하고 늘어져 있는 소파 밑에 설치된 작은 폭발물, 저는 그런 폭발물과 같은 글을 쓰려는 겁니다. 이 때문에 여러분들이 상처를 받지는 않을 거예요(받더라도 아주 심하지는 않을 겁니다.). 논쟁은 기존의 견해를 뒤흔들어서 여러 가지 확신을 혼란스럽게 만들어야 합니다. 충고해 드리는데, 논쟁은 신중하지 않을 수 있습니다. 논쟁에서는 '한 사건의 양면'을 이야기하지 않습니다. 오히려 사건을 과장해서 말하지요. 화를 돋우려고 도발하는 말을 던지기도 하고 때로는 조롱을 하기도 합니다. 이는 대개 의심할 여지가 없을 만큼 견고하게 자리 잡고 있는 것들에 대해 반대 의견을 제시해야 하기 때문입니다. 그래야만 소위 정상적인 생각에 작은 흠집을 하나라도 낼 수 있을 테니까요. 이 시대의 사랑이란 마치 한 회사에 의존해 먹고사는 기업 도시와 같습니다. 때론 종업원 숙소까지 딸려 있기도 하죠(그걸 '가정생활'이라고도 하지요.). 하지만 우리가 아무 질문도 던지지 않고 일반적인 생각은 모두 받아들이는 꼭두각시 인형은 아니잖아요?

'반대한다'(against)는 말 역시 하나 이상의 뜻을 가진 단어입니다. 이 사실에 주목해 주세요. 논쟁에는 모순이나 갈등이 있어야만 합니다(논쟁하는 사람 역시 그렇습니다.). 수식어와 그 진의가 늘 완벽히 맞아떨어지란 법은 없습니다. 그러므로 독자 여러분, 계속 갈등과 모순을 가슴에 품은 채로 이 책을 읽어 주세요. 그것이 우리 주제가 갖고 있는 본질입니다.

(로라 키프니스(김성 옮김), 『사랑은 없다』, 지식의 날개, 2009, 6 - 8쪽)

이정일 ————————————————————————————————

▌약력

한국외국어대학교 독일어과 졸업
서울대학교 대학원 철학과 졸업(석사)
튀빙겐대학교 박사과정 수료
서강대학교 박사
연세대학교와 충북대학교에서 Post—Doc
현) 명지대학교, 충북대학교, 가톨릭대학교, 남서울대학교 출강

▌주요 저서

『칸트의 선험철학 비판』(2000, 인간사랑)
『칸트와 헤겔, 주체성과 인륜적 자유』(2002, 동과서)
『칸트와 헤겔에 있어서 인륜적 자유』(2007, 한국학술정보(주))
『상호인정과 계몽된 삶』(2008, 한국학술정보(주))
『실천철학, 오늘의 삶을 말하다』(2009, 한국학술정보(주))

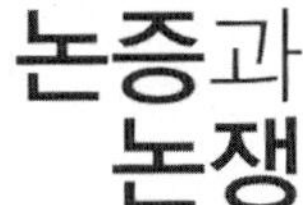

생활 속의 논리
논증과 논쟁

초판인쇄 | 2010년 5월 31일
초판발행 | 2010년 5월 31일

지은이 | 이정일
펴낸이 | 채종준
펴낸곳 | 한국학술정보㈜
주　소 | 경기도 파주시 교하읍 문발리 파주출판문화정보산업단지 513-5
전　화 | 031) 908-3181(대표)
팩　스 | 031) 908-3189
홈페이지 | http://www.kstudy.com
E-mail | 출판사업부　publish@kstudy.com
등　록 | 제일산-115호(2000. 6. 19)

ISBN　978-89-268-1018-7 93170 (Paper Book)
　　　　978-89-268-1019-4 98170 (e-Book)

이담 Books 는 한국학술정보(주)의 지식실용서 브랜드입니다.